KB151710

영어 철자의 역사

A history of English spelling

영어 철자의 역사

A history of English spelling

지은이 D. G. Scragg
옮긴이 김 명 숙 · 문 안 나

한국문화사

■ 차 례

■ 감사의 말

이 책을 시작하도록 해준 맨체스터대학교의 몽 폴릭 트러스트 강의 수강생을 포함해서, 이 역사서를 준비하는 동안 여러 사소한 부분에 도움을 준 많은 친구들과 동료들에게 감사한다. 이 책의 초안에 의견을 준 벨파스트 퀸즈대학의 밀로리씨와 우리 과의 조이 왓킨슨양, 그리고 이 책이 집필되는 모든 단계에서 충고, 제안, 용기를 준 하스 교수에게 특별히 감사한다. 캠브리지대학교의 코퍼스 크리스티 칼리지와 곤빌 앤드 키즈 칼리지의 교수들과 연구원들, 관리하고 있는 필사본을 참고하도록 허락해준 살즈베리 성당의 수석사제와 참사회, 스타일 양식을 인용하도록 허락해준 데일리 익스프레스와 가디언지의 편집자들에게도 빚을 졌다. 린지씨는 지도로 도움을 주었고, 도판과 그림은 캠브리지대학교 도서관위원회([도판 1]), 보들리안 도서관([그림1]과 [도판 4]), 대영박물관 재정위원회([도판 2, 3, 5]와 [그림 3, 4]), 맨체스터의 존 리랜즈 대학교 도서관([그림 2, 5, 6, 7])의 호의 덕분에 복사될 수 있었다.

D. G. Scragg

■ 옮긴이의 말

영어는 시대와 장소를 막론하고 어느 언어보다도 많은 관심을 받아 왔으며 다양한 분야에서 연구되어 왔다. 그 결과 천 오백년의 역사를 가진 영어의 역사적인 변화에 대한 책이나 혹은 현대영어의 철자에 대한 책 역시 많이 출간되어있다. 그러나 아쉽게도 이 두 가지를 아우르는 책, 즉 영어 철자의 역사적인 변화의 모습을 그려낸 책은 그리 많지 않았던 것 같다. 이 분야에 관한 대표적인 저술로 1974년 출간된 스크래그(D. G. Scragg)의 A history of English spelling과 2011년에 출간된 업워드와 데이비드슨(C. Upward & G. Davidson)의 The History of English Spelling, 이 두 권 정도만을 들 수 있을 뿐이다.

특히 스크래그의 책은 저자의 수려하면서도 꼼꼼하고 치밀한, 그러나 조금은 장황한 문체로 영어 철자 변화의 흐름을 잡아내어 잘 설명하고 있어 이 분야에 관심이 있다면 꼭 읽어봄직한 필독서로 추천할 만한 책이다. 전체 백 여 쪽 되는 많지 않은 분량 속에서 고대영어에서부터 시작해서 현대영어까지 시대를 아우르는 철자와 관련된 여러 중요한 역사적 사건들, 철자의 예와 인용, 그에 대한 주석들이 적재적소에서 제시되고 있다. 그러나 그만큼 이 책을 정독하며 읽기는 쉽지 않은데 무엇보다도 저자의 문체가 워낙 만연체이고 영어가 겪어온 역사적인 변화과정을 알지 못하면 이해하지 못할 내용도 많기 때문이다. 또한 끊어지지 않고 계속 이어지는 문장들과 그러한 긴 문장들로 이어진 긴 문단은 영어사 전공자들에게도 쉽게 읽혀지지 않는다. 이러한 이유로 인해 이 책에 대한 번역본이 반드시 필요하다는 생각을 하게 되었고 이렇게 우리글로 옮기게 되었다. 따라서 이 번역본에서는 독자들의 이해를 돕기 위해 어쩔 수 없이 원저에서 하나의 문단이었던 것을 두 개 혹은 그 이상의 문단으로 나누었는데 이 점 독자들의 양해를 구한다.

영어 모국어 화자가 쓴 책인 만큼 비모국어화자인 우리에게는 생소한 역사적 사건이나 혹은 문헌, 인물 등이 거론되는 경우가 있는데 이 경우 본문 안에 역주를 달아 가능한 독자들의 이해를 도우려고 노력했다. 역주는 두 가지 형태로 들어가 있는데 (역주:)를 직접적으로 넣거나 혹은 역주라는 표시 없이 각괄호 [ ]를 사용하고 있다. 또한 예를 든 단어들 중 원문에는 고대영어나 중세영어, 그리고 개혁철자 형태만 주어진 경우들이 많은데 이 경우 일반 독자들의 이해를 돕기 위해 역자들이 현대영어 철자를 추가로 넣었다. 물론 영어를 우리말로 옮기는 과정에서의 모든 오류에 대한 책임은 전적으로 두 사람 모두에게 있다.

영어사를 전공하는 연구자뿐만 아니라 영어의 철자에 관심을 가진 학생들 그리고 일반 독자들이 이 책을 통해 영어의 철자체계가 어떤 과정을 통해 오늘날의 모습으로 정착되었는지, 과거 얼마나 많은 학자들이 그 모습을 조금이라도 더 좋게 하려고 노력을 해왔는지 알게 되고, 그리하여 좀 더 긍정적으로 영어의 철자체계를 이해하려고 노력할 수 있는 계기가 되기를 기대해본다.

비인기 분야의 서적임에도 불구하고 역서를 기꺼이 출판해준 한국문화사 사장님과 편집부 팀원들에게도 깊은 감사를 표한다.

2013년 11월

옮긴이 김명숙·문안나

■ 삽화

도판

그림

지도

■ 약어와 부호

OE	Old English, 고대영어, 8세기에서 12세기까지 기록되었던 언어
ME	Milddle English, 중세영어, 12세기부터 15세기 말까지 기록되었던 언어
Mod. E	Modern English, 현대영어, 16세기이후 현재까지 기록되어온 언어
OFr.	Old French, 고대프랑스어, 15세기 말까지의 언어
(Mod.) Fr.	(Modern) French (현대) 프랑스어
RP	Received Pronunciation (표준 발음), 영국 남동부 교육받은 사람들에 의해 선호되는 발음
< >	문자소, 즉, 문자 체계에서 다른 부호와 의미상 대조를 보이는 그룹의 부호들을 나타냄. 예: a, ɑ, A vs. b, b, B.
/ /	음소, 즉, 해당 언어에서 다른 소리들과 의미상 대조를 보이는 그룹의 소리들을 나타냄. 예. keep, carp, coop의 첫 소리들 vs. heap, harp, hoop의 첫소리들(역주: 즉, /k/ vs. /h/).
[ ]	변이음, 즉, 동일한 음소를 나타내는 소리들 가운데 하나의 음 성적 실현을 나타냄. 예: 동일한 음소 /k/의 변이음으로 coop[k^{u}]와 keep[k^{i}]에서 서로 다르게 발음되는 첫 소리들.
*	실제로 기록이 없는 가설의 형태(역주: 재구형)를 나타냄.

■ 음성부호

이 책에서 사용되고 있는 음성학에 관한 용어들의 자세한 설명을 보려면 김슨(A. C. Gimson)의 『영어 발음 개론(An Introduction to the Pronunciation of English)』(London, 1962)을 볼 것. 음성, 음소 표기에서 자음 부호, b d f h k l m n p r s t v w z, 는 영어에서는 대체적으로 음가와 연관되어 있다. 다른 부호들은 다음에 표시된 음가를 가진다. 특별히 언급되어있지 않은 경우, 해당 단어의 발음은 남부 영국영어를 사용하는 교육받은 사람들의 발음들이다.

g	*g*irl
ŋ	si*ng*
θ	*th*in
ð	*th*en
ʃ	*sh*in
ʒ	mea*s*ure
ʧ	*ch*in
ʤ	*g*in
j	*y*acht
ʍ	*wh*ine, *w*ine과 대조를 이룸
ʀ	F. rouge (유성 목젖 진동음)
ɣ	OE. bugan (유성 연구개 마찰음)
ç	독일어 i*ch*, 스코틀랜드어 li*ch*t (무성 경구개 마찰음)
x	독일어 a*ch*, 스코틀랜드어 lo*ch* (무성 연구개 마찰음)
˳	기식을 나타내는 아래 첨자(예: 무성 l̥)
~	비음을 나타내는 윗 첨자(예: ã, Fr. blanc)

모음

i	s*ee*, Fr. p*i*s
y	Fr. l*u*ne (폐 원순 전설모음)
ɪ	s*i*t
e	s*e*t, Fr. l*é*gion
ɛ	Fr. l*ai*t (반개 전설모음)
æ	h*a*t
ɑ	h*a*rd, Fr. p*a*s
ɒ	h*o*t
ɔ	s*o*rt
ʌ	b*u*t
o	Fr. m*o*t (반폐 후설모음)
ø	Fr. l*é*gion의 첫 번째 모음을 입술을 동그랗게 모아 발음할 때(반폐 원순 전설모음)
œ	Fr. l*ai*t의 모음을 입술을 동그랗게 모아 발음할 때(반개 원순 전설모음)
ʊ	p*u*ll
u	p*oo*l, Fr. t*ou*t
ə	*a*bout (반개 중설모음)
ɜ	b*i*rd (반폐와 반개의 중간 위치의 중설모음)
:	모음이 긴 것을 표시함.

이중모음

eɪ	n*a*me
aɪ	t*i*me
oʊ	h*o*me
ɔɪ	b*oy*
ɑʊ	h*ou*se

1장 토대
Foundation

5세기 영국에 살던 켈트족과 로만 브리튼족들은 물결처럼 밀려든 대륙의 게르만 정착자들에게 정복당했다. 이들 게르만족 중 대다수는 앵글족과 색슨족 두 부족이었다. 인종적으로 앵글로 색슨족이라 불리는 침략자들이 사용한 게르만 방언은 공통 게르만어에 속하는 다른 언어들과 구분되는 특징을 점차 발전시켰고, 우리는 편의상 영국으로 이주한 시기부터의 게르만어를 영어라 부른다.

영어 철자의 역사는 영어라는 언어보다는 조금 늦게 시작되었다. 로마와 아일랜드 선교사들이 앵글로 색슨족을 기독교로 개종시키고 6세기말에는 양피지를 사용하는 방법과 함께 로만 알파벳을 소개해준 것이 [영어 철자의] 시작이다.

앵글로 색슨족이 이주한 이후부터 기독교 개종까지의 기간 동안에 쓰인 영어 기록물 샘플은 남아있지 않지만, 그들이 글자를 쓰는 방법을 아주 몰랐던 것은 아니었다. 영국 침략 이전 오랫동안 모든 게르만 부족은 룬 문자를 사용하고 있었다. 비록 비교적 늦은 시기(7세기 이후로 계속)의 기록물로 남아있긴 하지만 앵글로 색슨족이 5세기에 룬 문자를 그들과 함께 가져 왔다는 것을 보여주는 증거가 있다. 룬 문자는 유럽 공통 알파벳 가운데 북 이탈리아 형에서부터 유래되어 그리스도 탄생 이전 여러 세기 동안 변형되어 왔으며, 어떤 글자에서는 로만 알파벳 글자들과의 관련성도 볼 수도 있다. 예를 들어 룬 문자에 대한 현대식 이름인 ᚠᚢᚦᚩᚱᚳ F-U-TH-O-R-C(프소락)의 <f>와 <r> 글자가 있다. 프소락의 특별한 특징, 즉 다른 인구어의 알파벳과 구분되는 특징은 글자 형태가 직선으로 만들어져 있다는 것으로 이는 특히 나무, 돌, 뼈에 글자를 새길 때 유용하다.

영국에서의 쓰기의 발전이 룬 문자를 새기는 것에서 기독교 시대의 로만 알파벳쓰기로 연결된 것은 아니라는 점에서, 룬 문자의 초기 사용은 엄격하게 말해 이 책에서 말하는 철자의 역사에는 포함되지 않는다. 그러나 룬 문자가 일단 이교도적 성격을 상실한 이후에는 여러 세기 동안 룬 문자에 대한 관심이 경미하게 되살아났었다. 10세기 말에 만들어진 룬 유물이 영국에서 발견되었으며, 또한 룬 문자들은 옛것에 대한 관심을 나타내기 위해 혹은 글자 수수께끼(acrostics)로 주의를 끌기 위해 때때로 문헌에 사용되기도 했으며 일부는 약어의 형태로 보다 광범위하게 사용되었다(예: M-룬 글자의 이름인 man은 보통명사 man, 즉 사람이나 남자를 뜻하는 단어가 되었다).

영어 철자의 역사에 있어 더 의미 있는 사실은, 두 개의 룬 문자가 영국에서 사용된 로만 알파벳을 보충하기 위해 도입되어, 라틴어 음소 체계에는 없는 영어에서의 소리를 나타내는 글자로 제공되었다는 것이다. 이들 중 중요한 글자는 프소락의 세 번째 글자인 쏜(thorn)으로, 8세기 말부터 문헌에서 발견되는 <þ>이다. 이 글자는 치조 마찰음인 /ð/과 /θ/을 나타내었다. 쏜은 거의 천년 동안 영어로 된 문헌에 사용되었다. 중세영어시기[1]

에 들어서면서 이 쏜은 그리스어 쎄타[2])를 표기하기 위해 라틴어에 사용되었던 철자인 <th>로 점차 대체되었으나, 인쇄기가 대륙으로부터 도입되었던 15세기에도 여전히 충분할 정도로 광범위하게 사용되었다. 이러한 사용에 반해 대륙형 [인쇄]활자에는 이 글자가 없었기에 당시의 식자공들에게 문제가 되었다. 영국 최초의 인쇄업자인 캑스턴(Caxton)은 일반적으로 <th>를 사용했으나 때때로 기존의 인쇄활자 중 쏜과 가장 유사한 형태인 <y>를 사용함으로서 타협점을 찾았다.[3]) 따라서 쏜은 17세기까지 개인적인 논문과 인쇄된 책에, 특히 정관사와 지시형용사의 축약형, y^e^ (the), y^t^ (that)으로 남아 있으며, 지금도 *Ye Olde Redde Bulle*(이때 /ji/가 아니라 /ði/로 발음된다)(역주: 현대영어로 바꾸면 The Old Red Bull '늙은 빨간 황소')과 같이 일부러 고어처럼 보이게 만든 표지판에서도 여전히 볼 수 있다.

영어 철자의 지속적인 역사는 바로 기독교의 도래와 더불어 시작한다. 글로 쓰인 말씀은 신의 말씀을 전파하는 데 중요한 부속물이었다. 역사의 초기부터 교회는 지상에서 신과 함께 살면서 직접 접촉해왔던 사람들이 글로 써서 남긴 가르침에 많이 의존해 왔었다. 영국의 기독교 개종으로 인한 궁극적인 성공은 외국 선교사들이 일을 계속할 수 있도록 젊은 성직자들을 교육시키는 것에 상당 부분 의존하고 있었으며, 그 교육은 성경에 대한 지식과 예배 책의 사용에 대한 것이었다. 따라서 읽고 쓰기 교육의

1) 고대, 중세, 현대영어의 언어학적 시기의 범위는 이 책의 앞에 주어진 '약어와 부호'에 정의되어있다.
2) 영국의 작가들에게 라틴어의 <th>는 늘 쏜의 대체형으로 인식되어져 왔다; 심지어 노르만 정복 이전에도 외국 이름들은 이 두 가지 철자로 다 쓰이곤 했다. 예를 들면 Elizabeth 혹은 Elizabeþ, Thomas 혹은 Þomas 등이 있다.
3) 15세기에는 <þ> 글자에서 위로 올라간 부분이 너무 줄어들어 문헌([도판(역주: 종이에 찍은 인쇄물) 5]의 예를 볼 것)에는 마치 <y>가 뒤집어진 것처럼 보인다. 어떤 문헌에서는 이 두 글자가 정말 동일한 경우도 있었다(예: [도판 2]).

전파는 아마도 개종의 주춧돌로 여겨질 수 있다. 그러나 쓰기가 교회 안에서만 관심 있는 것은 아니었다. 왜냐하면 선교사들은 세속의 통치에서도 교회가 잠재적으로 유용하다는 것을 밝히는데 지체하지 않았던 것 같기 때문이다.

앵글로 색슨족의 개종에 있어 중요한 시기는 597년이다. 이때 그레고리 교황(Pope Gregory the Great)이 파견한 선교단이 아우구스티누스(Augustine)의 인솔 하에 켄트(Kent)에 도착했다. 어떤 면에서 교황의 권위는 로마 황제의 권위가 존속하고 있음을 나타내었고, 초기 교회는 황실의 선임자로부터 효율적인 조직이 갖는 가치를 배워왔다. 이는 영국에서 교회가 법률을 문서로 집대성하는 것에 즉각적인 관심을 보이는 것으로 나타난다.

로마의 선교사들에 의해 개종된 최초의 영국 군주인 켄트의 에델베르흐트(Æðelberht)의 법령은 아우구스티누스가 도착한 후 20년이 채 지나지 않았던 616년부터 그가 죽기 전까지 기간 동안의 기록이 되었다. 비록 훨씬 이후의 기록물이긴 하지만, 7세기 켄트의 법령이 3개 이상 남아있다는 사실은 법률 기록이 초기시기에도 잘 확립되어있었다는 것을 나타낸다. 이후 교회와 정부를 동일시하는 태도는 노르만 정복이후 오랫동안 성직자로 넘쳐났던 왕의 비서실(Secretariat), 즉 문서실의 성장에서 알 수 있다. 10세기까지만 해도 문서실(이후에는 Chancery라 불림)은 왕국을 운영하는 데 필요한 매일 매일의 업무와, 왕의 법령, 조례의 기록, 그리고 재정기록을 책임지고 있었다. 따라서 당시 쓰기 교육이 수도원에 한정되었다 할지라도 그리고 그 기술은 일반적으로 세속인들에게 제공되는 것이 아니었다 할지라도, 쓰기의 중요성은 영국에서는 권위를 가지고 있는 집단의 광범위한 관심을 끌게 되었다.

영국의 기독교는 두 개의 뿌리에서 비롯한다. 뿌리 하나는 로마에 나머지 하나는 아일랜드에 있다. 이는 아우구스티누스가 남쪽의 켄트에 도착하였을 무렵 북쪽의 노섬브리아(Northumbria)에 아일랜드의 수도사들이 이미 정착하고 있었기 때문이다. 고대영어 문헌에 사용된 글자는 영국의 개종 초기시기에 있었던 아일랜드인들이 가져다 준 가르침의 중요성을 보여주고 있다. 왜냐하면 고대영어 글자는 로만 알파벳을 아일랜드인들이 변형해 놓은 것을 발전시킨 것이기 때문이다.

아일랜드 기독교는 수도 생활에 대한 열정과 학문에 대한 헌신으로 특징지을 수 있는데 앵글로 색슨족은 어디에서나 이 두 가지를 열정적으로 받아들였다. 그 열정은 넓게는 영국을 좁게는 노섬브리아를 7세기 말 유럽 지성의 중심지가 되게 하였다. 당시 장서가 잘 보관된 영국의 많은 도서관은 주로 고울(Gaul)에서 수입한 책으로 가득 찼으나, 7세기 중순 이후에는 오히려 영국에서 생산된 책들이 해외로 보내진 기록들을 발견할 수 있다. 특히 노섬브리아의 수도원에서 가장 유명하였던 비드(Bede) 주교가 죽었던 735년까지 영국 필경사와 학자가 만들어낸 많은 저작물이 유럽에 수출되고 있었다. 물론 이 저작물들은 교회의 국제어인 라틴어로 쓰였지만, 비드는 자신이 복음서와 다른 자료들을 영어로 번역하였다는 기록을 스스로 남기고 있다. 또한 영국 최초의 시인으로 알려진 캐드몬(Cædmon)이 쓴 9행의 시도 영어로 쓰였는데 오늘날에도 남아있는 최초의 영어 기록물로 비드의 가장 유명한 작품인 『영국민의 교회사(Historia Ecclesiatica Gentis Anglorum, The Ecclesiastical History of English People)』(두 권 모두 비드가 죽기 1~2년 전에 만들어졌다)의 여백에서 볼 수 있다(비드는 캐드몬의 일생도 이 책에서 이야기하고 있다).

문어체 영어의 역사는 7세기 법령과 비드에 의한 영어 번역물과 더불어 시작하지만 후자는 오늘날 남아있지 않으며 전자는 이미 현대화된 철자로 바뀐 12세기 사본에만 남아있다. 따라서 영어 철자의 초기 역사에 대한 우리의 지식은 원래의 시작점보다는 좀 더 후기에 뿌리를 두고 있다. 책의 여백 혹은 행간에 수록된 영어로 쓰인 자료들(캐드몬의 시처럼)은 8세기 라틴어로 된 몇 개의 문헌에 등장한다. 9세기에는 영어로 쓰인 법률 문서가 있고 이후의 사소한 행간 주석은 좀 더 많다. 그러나 우리가 이처럼 철자의 역사를 자세하게 추적할 수 있게끔 충분한 기록이 존재한 것은 바로 알프레드(Alfred) 왕(899년에 죽음) 시기부터이다.

아마도 초기 영국의 왕 가운데 우리에게 가장 잘 알려진 알프레드는 사실 영국 전체의 왕이 아니라 웨섹스(Wessex)의 왕이었다. 앵글로 색슨족이 영국으로 이주한 이후 여러 세기 동안 소위 현재 영국이라고 불리는 지역에는 작은 왕국이 많이 등장했다. 그러다 점차 강자가 약자를 흡수하면서 8세기 말에는 단 세 왕국만이 남았다: 험버(Humber) 강 어구부터 동쪽의 포스 퍼스(Firth of Forth)까지 자리하고 있는 노섬브리아, 중부지역의 왕국인 머시아(Mercia) 그리고 템스 강 이남에서 웨스트 색슨족이 지배하고 있었던 웨섹스 3국이다.

9세기 동안 동쪽에서 공격해온 덴마크 바이킹들이 노섬브리아와 머시아를 정복하였고, 9세기 말 알프레드는 웨섹스 후방에서 방어적으로 바이킹들에 대항해 싸웠는데 궁극적으로 성공하여 덴마크인들이 정착하고 통치하는 지역을 대략 런던에서 더비(Derby)까지 이어지는 선을 기준으로 하였을 때 동북쪽 지역으로만 제한할 수 있게 되었다. 10세기 알프레드의 후계자들은 덴마크인들이 사는 지역을 정복하였고 결국 영국의 국경을 오늘날의 것과 거의 유사하게 확립하였다. 그리하여 영국은 웨스트 색슨 왕실의 지배하에 통일되었다.

[지도 1] 본문에서 언급된 도시들을 보여주는 9세기의 영국 왕국들

앵글로 색슨족이 살던 영국에서 사용되었던 구어체 방언들에 대한 지식이 미미하다고 해서 부자연스러운 것은 아니지만 험버 강과 템스 강은

항상 중요한 방언의 경계였으며, 지역 방언, 특히 구어는 앵글로 색슨 시대의 정치적 단위와 어느 정도 일치했다고 가정하는 것이 합리적이다. 영어로 쓰인 기록물이 불충분한데도 불구하고 그 안에서 언어 역사가들은 노섬브리아어, 머시아어, 켄트어 그리고 웨스트 색슨어, 이 네 가지 방언을 구분해내었다. 이 방언은 네 개의 지리적 지역과 연관된 네 개의 문어체로, 서로 다른 철자법의 사용으로 구분되고, 그 차이가 작기는 하지만 서로 다른 어형 변화, 서로 다른 어휘와 구문에 의해 구분된다. 네 방언의 철자체계는 즉각 파악될 수 있을 정도로 충분히 구분이 된다. 그러나 비록 10세기 말까지 현재의 체계와 별로 다르지 않은 안정적인 철자체계가 널리 사용되었다고는 하지만, 현대영어가 보여주는 것처럼 각 방언들이 나름대로의 일관성 있는 규칙에 따른다고 가정해서는 안 된다.

실제로 웨스트 색슨어를 제외한 나머지 방언에 대한 기록물은 아주 드물었다. 노섬브리아어는 초기 조각으로 남은 판본과 10세기에 단절 판본에서 발견된다. 켄트어는 고대영어 기간 전체에 걸쳐 산발적으로 남아있는 유물에 남아있지만 대체로 다른 방언의 특징과 연관되었을 때에만 식별될 수 있다. 그리고 머시아어는 9세기 단 하나 눈에 띄는 판본('베스파시아누스 시편 주석(Vespasian Psalter gloss)')과 만들어진 장소와 시기에 따라 웨스트 색슨어의 영향을 다양하게 받았던 10세기의 수많은 자료에 고유한 형태로 존재한다.

이들 자료는 지역적이긴 하지만 그 특성과 사용은 기본적으로 정치적인 내용과 관련이 있다. 예를 들어 제1 대교구인 캔터베리에서 사용하는 철자는 비록 고대영어시기 내내 눈에 띄는 켄트어 특징을 보여주지만, 외적 영향을 받았다는 증거 또한 보여준다. 9세기에는 머시아 왕들이 영국 남부 지역을 정치적으로 오랫동안 지배하고 있었는데 이는 켄트어 문서에 다양한 종류의 머시아 방언 특유의 철자체계—때때로 오류가 발견되기는 하지만—를 가져왔다. 그러나 이후 머시아의 정치적 영향이 쇠퇴하고 웨섹스의 정치적 영향이 커지게 되었다.

9세기 말 알프레드 왕의 통치 기록물을 포함하여 9세기 웨스트 색슨 문헌들은 당시의 켄트어로 된 문헌들과 마찬가지로 눈에 띄게 머시아의 철자체계에 의존하고 있음을 보여주지만 점차 웨스트 색슨식의 특징적인 필사 스타일 양식이 자리 잡았다. 10세기 말로 접어들면서 웨스트 색슨 필사 스타일이 보편적인 기준이 되어 캔터베리의 필경사들, 즉 과거 머시아 왕국의 필경사들의 쓰기에 영향을 주었고, 심지어 11세기에는 험버강 북쪽에서 일하는 필경사들의 쓰기에도 영향을 주었다. 다시 말해, 캔터베리 지역에서 10세기에 머시아 기준에서 웨스트 색슨 기준으로 바뀐 것은 정치적인 변화로 야기된 것이다. 우리는 잠시 후 또 다른 중요한 정치적 변화가 철자 발달에 어떤 영향을 주었는가를 보게 될 것이다.

웨스트 색슨 필사 전통은 고대영어 후기가 되면서 전 영국에서 사용되는 상당히 엄격한 철자체계를 만들어 냈다. 철자를 고정하는데 있어 필사 전통의 성공은 아무리 강조해도 지나치지 않는다. 필사 전통은 정치적 상황이 특별히 우호적일 때 발생하였다. 왜냐하면 에드거(Edgar) 왕(959-75)의 통치 동안 나라는 화합하고 융성하였으며 외침으로부터 자유로웠기 때문이다. 또한 이 시기에 베네딕트 수도회 개혁이 남쪽에서부터 시작되었고, 영국 전역에서 수도원 생활을 부흥시켰다. 오래된 수도원에 사람들이 다시 살게 되고 새로운 수도원들이 많이 만들어 지게 되자 갑자기 책, 특히 자국어(역주: 이후, 자국어는 영어를 주로 지칭함)로 쓰인 책에 대한 수요가 증가하였다.

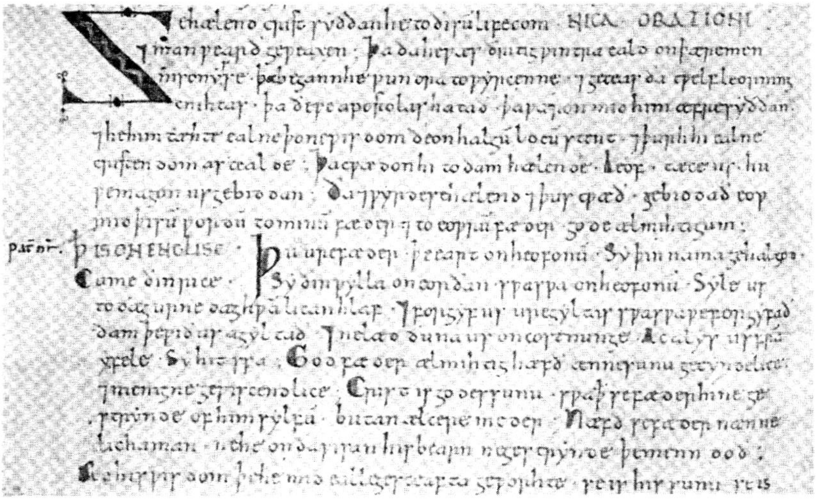

[도판 1] 앨프리치의『주기도문에 관한 설교(Homilies on Lord Prayer)』, 캠브리지대학교 도서관 MS Sg 3 28 (1000년경) fol. 56v 아래 반쪽. 단락 i.

그리고 서기 천년이 끝나갈 무렵 필사 활동은 정점에 이르렀다. 당시 광범위하게 자국어를 사용한 것은 그 자체로 주목할 만하며, 당시 유럽 어느 곳과도 비교가 되지 않는다. 영어의 사용은 비드의 시대부터 영국의 전통이었지만, 알프레드 통치 마지막 10년 동안—그 기간 동안 9세기에 있었던 바이킹의 파괴적인 침략에 의해 황폐해진 나라와 국민을 위해 왕 자신이 일련의 라틴어 번역을 부추겼다—더 격려를 받았고 권위를 부여 받았다. 수많은 책이 만들어질 때 책 제작에 영어가 널리 사용되었다는 사실은 철자의 안정이 쉽게 이루어지도록 했다. 10세기 말엽까지 책이 필사되어야 했던 속도, 울타리 안에 있는 수도자들(책 제작자들, 즉 필경사들)에 대한 새롭고 확고한 통제, 모두 남아 있는 것은 아니지만 대부분의 기록물이 전문적인 필경사들에 의한 결과물이라는 사실, 그리고 영국의 새로운 정치적 단결 등 이 모든 것이 하나의 안정된 영어 철자법을 만들어 내는데 도움이 되었고, 이는 철자 역사에 심오한 영향을 미치게 되었다.

11세기 전반부 동안 영국 전역의 기록물은 웨스트 색슨어의 기준에 맞춰 만들어졌으며, 따라서 그 시기에 남겨진 많은 책(그 수는 세 자리 수에 이른다)은 엑스터에서 쓰였는지, 혹은 캔터베리에서 쓰였는지, 우스터 혹은 요크에서 쓰였는지에 대한 알 수 있는 내적인 단서를 거의 남기지 않고 있다. 이후 한 세기 동안에 노르만 정복으로 인한 정치적 격변의 결과로 표준화가 붕괴되었다 할지라도, 정복 이전의 전통이 제공한 확고한 기반은 영어 철자의 연속적 관계에서 긍정적 요인을 안전하게 지켰다. 적어도 남쪽과 서쪽 지역에서 그리고 10세기부터, 안정화를 이루기 위해 14세기에 다시 시작될 때까지 말이다.

웨스트 색슨 방식의 로만 알파벳은 오늘날 우리가 주로 사용하는 문자로 중세 라틴어 알파벳과 관련된 음가와 더불어 차용된 글자이었다. 그러나 10세기와 20세기의 알파벳 쓰임에는 차이가 있다. <j v w>는 당시 로만 알파벳의 일부가 아니었으며, 앵글로 색슨족은 대체로 <q>와 <z>의 사용을 피했다. 반면 그들은 4개의 다른 글자를 사용했다. 모음 겹글자 <æ>는 라틴어에서 왔으며 현대영어 모음 애시(역주: /æ/ 고대영어에서의 글자 이름)를 나타낸다. <d>에 가로줄을 한 에쓰(eth) <ð>는 아일랜드어에서 가져왔으며 룬 문자인 쏜 <þ>과 더불어 유/무성 치조 마찰음(역주: /ð/와 /θ/) 모두를 나타낸다.

그리고 룬 문자에서 두 글자를 가져왔는데 쏜(thorn)과 윈(wynn)(/w/을 나타낸다)이다. 윈은 쏜과 모양이 비슷하나 위로 올라간 선이 없다(역주: Ƿ). 이 글자 가운데 13세기 이후까지 남은 글자는 쏜 밖에 없다. <æ>는 일반적으로 <a> 글자가 대신하였고, 에쓰는 <d>와 혼동이 된다는 이유로 쏜이나 <th>로 대체되었으며, 윈 대신에 <u> 두 개 혹은 <v> 두 개가 선호되어 궁극적으로 현대영어 <w>(역주: u를 나란히 두 개를 써서 이를 더블유라 부름. 글자 모양이 <u> 대신에 <v>가 두 개가 나란히 있는 것은 당시 <u>와 <v> 두 글자가 서로 같이 사용되었기 때문이다)로 고정되었다.[4)]

노르만 정복이전에는 외국 이름이나 전문용어에 <q>와 <z>가 때때로 사용되었다(예: *reliquias* 'relics(유물)' 라틴어에서 차용한 학술어, *Elizabeth*). 이 두 글자는 프랑스에서 보다 더 광범위하게 사용되었기 때문에, 1066년 프랑스의 침략과 동반되어 들어온 로만스 차용어의 홍수로 인하여 영국의 작가들은 이 글자에 친숙하게 되었다. 그러나 <z>는 영어에 살아남기 위해 항상 <s>와 싸워야만 했고('너 나쁜 제트(z), 불필요한 글자 같으니라고!(Thou whoreson zed, thou unnecessary letter!)' 『리어왕(*King Lear*)』 2막2장 68행을 참조할 것), 영어 알파벳 가운데 가장 덜 사용되는 글자 중 하나로 남겨진다. <q>는 보다 큰 성공을 거두었는데, 이는 프랑스어의 글자 조합인 <qu>가 /kw/ 발음을 가진 비교적 소수인 단어들에 퍼져 나가 궁극적으로 고유 철자인 <cw>를 대체하였기 때문이다. 이로 인해 고대영어 cwen와 cwic은 현대영어에서 queen(여왕)과 quick(빠른)이 되었다.[5)]

---

4) 현대의 고대영어 문헌 편집자들은 필사본에 나타나는 <s>의 다양한 글자 형태들(예: ʃ)을 <s>로 모두 대체한 것과 마찬가지로 필사본에 있는 윈을 <w>로 쓰고 있다. 그러나 <æ þ ð>는 유지되었는데 그 이유는 여기에서 벗어난다면 하나의 초기 글자를 두 개의 현대 글자로 바꾸게 되는 것이며 혹은 어떤 다른 방식으로 위조를 하게 되기 때문이다. 또한 대부분의 현대의 편집본은 고대영어 필기체 글자에서 열린 부분을 갖고 있는 글자를 <g>로 인쇄하고 있지만, 앞으로 2장에서 밝혀질 이유 때문에 이 책에서는 필사본의 형태(ʒ)를 그대로 보여주려고 한다.

5) 필경사들의 라틴어에 있는 <qu>에 대한 지식으로 인하여 이 글자의 사용은 훨씬

당시 가장 유명한 산문가였던 대수도원장 앨프리치(Ælfric)의 글은 후기 고대영어 철자들을 잘 예시하고 있다. 앨프리치는 앞에서 언급된 베네딕트 개혁 주창자 가운데 한 사람인 에델월드(Æðelwold) 주교 시대에 웨섹스의 심장인 윈체스터에서 교육을 받았고, 그의 작품들을 최고로 잘 필사하기 위해 동원된 필경사들은 그의 웨스트 색슨어를 충실하게 따랐다. 다음에 나오는 주기도문의 번역은 약 990년에 이루어졌으며 당시의 수많은 사본이 오늘날에도 남아있는데, 그 중 하나에 저자 자신이 필사본[6]에 주석을 남겼다. 주기도문 어느 부분에서도 여기에 프린트된 것과 철자가 아주 다르지 않다(여기 주어진 내용은 [도판 1]의 필사본인 캠브리지대학교 도서관 MS Sg 28에서 가져온 것이다).[7]

i.

Þu ure fæder, þe eart on heofonum, sy þin nama ʒehalʒod. Cume ðin rice. Sy ðin wylla on eorðan swaswa on heofonum. Syle us todæʒ urne dæʒhwamlican hlaf. And forʒyf ys ure ʒyltas swaswa we forʒyfað ðamþe wið us aʒyltað. And ne læd ðu na us on costuneʒe, ac alys us from yfele.[8]

더 용이하게 자리 잡았다. 가장 초기의 고대영어 문헌들은 가끔은 고유어에서조차 <cw> 대신에 <qu>를 사용하고 있다.

6) 대영박물관 MS Royal 7 C xii.

7) 다음은 주어진 단락이 필사되던 1000년경의 추정 발음이다:
/θu: u:rə 'fædər θe ært ãn 'hevənən 'si: θi:n 'nãmə je 'ha:lɣəd 'kumə θi:n 'ri:ʧə 'si:θi:n 'wilə ãn 'e:rðən swaswa ãn 'hevənən 'sylə u:s to 'dæɪ u:rnə 'dæɪ ʌãmliʧən 'la:f ãn(d) for'jif u:s u:rə 'gyltəs swaswa we: for'jivəθ θãmθe wiθ u:s a'gyltəθ ãn(d) nə læ:d θu: 'na: u:s ãn 'kostunŋgə ak a'li:s u:s frãm 'yvələ/
10세기 전의 발음 중 의심스러운 것이 있다 해도 이는 자연스럽다. <i>와 <y>의 발음처럼 주어진 발음 기호에 대해 논쟁이 되는 일부는 다음에 논의하도록 한다. 여기서 표시된 모든 소리가 음소는 아니다. 아마도 [ã, v, ð, ŋ, ɣ]는 음소가 아니지만 여기에 포함시킨 것은 현대 독자에게 실제 발음에 대한 더욱 명확한 인상을 주기 위함이다.

8) 당시 라틴어 문서와 비교할 때 고대영어 필사본에는 약어가 거의 없다. 가장 흔히 쓰이는 것 가운데 두 개는 틸드 즉 모음 위에 뒤에 <m>을 나타내었던 물결 모양과

하늘에 계신 우리 아버지, 당신의 이름을 거룩하게 하시고, 당신의 나라로 임하시고, 당신의 뜻이 하늘에서 이루어진 것처럼 이 땅에서도 이루어지게 해 주십시오. 오늘날 우리에게 일용할 양식을 주시옵고, 우리가 우리에게 죄 지은 자를 용서하여 준 것 같이 우리의 죄를 용서하여 주십시오. 우리가 시험에 들게 하지 않고, 악에서 우리를 구해 주십시오.

이 산문의 위엄 있는 단순성은 제임스왕 판 성경에 필적하며 바스(역주: Bath, 영국 남서부에 위치한 도시)의 대수도원에서 1세대 혹은 2세대 이후에 필사된 동일한 내용에 대한 독립된 번역들과 비교된다.[9] 두 번째 판은 단어의 순서(Pater noster를 Fæder ure로 번역)나 단어의 형성(ad-veniat를 to-becume로)에 있어서 라틴어에 많이 의존한 것이 눈에 띄지만, 앨프리치가 쓴 단락과 비교할 때 철자상의 차이(차이는 여기서 진한 글자로 표시되었다)(역주: 밑줄은 역자에 의한 것임)는 거의 미미하다.

ii.

Fæder ure, þu þe eart on heofonum, s**i** þin nama ȝehalȝod. Tobecume **Þ**in rice. ȝewurþe ðin w**i**lla on eorðan swaswa on heofonum. Urne ȝedæȝhwamlican hlaf syle us todæȝ. And forȝyf us ure ȝyltas swaswa we forȝyfað urum ȝyltendum. And ne ȝelæd **þ**u us on costuneȝe, ac alys us from yfele.[10]

이 두 단락은 따로 쓰였고, 서로 다른 수도원의 필경사들에 의해 필사

---

and(그리고) (실제로는 라틴형 *et* (역주: 영어 and의 의미)의 축약형이다)를 나타내었던 커다란 7자처럼 생긴 글자로 이 단락과 다음 단락에서 조용히 확대 사용된다.

9) 단락 i가 필사되었던 필사실이 어디였는지는 확실하게 알아낼 수 없다. 앨프리치는 도셋(Dorset)에 있는 커넬(Cernel)(현재는 Cerne Abbas)의 수도원에서 설교집을 집필하였고, 특히 이 사본은 중세시대 대부분 시기에 그랬듯이 더럼(Durham) 대성당의 소수도원 것이다.

10) 캠브리지대학교 코퍼스 크리스티 칼리지(Corpus Christi College, Cambridege) MS 140에서 발췌.

되었으며, 시간상으로는 약 4반세기의 차이를 보인다는 것을 감안해서 비교해보면, 후기 고대영어 철자가 얼마나 안정적이었던가를 잘 알 수 있다.

두 개의 예외를 빼고 철자상의 일관성이 개별단어에서도 유지가 되고 있다. 첫 번째 예외는 <þ>와 <ð>가 서로 호환 사용되는 글자로 양쪽의 필경사들이 같은 단어에서 사용하고 있다(þin, ðin 현대영어로는 thy, thine, 2인칭 대명사의 소유격과 목적격 형태). 또 하나의 예외는 <i>와 <y>가 모음을 나타내는 같은 글자로 사용되고 있는 것으로 단락 i의 필경사는 후자 <y>를 선호하고 있으며(sy, wylla) 단락 ii의 필경사는 <i>를 사용하고 있다는 것이다(si willa).

두 개의 치조 마찰음 음소 /Θ/와 /ð/를 가지고 있는 현대영어 관점에서 볼 때, 고대영어 필경사들이 음소 구분을 위해 이 두 개의 부호를 사용하지 않았다는 것이 놀라워 보이는데 결국 이로 인해 현대영어에서도 두 음소를 나타내는 데 하나의 문자소(역주: grapheme, 문자의 최소 단위)인 <th>를 사용하게 되었다.[11] 그 이유는 <þ>이 <ð>와 함께 사용되었던 시기에는 이 두 소리 [Θ]와 [ð]가 음소의 하부 단위, 즉 환경에 따라 달라지는 소리들(현대영어 teeth, teething와 비교할 것)이었기 때문이고 의미적으로 구분되지 않았다(역주: 한 음소에 속하지만 환경에 따라 규칙적으로 두 개의 다른 변이음(allophone)으로 발음됨). 발음이 환경에 의해서 추측될 수 있었기 때문에 두 개의 문자소가 필요가 없었던 것이다. <ð> 보다 나중에 받아들여진 <þ>의 인기가 높아지면서 이 글자가 오랫동안 남아있었던 것은 비슷하게 생긴 글자들 사이의 혼동이 덜했다는 사실 때문으로

11) <th>는 하나의 문자소라기 보다는 문자소의 연속으로 여겨질 수 있으나 그 구분은 여기에서 상관이 없다. 이 책에서는 문자소라는 용어가 이 책 전체에서 대충 비슷하게 사용된다.

설명될 수 있을지도 모른다.

<i>와 <y>가 서로 함께 쓰인 것은 부분적으로 라틴어 영향의 결과로 볼 수 있는데 중세 라틴어에서 이 두 글자는 변이형이었기 때문이며 한편으로는 이 두 소리의 음소적 변화에 의한 결과이기도 했다. 10세기 말 이 두 글자에 의해 표기된 음소들이 초기에는 개별적 다른 소리이었지만 나중에는 대부분의 방언에서 하나로 합쳐졌기 때문이다. 바로 이때부터 필경사들은 <i>와 <y>을 구별하지 않고 사용하였다. 어떤 지역에서는 그리고 어떤 필경사들에 의해서는 이를 체계화하려는 시도도 있었다. 예를 들어 많은 필사본에서 구개 자음 <c, g, h> 주변에서 <i>를 사용했으나 이는 잠시 동안만 지켜졌으며 구분이 완전히 성공적이지는 않았다. 고대영어 후기에, <i>와 <y>는 동일한 발음을 표기하여 서로 대체할 수 있는 문자이었고, 비교적 최근까지도 그렇게 사용되었다.[12)]

후기 웨스트 색슨 철자의 안정성은 반세기 전에 노섬브리아에서 만들어진 주기도문의 어구 주석과의 비교를 통해 강조될 수 있다(그 유명한 린디스파르네 복음서(Lindisfarne Gospels)의 주석이다).

iii.

Fader urer ðu arð in heofnum sie ʒehalʒod noma ðin. Tocymeð ric ðin. Sie willo ðin suæ is in heofne on in eorðo. Hlaf userne ofer wistlic sel us todæʒ. Ond forʒef us scylda usra suæ uoe forʒefon scyldʒum usum. Ond ne inlæd usih in costunʒe, ah ʒefriʒ usich from yfle.

12) 심지어는 오늘날에도 이 두 글자를 포함하는 단어들의 철자가 아직 고정되지 않고 있긴 하지만 (gipsy, gypsy(집시); pigmy, pygmy(피그미); siren, syren(경적); tiro, tyro(초심자)), 어말에서는 <y>가 어중에서는 <i>가 선호되는 현재의 관습적인 철자로 인해 다음과 같은 쌍의 단어가 만들어졌다: happy(행복한), happier(더 행복한); day(날), daily(날마다). 초기 혼동으로 인한 차이가 남겨진 단어로 dryness(건조함) (cf. happiness(행복) 혹은 drier(더 건조한))와 shyness (수줍음), shyly(수줍게)등이 있다.

이 문헌과 웨스트 색슨어의 단락들(역주: i과 ii) 사이의 차이점으로는 웨스트 색슨어의 swa, and, we ac, fram에 대하여 여기서는 suæ, ond, uoe, ah, from을 볼 수 있음을 지적할 수 있다. 이들은 순전이 철자상의 차이이지 지역의 발음 차이를 보여주는 것은 아니며[13], 10세기 영국에는 적어도 하나의 아주 다른 철자체계가 존재하고 있었다는 것을 보여준다. 그러나 웨스트 색슨 철자체계만큼 널리 퍼지거나 일관성 있게 사용된 다른 철자체계는 당시에는 없었다. 이 짧은 단락에서조차 노섬브리아의 필경사들은 개별 단어들의 철자에 있어서도 약간의 변이형을 보여 준다(예: urer, user(ne), us(um)와 usih, usich, 괄호 안은 굴절어미를 나타냄).

웨스트 색슨 식으로 발전하였던 고대영어 철자는 대체로 현대영어 철자보다 발음과 일대일 관계에 훨씬 더 가깝다.[14] 일정하면서도 변함이 없이 하나의 음소를 나타내는 자음들이 현대영어보다 더 많고(이 시기의 후반까지 이루어진 일부 불일치는 3장에서 다루어진다), 현대영어에서 비교적 자주 나타나는 묵음 자음은 하나도 없다. 모음 또한 현대영어보다 훨씬 더 단순하게 표시되어 각각의 모음 문자소는 각각의 모음 위치(역주: 여기서는 모음의 음가를 말함)와 일치한다.

그러나 모음의 음가는 일반적으로 표시되지 않았는데, 예를 들어

---

13) 자신이 사는 시대의 발음에 대하여 자세한 설명을 하는 작가들이 16세기에 등장할 때까지 발음의 지역적 차이를 결정하기는 어려우나, 언어에 대한 일반 역사와 보다 최근 영어의 방언들 사이의 변이에 관한 지식을 가지고 각각의 필사법에 나타난 알파벳의 사용을 자세히 살펴봄으로서 이를 추론을 할 수 있다. 그런 정보를 통하여 원문에 나열된 모음들과는 대조적으로 노섬브리아의 forʒef의 <e> 철자는 웨스트 색슨어 forʒyf의 <y>와는 상당히 다른 모음의 위치를 나타낸다고 말할 수 있다.

14) 초기영어 발음에 관한 우리 지식의 출처에 대해 자세히 설명하는 것은 이 책의 범위를 넘어서 있다. 물론 이 장과 다음 장에서 기회가 있다면 약간 설명을 하는 경우는 있을 것이다. 간단히 말해 고대영어 음소 차이에 대하여 충분하게 이해를 하고 있다 해도 음성적 음가에 대한 결론을 내리기는 더 어렵다.

timber ‘timber(목재)’의 단모음 /i/는 tima ‘time(시간)’의 장모음 /iː/와 철자 상으로 동일하게 표기되었다.[15] 하나의 안정된 철자체계가 상당한 기간 동안 널리 사용됨으로 인해 11세기에는 음소를 정확하게 표시하는 특성은 점점 더 방해를 받았고, 음소 패턴 또한 변화함에 따라 발음과 일대일 대응관계에 있던 철자는 점차 그 대응관계를 상실하게 되었다. 예를 들어, 흔한 모음 문자소인 <ea>와 <eo>는 노르만 정복 때까지 단순모음을 나타냈는데, 어떤 지역에서는 각각 <æ>와 <e>와 함께 합쳐졌다.[16] 반면에 구어에서의 이중 자음(이후 여러 세기 동안 겹자음은 선행하는 모음이 짧다는 것을 나타내는 표시였다)(역주: 고대영어시기의 겹자음은 자음이 길다는 것을 나타내는 표시이다)의 단순화로 인하여 자음 문자소를 겹쳐 쓰는 것이 상당히 느슨하게 되었다. 비강세 음절의 모음은 점차 /ə/로 합쳐지게 되었고, 그래서 예를 들어 단락 i의 <e a o> 글자는 모두 동일한 비강세 모음을 나타내게 되었다. 11세기 필경사들은 자주 굴절어미와 접미사에 위치한 이들 문자소들(<u>도 마찬가지임)을 혼동하기도 했다.[17]

---

15) 장모음을 나타내기 위해 간혹 쓰이던 두 가지 방법은 우선 제1강세 표시(′)와 그리고 모음 문자를 두 번 반복하여 쓰는 것이다. 특히 단음절어에서 자주 사용했는데 만약 이런 방법이 사용되지 않았더라면 철자가 같은 단어들이 독자들에게 혼동을 주었을 것이다(예: god ‘God(신)’, gód ‘good(좋은)’ 혹은 명사로는 ‘goodness(선)’ man ‘man(사람)’ mán ‘crime(범죄)’).

16) 모음 문자소 연속이 어떤 음가를 나타냈는가에 대해서는 고대영어 학자들 사이에 상당한 이견이 있어왔다. <ea>와 <eo>가 공통 게르만어에서 이중모음의 대응형(reflex)로 나타날 때는 이들은 이중모음을 나타냈다고 가정하는 것이 합당한 것 같지만, 동일한 문자소가 공통 게르만어에 단순모음의 대응형으로 나타나는 경우에는 어려움이 발생한다. 특히 영어의 이후 역사에서 단순모음으로 발전된 경우는 더욱 판단하기 어려워진다. 스프록켈(C. Sprockel)의 『파커 연대기의 언어(The Language of the Parker Chronicle)』 I권 음운론과 형태론(The Hague, 1965) 참고할 것.

17) 비강세 모음들의 혼동은 이미 10세기부터 노섬브리아 방언에서 관찰되며, 단락

자음군을 포함하여 여러 가지 음운론적 변화는 결국 겹글자를 홑소리로 일치시키게 되었다. 다시 말해 /sk/는 /ʃ/로 단순화되었기 때문에 철자군 <sc>는 하나의 음소를 나타내게 되었고(예: scip 'ship(배)' 현대영어와 같은 발음을 가짐)(역주: 단어에 따라 /sk/로 발음 되는 단어도 있다. 예: scol 'school(학교)') 어두 자음군인 /xw/는 하나의 무성 자음 /ʍ/가 되었기 때문에 <hw>철자군은 마치 현대영어에서 <wh>가 자주 그러한 것처럼(고대영어 hwit, 현대영어 white(흰)을 참조할 것) /ʍ/를 나타내게 되었다.[18)]

11세기 영어 철자는 아주 정확한 음소 표기법은 아니어서 제한된 범위에서는 변이형을 허용하고 있었지만—가령 비강세 모음을 표기하기 위해 겹자음을 사용하는 등—그래도 각각의 어휘가 하나의 정해진 방법으로 철자되어야 한다는 전통은 이미 강력하게 시행되고 있었다. 이는 단락 i과 단락 ii의 비교를 통해서 강하게 주장할 수 있는 논지이다.

얼마나 오랫동안 이 방식이 지속되었는지는 네 번째 주기도문 번역을 조사해 봄으로써 추정할 수 있다. 이 네 번째는 약 1100년 섀프츠베리(Shaftesbury)에서 필사된 시편의 끝 부분에서 가져온 것이다.[19)] 단락 iii처럼 이 기도문은 라틴어 주석이지만 번역은 지금까지 인용된 것과는 다르게 아주 독립적이다. 단락 i이 필사된 이후 수백 년 동안 발생한 철자 변화의 예는 진한 글자(역주: 밑줄은 역자에 의한 것임)로 표시되어 있다.

---

iii에서도 보인다(예: ʒehalʒud, willo cf. 웨스트 색슨어 ʒehalʒod willa).

18) 마찬가지로 <hl, hn, hr>은 /l̥, n̥, r̥/을 나타내었는데 이들은 /xl, xn, xr/에서 발전된 발음들이다. 하나의 문자가 발음에서는 자음군을 나타내는 유일한 경우가 /ks/를 나타내었던 <x>이지만, 경우에 따라 자음 문자 조합 <cs> 혹은 <hs>로도 표기되었다: axian, ascian, ahsian 'ask(질문하다)'.

19) 살즈베리 시편, 살즈베리 성당 MS 150에서 가져옴. <ʒ> 대신에 <g>를 사용한 것에 대하여는 2장 참고하기.

iv.

Fæder ure, þu ðe eart on heo**u**enum, si gehalgod nama þin. To-becume rice þin. Gewyrrþe willa þin swa on heo**u**enum and on eorðan. [Hlaf] urne dæ**i**hwamlice syle us todæ**i**. And forgif us gyltas ure easwa and we forgi**u**an gyltendrum urum. And na us ingelæd on costningna, ac alys us fram y**u**ele.

이러한 변화들 가운데 한 가지는 음소 구조의 변화를 나타낸다. 즉, 초기의 dæʒ가 dæi로 되는 변화인데, 이는 <ʒ>에 의해 나타냈던 구개 마찰음의 모음화와 day에 남겨진 발음과 다르지 않은 이중모음화 때문이다.[20] 또 다른 변화는 철자 변화인데 이 변화는 라틴어 방식의 영향 때문이다. 즉 <u>는 고대영어 /f/의 유성 변이음(역주: [v])을 나타내게 되었다. 비록 이 시기에 /f/가 /f/와 /v/로 분기(역주: split, 즉 하나의 음이 두 개의 음으로 나뉘는 변화)되었던 것 같지는 않지만 말이다.[21]

---

20) 모음화는 좀 더 이전에 발생하였을 가능성이 크다. 철자는 발음 변화가 일어난 시기를 결정하는데 사용되는 여러 종류의 증거 가운데 하나일 뿐이고, 철자상의 변화는 발음 변화 이후 상당한 시간이 지체된 후에야 발생한다고 가정하는 것이 대체로 안전하기 때문이다.

21) 위에서 언급된 [θ]와 [ð]의 음소의 하위단위 구분(역주: 즉 변이음)은 다른 마찰음에서도 동일하게 나타난다. [s]와 [z] 역시 고대영어에서는 독립된 음소가 아니어서, 유성음은 다른 유성음 주변에서 나타났는데, 이것이 오늘날 우리가 house /haus/, houses /hauziz/에 나타나는 두 가지 서로 다른 음소에 대하여 동일한 글자를 사용하는 이유이다. truth /tru:θ/와 truths /tru:ðz/(/tru:θs/로 거의 발음되지 않는다)에서처럼 치조 마찰음에서 나타나는 유사함도 참고할 것.
순치 마찰음의 경우는 이와는 약간 다른데, 이는 [f]와 [v]도 고대영어에서는 변이음이었지만 라틴어로부터의 문어체 단어의 차용으로 인하여 후기 고대영어 철자에 변화가 생겼기 때문이다. 초기 차용에서는 라틴어의 <v>는 <f>로 표현되었으며(예: efa ‘Eve 이브’), 구어체로 된 단어들은 고대영어에서 유성음으로 발음되지 않은 위치(예: 단어 처음의 위치)의 라틴어 <v>는 무성음화 되었다. 따라서 고대영어 fann으로 차용되어 현대영어 fan이 된 단어는 라틴어 vannus에서 온 것이다. 그러나 후기 고대영어시기에는 필경사들이 글로 쓰인 라틴어에 익숙하게 되면서 versus와 같은 11세기 라틴 문어 차용어들은 고대영어 <f>나 라틴어 <v>를 가지게 되었고 fers 혹은 vers로 철자되었다. fers는 14세기까지는 계속 남아있었지만, 결국 살아남은 것은 라틴어에 가까운 형태이다(Mod. E verse

단락 iv는 11세기에는 철자 변화가 얼마나 적었는가를 보여준다. 그러나 훨씬 더 중요한 사실은 이 주석의 철자가 문헌이 쓰인 지역이나 필사실을 전혀 알려주지 않는다는 것인데 그 이유는 철자가 전체적으로 여전히 보편적인 기준을 따르고 있기 때문이다.

안정적인 철자법이 아주 초기부터 존재했다는 사실은 영어 철자의 발전에 있어 대단히 중요하다. 우선, 현대영어 철자 규정 중 일부는 오랜 역사를 가지고 있다는 것을 의미한다. 이미 언급된 규정 중 <i>와 <y>가 사소하게 구별없이 함께 사용되는 것, 음소 /ð/와 /θ/를 각각 독립적으로 나타내는 문자가 없다는 것, /z/를 나타내기 위해 철자 <s>가 사용되는 등등의 오래된 규정이 있다. 반면에 모음의 길이를 나타내기 위해 겹자음을 사용하는 것과 <ea>와 같은 철자의 유행에 관해서는 3장에서 논의될 것이다. 그러나 초기 안정화의 영향은 아마도 훨씬 더 확대된다고 보는데, 왜냐하면 현대영어 철자에서 보이는 모든 문제점의 근원은 이 영향을 이해하는 데서 정당화될 수 있기 때문이다.

이후 수세기 동안 영어 철자는 외국어, 특히 프랑스어 철자 방식에 상당한 영향을 받긴 했지만 결코 모국어의 방식이 완전히 없어진 적은 없었다. 따라서 영어의 철자는 거의 천년동안 하나의 방식이 또 다른 방식 위에 덧씌운 결과라고 할 수 있다. 다음 장에서는 프랑스의 침략으로 인해 고대영어의 일관성이 깨지게 된 후 보편적으로 받아들여지게 된 철자

(시)). 필경사들은 라틴어 <v>를 나타내는데 익숙하게 되었기 때문에 종종 단어 중간에서 [v]로 발음되는 고대영어 단어에까지 확장시켜 사용하곤 하였고, 이후 어두에 [v]를 가진 많은 프랑스어 차용어의 도래로 인하여 유성음과 무성음이 별개의 음소가 되면서 /v/와 /f/는 글자 상으로 규칙적인 구분을 하게 되었다(역주: <u>와 <v>는 라틴어에서는 결코 구분되어 사용되지 않았고, 영어에서도 17세기까지 그러하였으며 그래서 이 주석에서 설명하고 있는 <v>는 <v>와 <u> 모두를 나타낸다는 사실을 주의해야 한다).

의 느리고도 고통스런 재 발전을 추적해 보고, 또 우리로 하여금 그렇게 단순하고도 견고한 기본 계획에 따라 호기심을 자아내면서 때로는 기이한 건물(역주: 철자체계를 말함)을 세우게 만든 일련의 사건을 추적하고자 한다.

2장 표준어의 붕괴

The collapse of the standard

1066년 10월14일 저녁 해스팅스(Hastings)로부터 약 7마일 떨어진 곳에 있는 오래된 사과나무에 의해 구분된 헌드레드(hundred)(역주: 당시 마을과 주(shire) 사이의 지방 행정 단위이며 크기는 100하이드 정도였다. 1가구의 생계를 유지하는데 1하이드가 필요한 것으로 보았으며, 따라서 헌드레드는 100가구의 생계를 유지하는데 필요한 토지 단위이다) 경계선에서는 노르만 기사들의 공격 아래 해롤드 2세 왕실의 깃발이 내려졌다(역주: 이로서 고대영어 시기는 막을 내리게 됨). 웨섹스의 영국을 정치적으로 지배하였던 마지막 대표의 죽음 이후 거의 1세기 동안 웨스트 색슨 철자의 기준이 나라 대부분에서 계속 유지되었지만 결국 무릎을 꿇었고, 철자의 붕괴와 함께 지역 철자 방식이 중세영어 시기에 널리 확산된 것은 틀림없이 윌리엄 1세(역주: 영국을 정복한 노르만족의 왕. 중세시대 영국의 첫 왕으로 이때부터 중세영어시기가 시작됨)의 승리로 인한 사회적 격변의 직접적인 결과라고 할 수 있다.

노르만 정복이후 여러 해 동안 프랑스어를 말하는 수많은 정착민이 영국에 자리 잡았고, 이후 2세기 동안 영국에는 두 가지 언어가 사용되었다.

윌리엄의 20년 통치 기간 동안 괴로움을 주었던 사회적 불안 속에서 대부분의 영국 귀족은 살해되거나, 추방되거나, 혹은 권력이 있는 자리에서 쫓겨났다. 프랑스어가 지배계층의 언어가 되었고, 14세기까지도 궁정언어로서 법정과 의회에서 중요한 매개체 역할을 하게 되었다. 공식 문서에서 광범위하게 사용되어 유럽에서는 유일한 자국어로서, 그리고 충분히 발전된 표준 문어 형식을 갖춘 언어로서 영어의 독특한 위치는 상실되고 말았는데 이는 정복자가 영어를 무시하였기 때문이 아니라 영어가 필요하지 않았기 때문이었다. 정착민들의 수는 자신들의 언어를 유지하고 후대에 전하고 그리고 그 언어가 가지는 사회적 명망 때문에 영어 모국어 화자가 배워야할 만큼 충분히 많았다.

초기 중세영어에서 보편적 철자체계가 쇠퇴한 것은 본질적으로 영어로 쓴 저작물에 나타나는 결과이다. 공식 문건에서 영어를 포기했다는 것은 그 자료를 읽을 사람, 즉 나라의 행정 권력층에 있는 사람들이 영어를 말하거나 쓸 수 없었다는 사실을 말해주는 필연적인 결과였다.

책에 대한 요구가 쇠퇴한 것 역시 왕조의 변화를 따랐다. 정복 이후에는 수도원의 필사실을 후원하는 사람들이 아마도 더 적었을 것으로 보인다. 이는 노르만 귀족들의 읽고 쓸 수 있는 능력이 앵글로 색슨 영국에서보다 훨씬 덜 일반적이었기 때문이었고, 그리고 책을 소유하는 것에 관심이 있었던 노르만인은 책이 프랑스어나 라틴어로 쓰이기를 요구했었기 때문이다.

게다가 세속 권력뿐만 아니라 종교 권력도 정복 후에는 영국이 아닌 다른 사람의 손으로 넘어갔다. 로마는 영국 교회를 교황에 의해 승인된 방침에 따라 개혁하기로 약속을 한 대가로 윌리엄의 침략을 지지했고, 가공할 만한 학자인 랜프랑크(Lanfranc, 1070년부터 1088년까지 캔터베리의 대주교였음)가 이끄는 프랑스어를 사용하는 많은 성직자가 영국으로 와서 영국에서 중요한 성직을 받았다. 초기 11세기 영국의 교회는 9세기의 정체 상태 이후 학문을 부흥시키는데 아주 유용했던 자국어에 대한 강조를 더 이상 하지 않기 시작하였고, 다시 한 번 라틴어를 배우는 것이 더 중요하게 되었다.

알프레드 왕의 번역물과 앨프리치 대주교의 영어 저술은 적어도 정복의 효과가 광범위하게 느껴질 때까지는 영어의 인기와 권위가 지속되었음을 확실하게 보여 주었다. 그러나 12세기에는 프랑스 출신의 새 주교들과 수도원장들이 수도원의 도서관을 라틴어로 쓴 책으로 가득 채우는 것을 장려하였고, 또한 프랑스어를 말하거나 대륙식으로 훈련받은 필사실의 서기들은 속세에서 쓰는 구어체 고유어를 거의 돌볼 수가 없었다. 점차 영어로 된 기록물을 필사하는 일을 하는 필경사들의 수는 줄어들었고, 보편적 철자체계를 유지하는 데 중요한, 신참자에 대한 전통적인 철자 훈련은 무시되었다.

두 세기 동안, 즉 1100년부터 1300년까지 영어로 쓰인 기록물은 거의 없으며, 그 기간 동안에는 하나의 철자법에서 이루어진 지속적인 발전을 추적하는 것이나 개인 필사실의 관습을 따르는 것은 어렵다. 그러나 때로는 우연한 사건이 우리에게 특별한 기회를 제공하기도 한다. 예를 들어 피터보로(Peterborough)에 있는 도서관은 1116년 수도원을 앗아간 끔직한 화재로 인해 소실되었다. 1121년에 도서관이 다시 세워지면서 다른 곳에서 책을 빌린 후 필사하는 흔한 방식으로 책이 채워졌다. 다시 채워져 오늘날까지 남겨진 책 가운데 하나가 『앵글로 색슨 연대기(Anglo-Saxon Chronicle)』이다.

이 책은 국가적으로 그리고 지역적으로 중요한 사건을 연대기식으로 설명한 것으로 영어로 기록되었고 알프레드 왕 시절에 처음 시작하여 10세기와 11세기 내내 큰 수도원이 있는 많은 중심지에서 지속되었다. 이 연대기 필사본은 피터보로의 수도사들이 역사에 특별한 관심이 있었다는 것을 반드시 표시해주는 것은 아니다. 왜냐하면 모든 종류의 역사적 자료들은 수도원이 중세시대에 발견한 땅의 권리에 대한 소송에 유용하기 때문에 보존되었으며, 필사를 한 이유가 무엇이든지 간에 책을 만드는 것은 연대기 저술에 새로운 추진력을 제공하였던 것으로 보인다. 1132년까지 4개의 사건에 관한 추가 사항이 영어로 기입되었고, 1154년까지의 기간을 다루는 마지막 긴 절 부분이 첨가되었다.

따라서 『피터보로 연대기』는 12세기 전반 50년에 걸쳐 날짜가 기록된 일련의 저술기록이다. 그 안에서는 후기 고대영어 단어 형태의 엄격한 일치가 점점 더 상실되고 있음을 볼 수 있다. 마치 11세기 연대기 편집자가 보여주었던 쓰기 수단에 대한 통제력을 만들어내는 능력처럼 철자에 있어서도 웨스트 색슨 표준(1100년까지 발전되었던)이 처음에는 잘 유지되었으나, 점차 필경사들의 훈련 결핍이 드러나게 된다. 마지막에 기록된 사항은 철자에 대한 불완전한 이해만을 보여줄 뿐이다.[1)]

피터보로의 상황은 아마도 12세기 영국 전역에서 발생했던 상황을 전형적으로 보여주고 있다. 하지만 어떤 지역에서는 특히 남쪽과 서쪽에서는 이전 방식에 대한 구속력이 보다 강력했기 때문에 쇠락이 다 같은 정도로 사방에서 발생했던 것은 아니었다. 중요한 점은 다음과 같은 사실이

---

1) 라틴어 쓰기 방식이 점진적으로 영어에 침입함으로 인해 혼동이 발생한다. 예: /x/ 발음을 나타내기 위해 <ch>를, /θ/ 발음을 나타내기 위해 <th>를, /w/를 위해 <u> 혹은 <uu>를 사용하는 것. 이 가운데 가장 최악은 모음 철자에 미친 영향이다. 라틴어에서는 <æ>와 <e>가 합쳐졌던 반면 영어에서는 <æ>, <ea>, <a>가 모두 합쳐졌다. 피터보로 필경사들은 이 네 글자 모두를 혼동했던 것이다.

다. 즉 음 변화에 의한 것이든 혹은 다른 언어의 관례를 모방함으로 인해 이루어진 것이든, 새로운 철자 변화들이 11세기에서만큼 많이 발생했지만 그것은 더 이상 국가 전체적인 현상이 아니었으며, 다만 고대영어시기와 중세영어시기 사이에 중요한 구분만을 해준다는 것이다.

아마도 장원제도가 부분적으로 원인일지도 모른다. 앵글로 색슨족이 통치하던 마지막 수 십 년 동안에는 이미 준장원제도 구조가 사회에 등장했을지 모르지만 오늘날 일반적으로 이해되는 개념에서 장원제도 도입 효과를 완전히 느낄 수 있는 시대는 바로 헨리 1세(1100-35) 통치 기간이었다. 특히 시골에서는 사람의 이주가 제한되었고 결과적으로 지역주의가 촉진되었다.

그러나 이것은 단지 한 부분의 이야기일 뿐이다. 더 중요한 것은 권력을 가진 사람들에 의해 그리고 중앙 정부에 의해 발행되는 비종교적인 행정 서류나 유명한 교회의 글에서 영어가 더 이상 사용되지 않게 되자, 따라야 할 국가적 표준 또한 없어지게 되었다는 사실이다. 고대영어 문어체의 전통과 밀접하게 연결되는 관계가 계속 보존되었던 지역에서는 안정적인 철자도 남아있었다. 그러나 이러한 연속성은 지방화 되기 시작했고, 11세기에는 최소한으로 유지되었던 철자에서의 지역적인 차이가 점점 더 증가하였다.

캔터베리에서 저술된 글에서 그 예를 찾아볼 수 있다. 이곳에서는 중세시대 동안 내내 이루어진 연속성이 주교 관할구의 중요성이 지속되면서 어느 정도 보장되었다. 다음의 발췌문은 약 1200년 경 이루어진 1장의 단락 ii에 기록된 번역의 필사본과 유용하게 비교될 수 있다.[2)]

2) 단락 v는 보들리안 도서관 MS Hatton 38에서 가져왔다. 이 단락이 들어있는 부분은 [그림 1]에 나와 있다.

on diȝlen. ⁊ þin fæder hyt aȝelt þe. se þe sihð on
dyȝlen. And þanne ȝe eoƿ ȝe byddon ne byȝe spilce
liccetras. þa lufiað þæt hy ȝe biddan hyo standende
on samnunge. ⁊ strate hyrnan. þæt men hyo ȝe
seon. Soð ich segge eoƿ. hyo on fengen heore me
de. Þu soðlice þonne þu þe bidde. gang in to þi
nen hel clyfen. ⁊ þinre dure þe locenre. bide þin
ne fæder on diȝlen. ⁊ þin fæder þe sihð on dyȝlen
hyt aȝylt þe. Soðlice þanne ȝe eoƿ ȝe biddan. nelle
ȝe spreken fela spa spa hæðene. hyo ƿenað þæt
hyo syen ȝe herda on heora manifealde spræce.
Nelle ȝe ornest lyce heom ȝe efen læchen. Soðlice
eoƿer fæder ƿat hƿæt eoƿ þarf ys. ær þan þe ȝe
hine byddað. Eornestlice ȝe biddað eoƿ þus. Fæder
ure þu þe ert on heofene. sye þin name ȝe hal
ged. to be cume þin rice. Ge purðe þin ȝe ƿille.
on eorðan spa spa on heofenan. ure dayȝ hƿam
lice hlaf syle us to dayȝ. ⁊ forȝyf us ure geltas
spa spa ƿe forȝyfeð ure geltenden. ⁊ ne læd þu
us on costnunge. ac ales us of yfele soðlice. Soðli
ce ȝyf ȝe forȝyfeð mannan heora synnan. þonne for
ȝyfeð eoƿre se heofenlice fæder eoƿ eoƿre geltes. Gyf
ȝe soðlice ne forȝyfeð mannen: ne eoƿre fæder
ne forȝyfeð eoƿ eoƿre synna.

[그림 1] 복음서의 웨스트 색슨 판, 보들리안 도서관 Ms Hatton 38 (1200년경) fol. 85v. 단락 v는 14행 끝에서 시작한다.

v.

Fader ure, þu ðe ert on heofene, sye þin name ʒehalged. To-becume þin rice. Gewurðe þin ʒewille on eorðan swaswa on heofenan. Ure dayʒhwamlice hlaf syle us todayʒ And forʒif us ure geltas swaswa we forʒyfeð ure geltenden. And ne læd þu us on costnunge, ac ales us of yfele.

이 단락은 맥락적인 측면에서 살펴봐야한다. 이 특별한 번역은 고대영어 복음서에 나오며 10세기 번역본—늦게까지는 1200년까지의—의 필사는 성경 문헌과 관련하여 시간이 증명해온 내용에 대한 존경심을 보여준다. 따라서 철자는 대체로 전통적이고, 대부분의 경우 웨스트 색슨 기준과 일치한다. hlaf, 현대영어 loaf(빵)이란 단어 형태를 살펴보면 이를 입증할 수 있다.

이후 언어의 변화에서 드러나고, 동시대의 다른 지역 철자에서도 볼 수 있듯이 영어의 일반적인 역사를 보면 철자가 고정된 이후 어두 자음군과 모음이 여러 세기에 걸쳐 음운 변화를 겪어 왔다는 것을 알 수 있다. 초기 고대영어에서 <hl>은 자음군 /xl/을 나타냈으나 후기 고대영어가 되면 /l̥/로 단순화가 일어나고, 1200년이 되면 그 소리는 거의 모든 위치에서 유성음화되어 /l/이 되었다.

모음 역시 1200년 무렵에는 /ɑ:/가 /ɔ:/로 변화하였고, 이는 현대영어 /oʊ/로 이동하기 위한 첫 단계였다. 따라서 철자는 소리 나는 대로 적기보다는 전통적인 방식으로 쓴 것이다. 그럼에도 불구하고 단락 v의 철자는 언어학적 변화를 기록하고 있다. 예를 들어 이 단락 많은 곳에서 굴절어미의 단순화를 보여주는데, 굴절어미 <um>, <a>, <ne>, <an>은 모두 동일하게 <e>로 단순화 되었다가 /ə/로 수평화 되었다.

[지도 2] 본문에서 언급된 도시를 보여주는 중세영어 방언지역

더욱 중요한 점은 철자에 있어 지역성이 증가하고 있음이 세 단어 geltas, geltenden, ales에서 확실하게 보인다는 점이다. 이 단어들을 단락 ii에 있는 동일한 단어들(ȝyltas, ȝyltendum, alys)과 비교해 보면, 단락 v의

캔터베리 필경사들은 초기 <y> 대신에 <e>를 도입하였다는 것을 알 수 있다. 이는 기록이 행해진 장소를 확실하게 표시해 주는 철자 변화로, 중세영어의 중요한 지역 철자들에서 가장 단순하고 확실하게 눈에 띠는 특징 가운데 하나가 초기 고대영어에 존재하던 철자 <y>는 고설 전설 원순모음의 대응형이기 때문이다. 대략 살펴보면, 12세기 북부와 동부의 대응형은 <i> 혹은 <y>이고 이들은 중세영어에서는 하나의 문자소에 대한 변이 글자들로 존속한다. 남서부는 <u>, 남동부는 <e>가 대응형이다. 따라서 언어적 증거를 근거로 단락 v는 남동부 지역에서 쓰인 것으로 확인될 수 있다.

이 세 종류의 변화에 대한 관찰을 조금 더 해 보면 영어 철자 역사가들에게는 흥미로운 사실이 발견된다. 특정한 시기의 영어(혹은 영어의 이형들)에서 음소체계와 철자체계 사이의 관계를 확립하는 것은 초기영어를 공부하는 학생들에게는 지극히 어려운 일이다. 비록 이 책에서 기술되고 있는 중요한 지역의 철자체계들이 전통적인 철자체계이고 표준화되어 있으므로, 상당히 일관성 있는 철자들이 일반적으로 가지는 관계보다 더 밀접하게 구어체 언어와의 관계를 가지고 있는 것은 아니라는 점이 확실하다 할지라도(그리고 강조되어야 할지라도), 특히 중세영어의 경우에는 지역별 철자들이 구어체 언어를 얼마나 밀접하게 반영하고 있는가는 아직 확실하지 않다(이런 의미에서 지역의 철자체계들은 음성적이지 않다). 이들은 하나 이상의 구어체 영어 지역형을 통합한 지리적으로 넓은 지역에서 사용된 지역 철자들이다.[3)]

그럼에도 불구하고 문어체 방언을 기반으로 형성된 구어체 방언에 대해

3) 이 점에 대한 더 자세한 논의를 보려면, 참고문헌에 인용된 앙구스 메킨토시 (Angus McIntosh) 교수의 논문을 참고할 것.

서 어느 정도는 추측을 해 볼 수 있다. 예컨대 고대영어 <y>의 대응형들은 북쪽과 동쪽 지역에서는 /i/(철자 <i>나 <y>로 표시되었던)와 /y/가 하나로 합쳐졌으나, 남서부 지역에서는 그렇지 않았다는 것을 보여주고 있다. 이는 남서부 필경사들이 /y/ 발음을 나타내기 위해 <u> 철자를 사용하는 프랑스어 방식(cf. Mod. Fr tu, juste/ty, ʒy:st/)을 차용하여 /i/와 /y/를 구분했기 때문이다. 게다가 /i/와 /y/가 각각 다른 발음이었던 남동부에서는 /y/가 /e/와 합쳐졌다. <i>(/i/)는 일반적으로 현대영어의 대응형(예: king (왕), sin(죄), OE cyninʒ, synn)[4]이기 때문에 현대영어 철자체계와 동시대의 용인발음(Received Pronunciation 역주: 영국영어의 표준어, 표준발음으로 여겨지는 영국영어의 한 종류로 이후 영국 표준발음으로 지칭함)이 중세영어 북동부 영어의 후예라는 것이 오늘날까지 남아있는 고대영어 <y>를 가진 대부분의 단어를 살펴볼 때 확실하게 드러난다.

다른 지역의 유형 또한 적게나마 기여를 했는데 예를 들어 현대영어의 knell(종소리, 조종), left(떠났다, 남겨진), merry(즐거운)는 남동부형(OE cnyll, lyft, myriʒ)에서, cudgel(곤봉), crutch(단단하게 쥐다), dusty(먼지투성이의)는 후에 /y/와 /ʌ/가 합쳐진 남서부형(OE cycʒelm crycc, dystiʒ)에서 비롯되었다.[5] 중세영어의 다른 방언에서 나타나는 발음과 철자는 우리에게 서부 철자와 남동부 발음을 가진 bury /berɪ/ (묻다) (OE byriʒean)와 서부 철자와 북동부 발음을 가진 busy /bɪzɪ/ (바쁜) (OE bysiʒ)를 남겨주었다.

단락 v에서 관찰되는 철자변화 중 지금까지와는 아주 다른 변화는 이

---

4) 장모음을 가지고 있다가 이후에 /ɑɪ/로 이중모음화된 bride(신부), mice(쥐의 복수형)와 dry(건조한, OE dryʒe)에서처럼 어말에 <y>를 사용한 것도 참고하기.

5) 프랑스어 차용어에서 영국영어 표준발음(RP)은 /y/도 유사하게 /ʌ/가 되었다는 점을 주목하기. 예: judge(판사), just(단지). 현대프랑스어 /ʒy:ʒ, ʒy:st/.

단락에서도 볼 수 있는 것처럼 중세영어 내내 각각의 독립된 글자로 사용되었던 두 종류의 <g> 글자 사용에 있다.6)

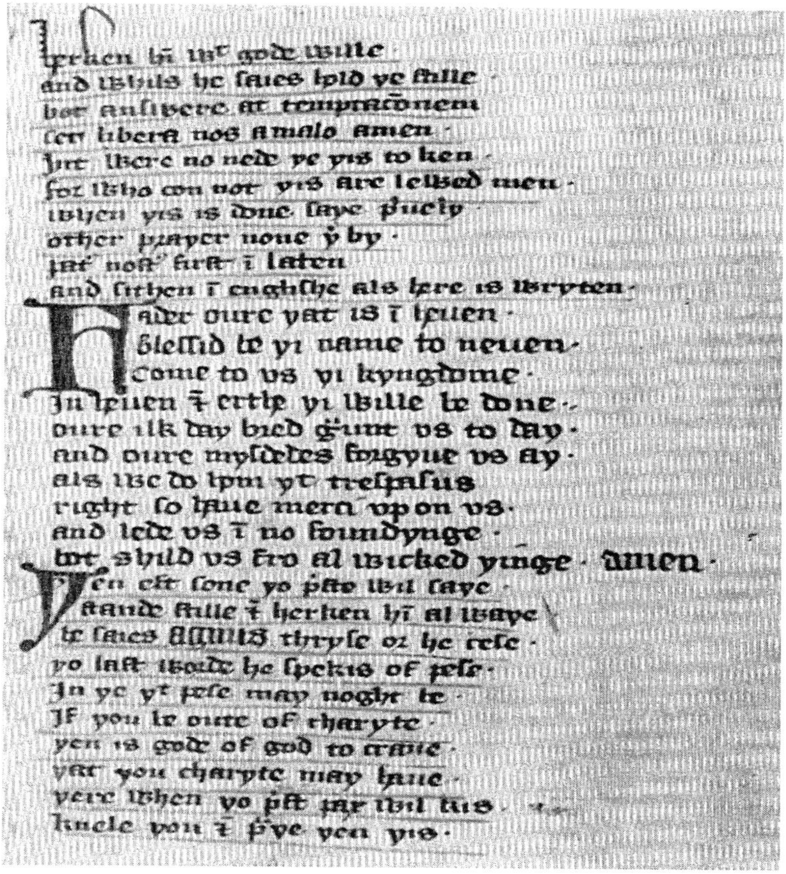

[도판 2] 『평신도들의 미사책(The Lay Folk's Mass Book)』, 대영박물관 MS Royal 17 B xvii (14세기) fol 11r. 단락 vii는 가운데 부분이다.

6) 이 두 글자는 단락 v가 들어있는 [그림 1]에서 확실히 볼 수 있다. 이글을 필사한 필경사는 대문자로 한 종류의의 글자만을, 즉 ʒewurðe 라기 보다는 Gewurð로, 쓰고 있다는 점을 주목하기.

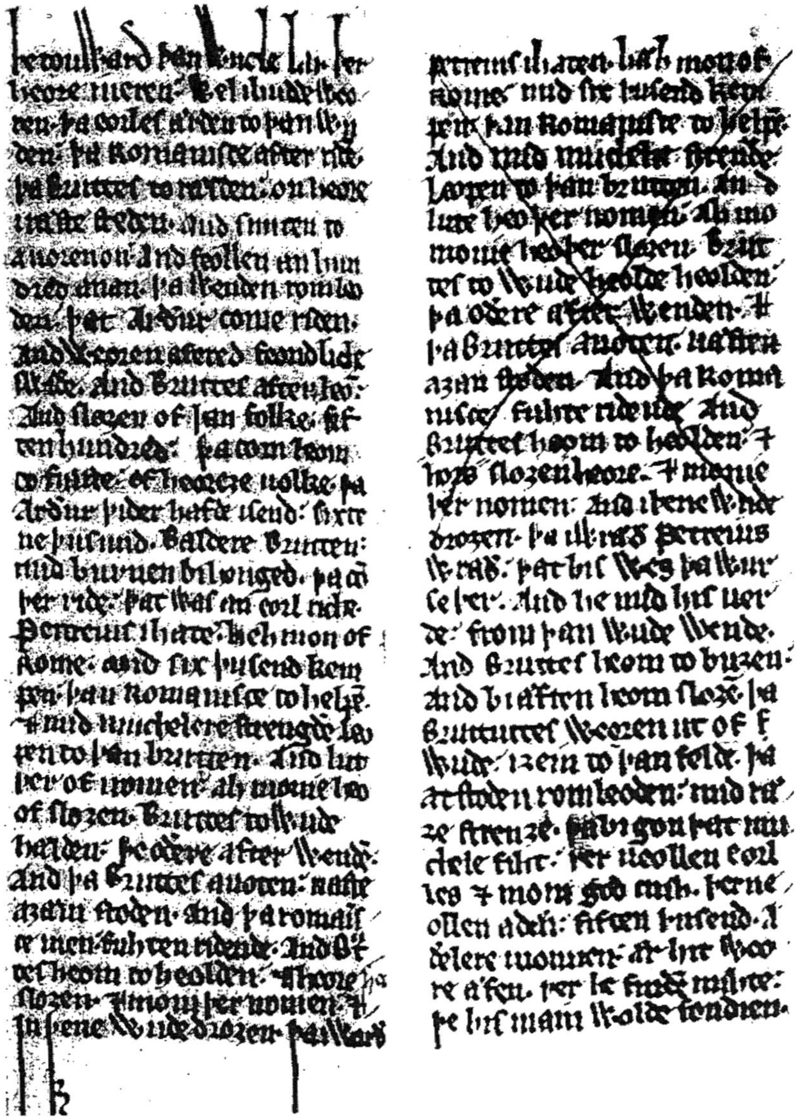

[도판 3] 라가몬의 『부룻(Brut)』, 대영박물관 MS Cotton Caligula Aix (13세기) fol. 158v column 2와 fol. 159r column 1. 삭제 표시 부분은 앞의 14행의 내용을 반복하고 있다.

12세기까지 영어 도형글자(역주: 섬 지역 영국에서 사용한 글자)는 ‘개방형’ 글자(역주: 글자의 왼쪽이 막혀있지 않아서 개방형이라는 용어를 사용함)인 <ʒ> 만을 가지고 있었다. 프랑스인이 필사에서 통제권을 장악한 이후 필사실의 필사법에 일어난 보다 중요한 변화 가운데 하나는 도형글자를 버리고 카롤링거왕조 서체(carolingan)(초기에 라틴어를 필사할 때 주로 사용했었다)를 선호했다는 점이다. 오늘날 우리가 사용하는 ‘폐쇄형’ 글자 <g>는 개방형 글자 <ʒ>에 대응하는 카롤링거 서체형이다.

일반적인 경우에는 도형문자가 버려졌지만 필경사들은 때때로 도형문자 중 어떤 형태는 유지하는 것이 유용하다는 것을 발견했는데, 예를 들어 1장에서 논의되었던 글자 <þ>의 경우이다. 카롤링거 서체형 <g>[7]와 더불어 요프(yogh)로 알려진[8] <ʒ>도 그대로 유지하였는데 이는 고대영어 후기에는 하나의 글자 <ʒ>로 표기되었던 두 개의 음소 /g/와 /j/ 중에서 /j/를 나타내기 위한 것이었다.

후기 고대영어 음소 분포는 부분적으로 상보적이었으나, 심각한 겹침 현상이 어두에서 발생하곤 했었다((for)ʒyf /-jif/와 ʒyltas /gyltəs/의 경우를 비교해볼 것). 고대영어 필경사들은 이들을 구분하려는 시도를 하였는데, /j/가 후설모음 뒤에 올 때 <i>로 썼고, 혹은 <ʒ>로 쓸 때는 <ʒ>와 모음 사이에 <e>를 넣었다. 따라서 고대영어에서 /jo:k/로 발음되었던 현대영어 yoke(멍에)는 철자로는 <ioc> 혹은 <ʒeok>로 표기되었다. 하지만 전설모음 앞에서는 모호하게 사용되었다.

비록 <i>(그리고 <y>도 함께)가 /j/를 나타내는 데 계속 사용되긴 했지

---

7) 인쇄상의 편의를 위해 카롤링거 글자 <g> 는 현대영어 인쇄체에 해당하는 <g>로 표시될 것이다.

8) 요프란 이름은 후기 중세영어 철자 가운데 이 글자를 대체하였던 두 개의 글자, 즉, 어두의 <y>와 모음 뒤의 <gh>에서 비롯한다.

만, 두 개의 글자 <g>와 <ʒ> 문제는 중세영어에서는 개선되었다. 인쇄기의 도착과 더불어 런던의 식자공들은 대륙형 활자체에 <ʒ>이 없었기 때문에 /j/를 나타내기 위해 <i/y>를 사용했고 그 중 <y>는 현대영어 철자에도 보존되어 있다(예: yoke).[9] <ʒ> 역시 중세영어에 사용되었는데 /j/의 모음 뒤에 오는 두 변이음인 [ç]와 [x]를 나타냈다.[10] 이 두 소리는 중세영어 필경사들에게 상당한 어려움을 주었다. 왜냐하면 이 소리를 나타내는 글자들이 많았는데 앵글로 노르만(역주: 영국에 거주한 노르만족)은 <s>로 표기한 반면 고대영어에서는 <h>로, 새로운 글자는 <ʒ>로 그리고 두 글자를 합친 <ʒh>로도 표기되었기 때문이다. <ʒ>와 <g>의 구분이 불분명해진 15세기에는 마지막 합쳐진 글자는 <gh>가 되었는데 이것은 북부 방언들에 여전히 많이 남아있는 단어에서 들을 수 있는 [ç]와 [x]를 표기하는 연속 글자이다. 예: high(높은), ought(~해야만 한다), night(밤) bough(나뭇가지).[11]

우리는 제한된 범위(초기의 <y> 대신에 <e>를 사용하는 등) 내에서는 지역 철자가 1200년까지 캔터베리에서 사용되었다는 것을 보았다. 이후 200년 동안 켄트 방언의 철자는 다른 지역에서 사용되는 철자와는 점차

9) 스코틀랜드 식자공들은 다른 방식을 따랐는데, <ʒ>에 대한 대체글자로 기존 활자 가운데 가장 가까운 활자로 판단한 <z>로 대체하였다. <z>를 가진 대부분의 스코틀랜드어 단어들은 현대영어에서는 철자대로 발음하기에 적용을 받아 <z>을 /z/로 발음한다. 하지만『모든 이를 위한 발음 사전(Everyman's Pronouncing Dictionary)』을 보면 capercailzie, Dalziel, Menzies에서처럼 /j/ 발음을 표기하는 데 여전히 <z>로 기록한다.

10) 초기 고대영어에서 [ç]와 [x]는 /h/의 변이음이었고 <h>로 표시되었다. 그러나 많은 중세영어 방언에서는 [h]가 사라졌고, 따라서 철자 <ʒ>를 고려할 때 [ç]와 [x]를 /j/의 변이음으로 간주하는 것이 아마도 더 나은 것으로 여긴 것 같다.

11) 아주 소수의 단어에서는 [ç]와 [x]가 소실되거나 혹은 /f/가 되었다. 따라서 cough (기침하다), laugh(웃다), tough(거친)에서처럼 이례적으로 /f/을 나타내는 <gh>도 있다.

구분이 되었다. 1340년 캔터베리에서 이루어진 주기도문의 또 다른 번역에서 이를 볼 수 있다.[12]

vi.

Vader oure, þet art ine heuenes, yhalȝed by þi name. Cominde þi riche. Yworðe þi wil ase ine heuene and ine erþe. Bread oure echedayes yef ous today. And uorlet ous oure yeldinges ase and we uorleteþ oure yelderes. And ne ous led naȝt into uondinge, ac vri ous uram queade.

어떤 측면에서 보면 이 단락은 지금까지 인용된 어떤 주기도문보다 더 현대영어와 동떨어져 있다. 예를 들어 vader, yef는 단락 v의 fader나 forȝyf 보다 father나 (for)give와 비슷하지 않은데 이는 전적으로 지역 철자를 사용한 결과이다.

여기서 가장 눈에 띄는 특징은 과거의 <f>를 나타내기 위해 <u/v>를 사용하고 있으며 단어 중간에 위치한 <f> 뿐만 아니라(이는 영어에 있어 일반적인 변화이다), 어두의 <f>(vader, uorlet, vri, uram)에도 사용하고 있다는 점이다. 11세기에 영국의 남부와 서부지역에서는 어두의 /f/는 유성음화되었고, 이 지역에서 쓰인 문헌에서는 12세기 말부터 유성음화를 보여준다. 하지만 당시 영국의 다른 지역의 철자체계는 <f>을 보존하고 있었다.

현대영어 철자는 기본적으로 중세영어시기 동중부 지역에서 사용되었던 철자에 기반을 두고 있으며, 따라서 고대영어에서 <f>로 시작하는 단어는 오늘날에도 <f>로 남아있다. 약간의 예외는 있는데, 예를 들어 남부 철자를 받아들인 vane(OE fana)이 있다. 그러나 이들 단어에서 남부 발음인 /v/도 받아들여졌기 때문에, 발음과 철자 사이의 관계가 방해 받지는

12) 대영박물관 MS Arundel 57에서 가져왔다.

않았다. 약간 이례적인 것은 오늘날 fox(여우)의 여성형 철자를 vixen /vɪksen/으로 쓰는 것인데 이 단어에서는 중세영어 철자 방식들이 독립적으로 미친 영향으로 단어의 어원을 고려할 때 의미적으로 관련 있는 요소들 사이의 관계가 교란되었다.13) 철자 fixen은 17세기까지도 남아있었다.

단락 vi의 중요한 특징은 철자에 있어 언어 내적으로 보이는 완벽한 일관성이다. 예를 들어 철자 ine 'in(안에)'는 세 번 모두 유지되고 있다. 이 단어에서 어말의 <e>는 어원상 존재하는 것은 아니지만, 중세영어시기 내내 나타나는 켄트 방언 철자의 특징이다.14) 철자 <e>가 발음이 되었는지의 여부는 확실하지 않다. 이는 중세영어 지역 철자들이 음소에 충실한 체계라기보다는 관습적인 철자체계라는 사실을 보여주는 또 다른 실례를 제공하고 있기 때문이다.

단락 vi가 들어있는 책의 서문은 저자를 캔터베리의 성 아우구스티누스의 수도사, 노스게이트의 댄 미셸(Dan Michel)로 밝히고 있다. 이 책은 원래 프랑스어로 된 책을 번역한 것인데 그가 서문에서 말한 대로 직접 켄트 방언으로 썼고 1340년에 완성되었다. 따라서 그의 필사본은 좀 특별하다. 날짜가 적혀있고, 지역이 밝혀져 있고 필경사의 서명도 주어져 있다. 이는 해당 단락이 보여준 철자상의 일관성을 설명해 준다. 왜냐하면 보편적인 철자가 없었던 시기에, 저자가 자신의 책을 필사했거나(적절히

---

13) 그 관계는 어간 모음(*fuhs-, *fuhsin-)(역주: *는 재구형을 표시, 1장 앞의 '약어와 부호' 부분 참고할 것)이 분기되기 이전인 선사시기에 가장 명확하게 드러나지만, fox와 fixen에서처럼 고대영어 철자 또한 이 관계를 잘 보여주고 있다. 어간 모음 변화는 현대영어에서의 gold(금)와 gilden(금박사) 혹은 gilt(금박)의 어간 모음 변화의 경우와 비교할 만하다.

14) 이는 13세기 보들리안 도서관의 Laud 471 필사본에 기록된 켄트 방언으로 쓴 설교문과 14세기 기록된 쇼럼(Shoreham)의 윌리엄이 쓴 시에서 발견된다(cf. 『쇼럼의 윌리엄이 쓴 종교시(The Religious Poems of William de Shoreham)』 ed. T. Wright, Percy Society, London, 1849).

훈련을 받은 저자라면) 혹은 그의 작품이 같은 지역 철자로 훈련 받은 필경사가 필사를 한 경우에 일관성이 유지될 수 있었기 때문이다.

일반적인 중세영어 상황을 살펴보면 지금 남아있는 문헌들은 처음에는 하나의 철자로 기록되었다가 나중에는 다른 철자법에 익숙한 필경사들이 필사를 했다는 것이다. 대부분의 원문은 오래 전해지는 역사를 가지고 있어서, 계속되는 필사과정 동안 지역형으로 변한 철자는 겹쳐지게 되고 다른 지역에서도 사용될 수 있는 단순한 이형이 되기도 했다. 이 시기 철자에서 상당히 많은 불일치를 보여주는 경우를 다음에 주어진 조잡한 주기도문 시의 두 버전에서 찾아 볼 수 있다.[15)]

vii.
Fader oure þat is in heuen,
Blessid be þi name to neuen.[16)]
Come to vs þi kyngdome.
In heuen and erthe þi will be done.
Oure ilk-dat-bred graunt vs today,
And oure mysdedes forgyue vs ay.
Als we do hom[17)] þat trepas us
Right so haue merci vpon vs,
And lede vs in no foundynge,
Bot shild vs fro al wicked þinge.

viii.
O**w**re fadur þat art in he**wo**n
Bless**u**d be þi name to ne**wo**n.
C**um** to vs þi ky**n**dome.
In he**wo**n and erthe þi w**yl** be done.
O**w**re ilk**e** dayus bred gra**w**nt vs today,
And o**w**re mysded**u**s for3**f** vs ay.
As we do hom þat to vs trepas
R**y**ght so haue mercy vpon vs,
And lede vs into no fo**w**ndyn**g**,
But s**c**hyld vs fro al**l** w**y**cc**u**d þin**g**.

두 단락에서 볼 수 있는 철자의 차이는 단락 viii에 진한 글자(역주: 밑줄은 역자에 의한 것임)로 표시되어 있는데 이는 전파과정 동안 원문에

15) 대영박물관 MS Royal 17 B xvii과 캠브리지대학교 곤빌 앤드 키즈(Gonville and Caius) 칼리지에 있는 『평신도들의 미사책(Lay Folk's Mass Book)』에서 가져왔다. 첫 번째 것은 [도판 2]에 복사되어있다.
16) neuen ‘name(이름), repeat(반복하다)’
17) hom ‘them(그들을)’

도입된 것으로 보이는 많은 변화를 보여 준다(비록 두 필사본이 궁극적으로 관련되어 있을지라도 어느 하나가 다른 하나를 직접 베낀 것으로 가정할 수는 없다는 점을 주목해야 한다).

두 필경사는 강세음절에서 <i>와 <y>를 구별 없이 사용하고 있다(단락 vii에서는 kyngdome과 forgyue를 제외하고 <i>를 선호하고, 단락 viii에서는 ilke와 þing을 제외하고 <y>를 선호하고 있다). 또한 두 사람 모두 어말의 <e>(단락 viii에서는 단락 vii에서 보다 <e>의 빈도가 더 낮지만, ilke에는 <e>를 덧붙이고 있다)와 겹자음(wille, wyl; al, all)을 사용하는데 있어서 다소 대담한 태도를 보여주고 있다. vii에서는 비강세 폐쇄음절에서 <i>와 <e>이 서로 같이 사용되고 있으나(blessid, wicked), 반면에 viii에서는 <u>가 사용된다(lessud, wiccud). viii에서는 /v/ 발음을 나타내기 위해 대체로 철자 <w>가 사용되고 있으며(hewon), vii에서 선호되는 <u>는 한번만 사용되고 있다(haue). 그러나 이 모든 변이형이 다른 지역 철자를 사용한 것 때문이 아니지만, 일부는 그러하며, 하나의 방식에서 다른 방식으로 가는 전파가 불완전하게 이루어짐으로 인해 야기되는 혼란이 있을 가능성이 확실히 크다.[18)]

지역 철자들의 존재와 문서 필사에 있어서의 혼란은 대부분의 필경사에게 철자에 대한 느슨한 태도를 가져왔다. 영어로 기록하는 훈련을 받은 사람들이 거의 없었고(왜냐하면 많은 사람에게는 프랑스어나 라틴어를 필사하는 것에 비하여 영어 필사는 부차적인 것이었기 때문이다), 일관성

---

18) 단락 vii은 약 1375년경 북동부 중부방언, 단락 viii은 15세기 중엽 서중부 방언이다. 두 번째 단락이 훨씬 더 늦게 필사되었지만 첫 번째 단락의 철자가 대체적으로 현대영어에 더 가까운데 이는 단락이 쓰인 지역 철자가 15세기의 표준철자 기준 마련과정에서 중요한 역할을 했기 때문이다. 단락 viii에 나타난 서부 방언의 특징은 비강세 모음을 나타내는 <u>(hewon과 newon에서처럼 <w> 뒤에서는 <o>사용)와 /ʃ/를 나타내는 <sch>이다.

을 유지하기 위해 애를 썼던 사람들도 거의 없었다. 『라가몬의 부룻(Laȝmon's Brut)』(아서왕의 전설에 대해 영어로 된 설명을 처음으로 포함하여 주목을 끈 영국의 초기 역사에 관한 긴 시)의 13세기 초기 필사본에서 최근에 주목받은 부분을 보면 필경사는 순전히 기계적인 실수를 하고 있고 우리에게 평범한 필경사들은 믿을 수 없다는 것을 언뜻 보여 주고 있다. 그는 필사 원문에서 자리를 잘못 잡아 시의 한 부분을 두 번 필사하기도 했다. 필사본이 [도판 3]에 제시되어있는데, 반복된 부분은 대략 X 표로 되어있는 부분을 볼 수 있다. 두 버전(역주: 반복된 부분을 말함) 사이에 상당히 많은 차이가 보여지는데, 구문, 어순, 굴절어미, 심지어는 어휘의 차이들도 포함된다. 순전히 철자의 차원에서 살펴보았을 때(이 차이들이 음운론 연구를 위한 자료를 제공하는지 여부에 대한 복잡한 질문을 떠나서), heh, hæh ‘high(높은)’(역주: 이하 현대영어는 역자에 의한 것임); strengðe, strenðe ‘strength(힘)’; hælden, heolden ‘hold(잡다)’; after, æfter ‘after(후에)’; uaste, uæste ‘waste(낭비하다)’; aȝæom, aȝan ‘again(다시)’; iwarð, iwræð ‘inward(안으로)’가 있다. 우리가 필경사에게 너그럽게 대하기를 바란다면, 이 차이들이 발생한 요인이 한 버전에서는 필경사가 필사하는 원문의 철자에 충실했고, 또 다른 버전에서는 자신만의 방식대로 철자를 바꾸었기 때문이라고 제안할 수도 있다. 그러나 사실은 필경사가 철자 표준의 개념을 몰랐기 때문에 원하는 대로 이형태를 사용했을 가능성이 크다.

우리는 중세영어 철자 상황이 거대한 다양성을 가지고 있음을 보았다. 한편에는 일관성 있게 지역의 철자, 즉 수 세기나 된 ine와 같은 전통적인 철자를 포함하는 철자체계를 사용했던 캔터베리 수도사인 미셸이 있고, 또 다른 한편에는 훈련받지 않거나 통제받지 않는 『라가몬의 부룻

(Laȝmon's Brut)』의 필경사가 있다. 또 한편에는 피터보로의 상황도 있는데, 그곳에서는 고대영어 철자를 사용하는 능력이 시들어갔지만 반면 다른 한편에는 고대영어 방식에 관한 지식이 보존되었을 뿐 만 아니라 발전되기도 했었던 서중부 지역 어디엔가 필사실이 있었다는 증거도 가지고 있다.

지속성으로 주목 받은 곳은 부유한 우스터(Worcester)의 앵글로 색슨 교구인데, 11세기 초 겸직으로 우스터를 관장하였던 대주교 요크의 울프스탄(Wulfstan, 1023년에 죽었다)은 대규모의 영어 도서관을 설립하였다. 11세기 내내 우스터의 필사실은 영어로 된 글, 특히 대수원장 앨프리치의 글들을 필사하는데 매우 적극적이었고, 이미 사방의 다른 곳에서는 영어로 글을 쓰는 것이 쇠퇴해진 노르만 정복이후에도 한참 동안 우스터에서는 영어 책을 계속하여 만들어냈다. 전통을 더 오래 유지할 수 있었던 것은 당시 그 곳 주교였던 또 다른 울프스탄(이후에 성자로 봉해졌다)이 오래 살았다는 이유도 도움이 되었다. 울프스탄은 유일한 앵글로 색슨 출신의 고위 성직자로 정복자(역주: 윌리엄 1세)보다 더 오래 살았고 그의 교구를 소유한 상태에서 죽었다. 1095년 성자 울프스탄의 죽음 이후에도 영어의 전통은 아주 많이 살아남았다.

12세기와 그 이후에는 쓰기 수단으로서의 자국어에 대한 지속적인 관심을 여러 측면에서 볼 수 있다. 현재는 남아 있지 않지만 영어로 쓴 책에 관한 기록들(예: 성자 울프스탄의 생애)에서, 12세기 우스터에 만들어진 이전 자료에 대한 필사본(예: 보들리안 도서관의 보들리 343번 문헌(MS Bodley 343)에 들어있는 대규모의 설교문 소장품으로 여기에는 성자 울프스탄의 초상화도 있다)에서, 더 이전 시기의 우스터 책들이 12세기 말, 13세기 전통에 따라 자세한 주석을 다는 것에서, 그리고 마지막으로 1200

년 경 이 지역에서 등장했던 상당한 양의 코퍼스인 새로운 산문들에서 그 증거를 볼 수 있다.

새로운 산문 중 주요 부분을 보면 일부는, 특히 율리아나(Juliana), 캐서린(Katherine), 마가렛(Margaret) 이 세 성처녀의 삶을 다루는 부분의 스타일은 앨프리치가 2세기 전 성자의 삶에서 사용했던 두운(역주: alliteration, 음절의 초성 자음을 반복하는 고대영어 작시법) 산문을 모델로 하려는 시도를 통해 고대영어 전통과의 연속성을 강조하면서 영어산문의 부활을 보여주고 있다. 산문의 철자는 후기 웨스트 색슨 방언의 철자체계를 곧바로 전승하고 있기 때문에 언어학적으로 모든 중세영어 원문이 가지는 특징을 약간의 변형을 통해 언어적으로 아주 가까운 형태로 지속하고 있다(예: 이미 살펴보았던 <g>와 함께 사용되는 <ʒ>, /v/를 나타내는 <u>등 기타 등등, 그리고 다음 장에서 살펴볼 /ʧ/ 발음을 나타내기 위한 철자 <ch>와 같은 13세기의 일반적 변화).[19)]

두 필사본이 서중부 방언으로 쓰인 산문을 연구하는데 중심이 된다. 하나는『여수도자의 지침(Ancrene Wisse)』이라 불리는 글의 한 버전을 포함하고 있는 캠브리지대학교의 코퍼스 크리스티 칼리지 402번 문헌(Corpus Christi College MS 402)이고 다른 하나는 다른 종교적인 작품과 더불어 앞에서 언급한 성자의 삶을 포함하고 있는 보들리안 도서관의 보들리 34번 문헌(MS Bodley 34)이다.

서로 다른 필경사에 의해 쓰였고 종류와 질에 있어서도 서로 매우 다른 자료를 포함하고 있는 이 두 필사본은 초기 중세영어에 있어서 아주 독특하게 중요하다. 특히 이들이 같은 철자와 단어 형태 체계를 사용한다는

19) 이 체계에 새로이 도입되어 독특한 특징이 된 철자들도 있다. 예: 어중의 /j/를 나타내는 <h>. 그러나 이 특징들은 2세기가 지나는 동안 어느 체계에서든지 발견될 것으로 기대할 수 있는 것 이상으로 많지는 않다.

점에서 그러하다. 필사본에 사용된 방언은 문헌학자들에게는 AB 언어로 알려져 있는데, 'A'는 Ancrene Wisse, 즉『여수도자의 지침』을 'B'는 Bodley 34, 보들리 34번 문헌을 나타낸다. 철자는 아주 '순수'하여, 즉 필사하는 필경사들에 의한 변형이 거의 없어서, 저자들이 그 철자를 사용하지 않았다는 것은 상상조차 할 수 없을 정도다. 두 사람 이상의 저자와 정확하게 동일한 철자를 사용하는 적어도 두 사람의 필경사는 13세기 초 서중부 방언에 존재하고 있었던 아주 강력한 전통을 입증해 주며, 그 지역에서는 필경사들을 철저하게 훈련하는데 지속적인 관심을 기울였음을 보여준다.

웨스트 색슨 방언과의 아주 밀접한 언어학적 관련에도 불구하고 AB 언어에서 보이는 어떤 특징은 흥미로운데, 특히 웨스트 색슨 방언에서 <a> 철자를 가졌던 한 무리의 단어에 <ea> 철자를 사용한 것은 AB 언어가 10세기 말 웨스트 색슨의 문어체 영어보다 이전 형태인 머시아어(Mercian) 방언의 문어체와 연관되어 있음을 주목하게 해주므로 더욱 흥미롭다.[20] 비록 중간에 낀 세월 동안에는 문서상 증거가 없기 때문에 AB는 초기 중세영어에서의 독특한 변화만큼 중요한 방언으로 그리고 후기 웨스트 색슨어와의 중요한 연결고리로 생각하는 것이 아마도 안전할지

---

20) 초기 고대영어에서 <ea>는 이중모음을 나타냈으나, 고대영어 말기에 단순모음화가 발생하였고, 그 결과 만들어진 소리는 이미 존재하였던 <æ>로 철자표기가 된 소리와 합쳐졌다. AB 글자체에 있어 <e>와의 유사성으로 인해 <æ> 글자가 사용되지 않았기 때문에, 초기에 <ea> 철자를 가진 단어들과 <æ>를 가졌던 단어들은 모두 <ea>로 표기되었다. 웨스트 색슨어에서 <a>로 철자표기 되었던 단어들과 AB에서 <ea>로 철자표기 되었던 단어들에서 하나의 문제가 발생하게 된다. 결국 이 단어들은 모두 변칙적으로 되는데 이는 웨스트 색슨어의 <a>는 일반적으로 AB에서 <a>로 나타나기 때문이다. <ea> 사용은 이들 모두 9세기 머시아어 방언에서 <æ>로 철자표기 되었다는 사실로 설명할 수 있다. 따라서 고대영어 머시아어 방언과 중세영어 AB 언어 사이에는 직접적 연관(과 아마도 지속적인 문어체 전통을 통하여 발생할 수 있는 연관)이 있다.

모르지만 그렇다 해도 9세기 중반부터 13세기까지 걸쳐 지속된 서중부의 문어체 전통을 가정하는 것은 정당화 될 수 있다.

고대영어 표준의 붕괴와 관련하여 보았던 것처럼, 일관된 철자를 형성하고 유지하는 데 있어서 결정적인 요소는 결과물이다. 일단 결과물이 줄어들면, 표준도 상실된다. 고대영어로 된 자료를 필사하는 일이 완전히 쇠퇴하자, 혹은 평균적인 필경사의 수명을 고려한다면 고대영어 방식이 잊혀지기 바로 전인 12세기로 접어들면서 서중부에서는 종교 산문이 꽃피우기 시작했다.[21] 이렇게 멀리(역주: 웨스트 색슨어가 표준임을 고려할 때 서중부 지역은 표준지역에서 먼 곳에 속함) 떨어진 곳에서 짧은 시간 동안 영어로 된 문서들이 다시 한 번 더 증가하였고 이전의 표준에 많이 의존하는 통일된 철자로 고정되었다.

AB 언어가 순수한 형태로는 현존하는 2개의 필사본에만 나타나지만, 그 방언을 상기시키는 개별 철자들, 특히 특이한 <ea>는 일련의 초기 중세영어 종교 문학의 필사본에서도 추적될 수 있다. 따라서 그 기원이 [서중부 지역의] 문어체에 있다는 것, 그리고 전파되는 단계에서[문어체로 된] 작품을 필사했다는 것을 시사한다. 다시 말해 서중부 지역 이형은 한동안 문어체 영어의 표준 매체가 되었다. 그러나 이는 원칙적으로 종교

---

21) 13세기 산문 부흥 시기에 가장 뛰어난 작품인 『여수도자의 지침』의 저자로 당시에 당연히 인기 있고, 다음 세기의 종교 작가들에게도 상당한 영향을 주었던 저자는 구식의 AB처럼 보이는 원문을 썼고(즉 후기 고대영어를 연상시키는 특징을 보들리 34와 크리스티 코퍼스 402에서 발견되는 것보다 더 많이 가지고 있다), 아마도 저자는 젊은 시절 웨스트 색슨어 방식에 따라서 철자를 쓰도록 배웠을 것으로 추측된다(cf. /ʧ/와 /ʃ/를 나타내기 위해 13세기 방식인 <ch>와 <sh>를 쓰기 보다는 /ʧ/를 나타내기 위해 <c>를 /ʃ/를 나타내기 위해 <sc>를 사용). 돕슨(E. J. Dobson)의 '『여수도자의 지침』에서의 필사본들의 관련성', 『톨킨에게 증정된 영어와 중세 연구』 (eds. Norman Davis and C.L. Wrenn, London, 1962.) 참고할 것.

자료를 위한 표준이었던 것 같고, 기원이 되는 지역 밖에서는 널리 사용되지 않았기 때문에 그 영광의 시간은 비교적 짧았다.

AB 언어의 필경사와 동시대로 볼 수 있지만 서중부 지역이기보다는 동쪽에서 일했던 옴(Orm)이라는 이름의 아우구스티누스 수도회 수사는 철자 역사상으로도 중요한 필사본을 만들었다. 우리의 호기심을 불러일으키는 이 기록은 중세유물 중 가장 놀랄만한 것 중 하나이다. 여백이나 끼워 넣은 책 페이지의 일부에 수정, 변경, 혹은 첨가로 가득 차 있는 이 필사본은 옴 자신이 필사한 것이 확실하며, 캔터베리의 미셸의 번역과 더불어 중세 저자의 자필 필사본을 연구할 기회를 제공해 준다.

이 작품은 옴이 고안한 일관성 있는 철자로 쓰인 10,000행의 긴 시 형식으로 된 설교집이다. 철자는 주도면밀하게 숙고된 것이며, 체계상 개선된 내용들은 필사본이 진전되는 과정에 반영되었고(따라서 이전에 쓴 부분도 변경되었다), 필사 과정 중에 생긴 많은 실수는 수정되어 있다. 수정된 철자 뒤에 숨은 생각은 아마도 음소적 철자를 만들어 설교를 하는 설교자의 말투를 개선하려는 소망이었을 것 같다. 저자가 『오르무룸(Ormulum)』이라 불렀던 책이 당시 성공을 누렸다는 증거는 없으나, 최근 음운론에 관심을 가진 학자 사이에서는 아주 인기를 누리게 되었다.

[도판 4]에 제시된 옴의 방식에서 가장 눈에 띄는 특징 가운데 두 가지는 먼저 폐음절의 경우 선행하는 모음이 짧다는 것을 표시하기 위해 자음을 두 번 쓴 것과, 고대영어 <ʒ>을 대신하는 글자 세 개를 만들어 낸 것이다. /j/를 나타내기 위해 보존되었던 고대영어 글자, /g/를 나타내기 위해 사용했던 카롤링거의 <g> 철자와 고대영어 글자를 영리하게 합친 것, 그리고 때때로 /ʤ/ 발음을 가진 프랑스어 차용어에 사용되었던 카롤링거의 <g>(그리고 어중이나 어말에 나타났던 고대영어 음소 /ʤ/를 나타

[도판 4] 『오르무룸(Ormulum)』, 보들리안 도서관 MS Junius I (1200년경) fol. 3r의 뒷부분. 윗 첨자 글자에 주목하기. 일부는 저자에 의해 수정된 것을 보여준다.

문헌의 처음 12줄을 1줄씩 쓴 것	현대영어 번역
Nu broþerr walll̄. broþer^{r} min	Now brother Walter, my brother
Afft̄ þe flæshess kīde. 7 broþer^{r}	by way of nature, and my brother
min i crisstenndom. þurrh ful-	and Chritianity, through
luhht. 7 þurrh tro^{w}þe. 7 bro-	baptism and through faith, and
þerr min i ḡodess hus. ʒet þe þri-	even in the third way my brother in
de wise. Þurrh þatt witt hafenn	God's house, in that we have
tåken^{n} ba. An reʒ^{h}ell boc to follʒhenn. Vnn-	both undertaken to follow the Rule
derr kanunnkess had. 7 lif. Swa sum^{m} sannt	for the state and life of a canon that St
Awwstin sette: Icc hafe don swa sum^{m} þu badd. 7	Augustign laid down. I have done as you asked, and
forþedd te þi^{n} wille. ¶ Icc hafe wen^{n}d in^{n}till enn-	carried out your wishes. I have turned into
ḡlissh. ḡoddspelles hallʒ^{h}e láre: Afft̄ ꝥ lit^{t}le	English the holy teaching of the Gospel by means of

witt tatt* me. Min drihhtin hafeþ[þ] lenedd. (* þatt에서 변경된 것)	the little wit that my Lord has granted me.

한글 번역

자, 나의 형제, 월터 형제여
자연에 의해, 그리고 나의 형제여
기독교에서
세례를 통하여 그리고 신앙을 통하여, 그리고
심지어 제 3의 방식으로 나의 형제여
신의 집에서, 우리는 모두
규율을 따르도록 임무를 부여받아왔고
성 아우구스티누스가 마련한 규범의 직급에 따라
당신이 요구했던 대로 나는 수행해왔고, 그리고
당신의 소망을 성취해왔다. 나는 또한 영어로
복음서의 성스러운 가르침을 바꾸어왔다.
하느님이 나에게 허락해준 작은 지혜를 사용하여.

냈던 <gg>)가 그 셋이다. 옴은 나중에 수세기에 걸쳐 만들어졌던 음소 철자 개혁자들의 기법, 예를 들어 철자에서의 일관성 유지와 음소와 글자 사이에 상호 연관을 시키려는 시도를 하기 위한 기법 가운데 일부를 예견했다.

당시 기록물이 많지 않아 이후 표준 철자에 정착된 사용법과 비교해볼 때 그의 철자법이 얼마나 혁신적이었는지를 확인하기는 어렵다. 하지만, 그의 필사본에서 처음으로 이전의 <hw> 대신에 <wh>를, <sc> 대신에 <sh>를 기록으로 남긴 만큼, 적어도 그는 실제로 영향을 주지 않았다 하더라도 이후의 변화들을 적절하게 예상했었다는 점을 입증할 수 있다.

일관된 철자법이 좀 더 널리 분포되는 모습을 보기 위해서는 14세기까지 기다려야 한다. 14세기에는 이전에 AB 언어에서 그랬던 것처럼 종교 작가들의 활동이 다시 표준 문어체 형식의 등장을 가져왔다. 이 시기에는 존 위클리프(John Wycliffe)와 그의 롤라드(Lollards)(역주: 위클리프의 추종자들을 지칭함. 롤라드는 '중얼거리는 사람'을 뜻하는 중세 네덜란드어에서 온 단어임)가 만들어 낸 것인데 14세기 후반 상당량의 영어 기록물들, 특히 약 170권의 필사본에 남아있는 성서 번역물에서 사용된 모국어에 기반을 둔 철자법은 여러 사본에 이어져 영국 전역으로 퍼져나갔다. 그 지역은 동서로는 대충 옥스퍼드에서 캠브리지까지 걸쳐져 있고 북쪽으로는 레스터(Leicester)에 이르는 중앙 중부(central midlands) 지역까지도 퍼져나갔다.

15세기 초 영국의 많은 지역에서 필경사들은 롤라드파 사람들에 의해 유행하게 된 철자법을 사용하고 있었다. 이 철자법은 위클리프의 원문뿐 만 아니라 14세기에 활동했던 보다 더 정통파의 종교 작가들, 즉, 리차드 롤(Richard Rolle)(역주: 영어와 라틴어로 된 12권의 성경번역과 성경주석서를 냄)과 월터 힐튼(Walter Hilton)처럼 『여수도자의 지침』에서 나온 문어체 전통에 따라서 글을 쓰던 작가들이 남긴 아주 많은 자료에 사용되었다. 비종교적인 글조차도 간혹 동일한 철자체계를 사용하고 있는 것이 발견되는데, 만약 롤라드파 사람들이 15세기 내내 그 인기를 유지했었다면, [롤라드파 사람들이 채택한] 철자법이 오늘날 우리가 사용하는 표준이 되었을지도 모른다. 그러나 그들은 주요 조달자와 함께 신의 축복도 잃었던 것 같다. 다음에 실린 샘플은 1380년대 나온 성경의 초기 번역물에서 가져온 것이다.22)

ix.

Oure fadir, þat art in heuenys, halewid be þi name. Þi kyngdom come to. Be þi wille don as in heuene and in erþe. ʒiue to us þis day oure breed ouer oþer substaunse. And forʒiue to us oure dettes, as and we forʒiuen to oure dettouris. And leede us not into temptacioun, but delyuere us from yuel.

---

22) 대영박물관 MS Royal 1 B. vii에서 가져왔으며, [도판 5]에 복사되어있다. 필사본에서 보이는 많은 약어가 여기서 조용히 전개되고 있다.

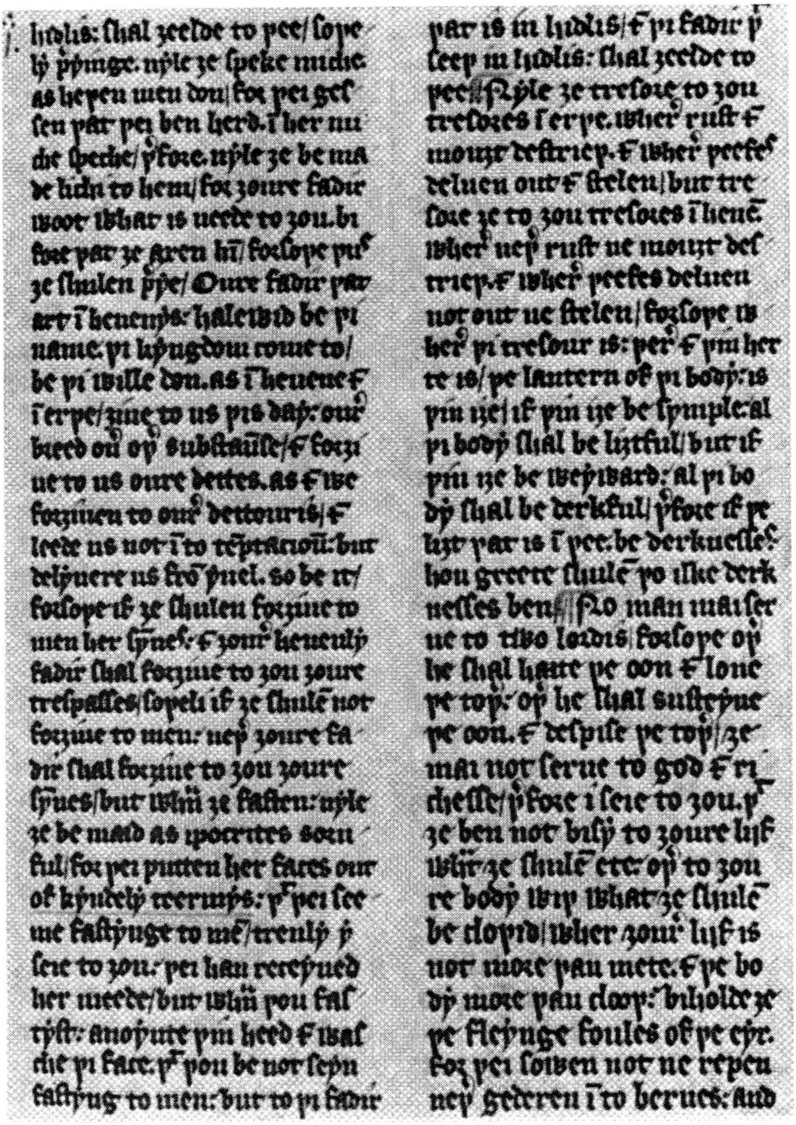
hidlis: shal ȝeelde to þee/ soþe
ly þ þinge. nyle ȝe speke miche
as heþen men doun/ for þei gess
sen þat þei ben herd. þerfor nil
de speche/ þfore. nyle ȝe be ma
de lich to hem/ for ȝoure fadir
woot what is neede to ȝou. bi
fore þat ȝe axen hi/ forsoþe þus
ȝe shulen preye/ Oure fadir þat
art i heuenys: halewid be þi
name. þi kyngdom come to/
be þi wille don. as i heuene ⁊
i erþe/ ȝiue to us þis day: our
breed ouer oþer substaunce/ ⁊ forȝi
ue to us oure dettes. as ⁊ we
forȝiuen to oure dettouris/ ⁊
leede us not i to temptacioū: but
delyuere us fro yuel. so be it/
forsoþe if ȝe shulen forȝiue to
men her synnes: ⁊ ȝoure heuenly
fadir shal forȝiue to ȝou ȝoure
trespasses/ soþeli if ȝe shulē not
forȝiue to men: neþer ȝoure fa
dir shal forȝiue to ȝou ȝoure
synnes/ but whā ȝe fasten: nyle
ȝe be maad as ypocritis sorn
ful/ for þei putten her faces out
of kyndely teermys: þat þei see
me fastynge to me/ treuly þ
seie to ȝou: þei han resseyued
her meede/ but whā þou fast
ist: anoynte þin heed ⁊ wasc
he þi face. þat þou be not seyn
fastynge to men: but to þi fadir
þat is in hidlis/ ⁊ þi fadir þ
seeþ in hidlis: shal ȝeelde to
þee. Nyle ȝe tresore to ȝou
tresores i erþe. wher rust ⁊
mouȝt destrieþ. ⁊ wher þeues
deluen out ⁊ stelen/ but tre
sore ȝe to ȝou tresores i heuen.
wher neþ rust ne mouȝt des
trieþ. ⁊ wher þeues deluen
not out ne stelen/ forsoþe ws
her þi tresour is: þer ⁊ þin her
te is/ þe lanterne of þi body: is
þin iȝe/ if þin iȝe be symple: al
þi body shal be liȝtful/ but if
þin iȝe be weiward: al þi bo
dy shal be derkful/ þfore if þe
liȝt þat is i þee. be derknesses:
hou greete shulē þo ilke derk
nesses ben. No man mai ser
ue to two lordis/ forsoþe oþ
he shal hate þe oon ⁊ loue
þe toþ: oþ he shal susteyne
þe oon. ⁊ despise þe toþ/ ȝe
mai not serue to god ⁊ ri
chesse/ þfore i seie to ȝou. þ
ȝe ben not bisy to ȝoure lijf
what ȝe shulē ete: oþ to ȝou
re body what ȝe shulē
be cloþid/ wher ȝour lijf is
not more þan mete. ⁊ þe bo
dy more þan cloþ: biholde ȝe
þe fleyinge foules of þe eyr.
for þei sowen not ne repen
neþ gaderen i to bernes: and

[도판 5] 위클리프의 첫 번째 성경, 대영박물관 MS Royal I B vi (1400년경) fol. 18r. 단락 ix는 첫 단의 9번째 줄에서 시작한다.

이 단락이 이 장에서 지금까지 제시해왔던 어떤 문단보다도 현대영어에 훨씬 더 가깝다는 것은 명확하다. 그러나 부분적으로만 그런데 단어와 통사구조가 현대영어와 더 가깝기 때문이다. 철자는 여전히 많이 다르다. 현대영어에서 자주 사용되는 <ea> 글자의 부재는 특별히 주목할 만하다 (cf. heuene, erþe, breed, leede, 역주: heaven(하늘), earth(땅), bread(빵), lead (이끌다).[23] 단어 중간에 <d>를 가진 father(아버지)의 철자는 이제까지 인용된 모든 단락에서도 볼 수 있는데, 이 철자는 유성음 사이의 /d/가 /ð/로 바뀐 16세기까지 유지되었다.[24]

수많은 철자가 이 단락에서의 철자체계와 현대영어 철자법의 근원이 되었던 철자체계 사이의 방언적 차이를 보여준다. 예: ʒiue, forʒiuen, yuel과 다음 단어들에서의 비강세 음절 fadir, heuenys, halewid, dettouris, yuel. 현대영어 대응형인 evil은 이와는 다른 어두 모음을 가지는데 이는 고대영어 <y>의 변화 과정에서 중세영어가 갖고 있었던 독립된 관습 때문이다. 동사 ʒiue, forʒiuen와 현대영어 대응형인 (-)give는 9세기부터 11세기까지 영국의 동쪽과 북쪽에 정착한 덴마크와 노르웨이 바이킹들이

---

23) 이 단어들에서 볼 수 있는 현대영어 형태의 <ea>의 기원은 3장에서 논의된다. 여기서 <ea>은 AB 언어가 현대영어 철자에 미친 영향을 나타내는 것이 아니다. 비록 현대영어 방식에서 <ea>의 인기가 부분적으로는 AB에서 해당 글자가 널리 사용된 결과이긴 하지만 이 네 단어의 AB 철자는 heouen, eorðe, bread(OE heofan, eorðe, bread)에서처럼 고대영어 모음 글자들을 유지하고 있으며, leaden(OE lædan)에서는 <æ> 대신에 <ea>를 쓰고 있다.

24) 이 음 변화는 두 철자 <-d->와 <-th-> 가 교체하는 튜더영어의 수많은 단어를 설명해 준다. 현재는 대부분의 단어에서 <th> 철자와 /ð/ 발음으로 고정화되었으나(예: father(아버지), further(더욱이), gather(모으다), hither(이쪽으로), mother (어머니), together(함께), weather(날씨)), burden(부담)과 murder(살인하다), 이 두 단어는 <d>와 /d/를 유지하고 있다(아마도 이는 프랑스어 영향 때문일 것이다). burther와 murther는 옛 철자로 인쇄된 셰익스피어나 흠정판 성경을 읽는 독자에게는 익숙할 것이다.

사용하던 언어가 미친 영향의 결과로 중세영어 방언에서 달라진 모습을 보여준다.

12세기와 13세기 초 영국 인구 가운데 많은 비율의 사람이 프랑스어를 사용하거나 적어도 이해했었던 상황이 영어에 많은 수의 프랑스어 차용을 가져왔던 것처럼(3장 참조할 것), 이전 시기에 노스(Norse)(역주: 옛 스칸디나비아의 언어와 사람들을 지칭함) 사람들이 정착하였던 지역에서 두 언어(역주: 영어와 덴마크어 혹은 스칸디나비아어)의 사용은 두 언어 사이에 중복되는 요소를 상당량 해당 지역의 영어 방언에 가져왔다.

그러나 노스어의 영향은 차용어에만 한정되지 않았다. 영어처럼 노스어는 게르만어이고 음 변화가 두 언어 사이의 차이를 초래했음에도 불구하고 많은 기본 어휘 형태에 있어서는 서로 충분히 유사했기 때문에, 일부 영어 단어에서의 변화는 노스어에 해당하는 단어들의 영향을 받을 정도이었다. 따라서 현대영어 give(주다)는 고대영어(후기 웨스트 색슨어) 동사 ʒyfan(/jivən/으로 발음됨)의 어간 모음을 가지고 있으나 첫 자음은 노스어 gefa(/geva/로 발음됨)에서 온 것이다. 위클리프 방언은 고대영어 형태를 그대로 유지하고 있다. 결국, 비강세 음절에서 <i/y>의 사용은 앞에서 이미 언급되었던 것처럼 동중부지역과 중앙 중부지역 방언의 특징이 된다.

중세시대 보행으로 이동하던 왕들이 헤레포드(Hereford)나 우스터 혹은 심지어 자주 궁정행사를 열곤 했던 글로스터(Gloucester)에 정착했다면, 현대 철자체계의 조상은 아마도 AB 언어와 많이 다르지 않았을 것이다. 인기 있었던 또 다른 궁정 센터인 옥스퍼드가 선택되었더라면, 현대 철자는 아마도 위클리프식의 문어체 표준에서부터 변천해 나갔을 것이다. 그러나 궁정은 런던에 자리 잡았고, 점차 수도가 그 크기나, 행정상의 중요도나, 부의 크기가 커져감에 따라, 런던의 말과 더 중요하게는 [런던에서 쓰인] 문어체의 권위가 커져갔다. 오늘날 세계어로 사용되는 문어체 영어의 표준과 이 표준의 일부인 철자 방식은 15세기 런던에서 확립되었고, 그래서 우리는 이제 런던 지역의 방언을 다루게 된다.

정치적으로 런던은 초기 앵글로 색슨 왕국인 에섹스(Essex)의 수도였다. 이곳의 인구와 번영은 노르만 정복 이전의 마지막 세기에 빠르게 증대했다. 당시에는 런던이 특히 영국의 팽창하는 경제와 북유럽과의 통상으로 인해 혜택을 받았으며, 에드워드 참회왕(Edward the Confessor, 1042-66)이 자신의 정부가 자리할 곳으로 선택하면서 런던은 확실하게 눈에 띄는 곳이 되었다.

초기 중세영어에 관한 얼마 안 되는 기록을 신뢰한다면, 방언 상으로 볼 때 런던은 처음에는 에섹스의 일부였다. 그러나 그 중요성과 부로 인해 영국의 많은 지역으로부터 끊임없이 이주자를 끌어들였다. 계속 이동하고 이질적인 성격의 인구를 가진 도시가 캔터베리나 서중부지역의 지역사회처럼 정적인 지역사회가 가졌을만한 강력한 철자 전통이 없었다고 해서 놀랄 일이 아니다. 위클리프식의 표준이 없었다는 것도 놀랍지 않다. 위클리프식의 철자가 전국으로 퍼져나간 것은 사용자들이 자신들의 특별한 종교 운동과 연관된 언어 매체를 채택함으로써 스스로의 정체성을 찾아내려 했기 때문이었다.

그러나 런던의 작가들에게 영향을 줄 만큼 관심을 끄는 다른 지역사회는 없었다. 게다가 14세기 말 런던 작가들의 방언이나 관심에는 많은 다양성이 있었을 뿐 만 아니라, 전문적인 기술에 있어서도 그 수준이 상당할 정도로 다양했다. 정복 이전의 글 가운데 남아있는 예들은 주로 수도원 필사실이라는 엄격하게 통제된 조건에 맞게 필사하도록 훈련받은 전문 필경사에 의한 것들이지만, 14세기 런던에서 글로 쓰인 자료들은 훨씬 더 다양한 성격을 보인다.

중세 말 사회가 점점 더 복잡해질수록, 읽고 쓸 수 있는 구성원을 중요시하는 가족에 대한 필요성이 점점 비례하여 증가하였다. 많은 부유한 집에서는 지도신부가 여전히 그 기능을 충족시키고 있었지만, 14세기 말에는 비서적 업무를 맡기기 위해, 모든 시간이 통제되는 수도회에 속하지 않는 교회 서기들을 채용하는 부유한 상인이 많아지게 되었다. 대학이 건립되고 상인 계층이 부를 더 많이 가지게 되면서 보다 자유롭게 사회로 퍼져나가는 교육에 이르게 되었다.

결과적으로 책에 대한 수요—이는 곧이어 인쇄기의 발명으로 이어졌다—는 책 생산을 수도원에서 분리시키고 대서인(역주: 남을 대신하여 공문서를 작성하는 사람)이라는 세속의 직업을 정착시키는 효과를 훨씬 즉각적으로 가져왔다. 중상주의 사회에서 증대되는 복잡성, 글을 읽을 수 있는 일반인 인구의 증가, 그리고 비싼 양피지로 가능했던 것보다 훨씬 더 많은 사람의 손에 영원히 존재하는 문서를 가져다 준 종이의 도입, 이 모든 것이 고대영어시기와는 아주 다른 조건을 만들었다. 따라서 14세기 런던에서 만들어져 지금까지 남아있는 저작물들은 대서인과 서기들의 전문적인 결과물들로부터 시작해서 학교를 거의 다니지 않은 사람들의 것까지 이른다. 문어체 표준을 정착시키기 위한 필수 조건인 철자법 훈련은 자주 이루어지지 않았다.

초서(Chaucer)가 1400년에 죽었을 때, 위클리프의 방언만이 영국의 문어체 표준으로 널리 인정되는 권위를 가지고 있었다. 전문가의 것을 포함하여 런던의 저작물들은 남부 방언 형태, 롤라드의 중앙 중부방언의 표준 형태, 그리고 동쪽과 좀 더 북쪽을 더 많이 포함하는 지역의 형태들을 모두 섞어 놓은 모습을 보여준다. 이는 노폭(Norfolk), 링컨셔(Lincolnshire) 그리고 요크셔(Yorkshire)의 부유하면서도 사람이 많이 사는 지역 출신의 인구를 흡수한 결과이다. 밀접한 유대관계를 맺고 있는 전문 필경사들의 모임이 런던에 등장할 때까지 이곳에서는 일관된 철자법이 수립되지 않았다. 그러한 모임은 궁정의 공문서 보관소(Chancery) 소속 필경사들이 영어를 자신들의 통상적인 문어체 매체로 받아들일 때까지는 마련되지 않았다.

프랑스에서는 철자 고정화의 역사가 법률언어의 발달과 밀접한 관련이 있다. 하지만 영국에서는 공문서 보관소 출신의 사람들이 제목을 단 법률 서류는 오랫동안 라틴어로 되어있거나 혹은 영국 내 언어를 사용하는 경우에는 프랑스어로 되어 있었다. 고대영어시기를 뒤돌아보았을 때, 우리는 앵글로 색슨 지배하의 마지막 1세기와 반세기 동안 영어는 행정 서류를 작성할 만큼 확립된 언어였다는 것을 발견한다. 정복 이전에 있었던 왕실 문서실의 불충분하지만 권위 있는 저작물들이 남아있어서 중앙의 지도가 왕의 문서실에 의해서 얼마나 멀리까지 철자에 영향을 주었는가를 보여준다 할지라도, 왕실 서기들이 사용하였고 있는 그대로 정부 문서에 의해 전국에 배포되었던 철자법은 초기 11세기 왕국의 모든 곳에서 일관된 철자 전통을 활성화시키는데 상당한 역할을 하였을 것이다.

이런 방법으로 웨스트 색슨 철자에 주어졌던 권위는 1070년 발생한 사건, 즉 공문서 보관소의 문서들을 작성하는 언어가 달라지면서 더불어 상실되었다. 영어를 버리는 것이 정복자의 입장에서 토착어의 가치를 저하시키기 위한 목적으로 하는 정치적 단계는 아니었지만 공문서 보관소에 속한 사람들이 달라지면서 필요하게 되었다. 왕실 문서실의 서기들은 정복 이전에도 고위 관직의 형태로 보상을 받는데 유리한 위치에 있었고,

따라서 앵글로 색슨의 많은 주교는 감독의 지위를 얻기 전에 왕의 서기로 근무하는 기간을 가지곤 했었다. 영국인 서기들은 윌리엄의 승리 이후 오랫동안 이처럼 영향력 있는 자리에 남아있지 않았던 것 같다. 그들은 비교적 얕은 영어 지식을 가지고 있는 그러나 노르망디의 행정 언어인 라틴어가 몸에 배어있는 사람들로 대체되었다.

그러나 15세기 초 공문서 보관소는 다시 한 번 더 영어로 된 서류를 발행하기 시작하였고, 약 1430년부터는 상당히 많은 서류가 등장하였다. 이는 공문서 보관소 바깥 세상에 있는 전문적인 필경사들에게 그들이 기다려 왔던 모범이 되어 주었다. 전국 대도시의 대서인들은 공문서 보관소 필경사들의 철자를 모방하기 시작하였고, 다른 장인들처럼 대서인들은 직업의 모든 훈련 과정 동안 장인의 예를 따르도록 배우는 수습생들을 받아들였다. 오늘날 출판업에서 여전히 사용하고 있는 조판 스타일(house style)(역주: 각 출판사에서 규정한 편집, 조판 스타일)의 선조가 성장하고 있었다. 조판 스타일을 통하여 상업 회사들은 자신들만의 패턴이 정해져 있는 제작물 서식 시트를 가지게 되었다. 대서인들에게 영향을 주었던 일관성을 유지하려는 의욕은 비전문적인 작가들에게는 적용되지 않았음에도 불구하고, 수도에서 만들어진 제작물을 모방하고 지방적 특징에 대한 비난을 피하려는 욕망으로 인하여 15세기에는 공문서 보관소의 영어 철자를 우대하면서 지역 철자법을 버리게 되었다.

이러한 배경을 고려하지 않은 채 공문서 보관소 철자의 영향에 관하여 지금까지 많이 언급되어 왔다. 앵글로 색슨 왕들의 수도는 윈체스터였고, 따라서 고대영어 공문서 보관소의 철자 또한 웨섹스의 중심에서 수립되었다. 에드워드 참회왕은 런던으로 이동했고 도시 서쪽에서 몇 마일 떨어진 곳에 대수도원을 세웠는데 나중에 이곳이 웨스트민스터(Westminster)

가 되었다. 헨리 2세(1154-89)의 통치 기간이 되자 공문서 보관소 전체가 왕실 대수도원으로 이전되었다. 14세기 공문서 보관소에서 서기들의 영향력이 쇠퇴함에 따라, 도시 쪽으로 더 많이(챈서리 레인으로 부르는 지역) 이동하였다. 비록 웨스트민스터와 행정부 사이에 있었던 초기 친밀관계는 오늘날까지도 유지되고 있지만.

15세기 프랑스어와 라틴어를 버렸을 때 공문서 보관소의 필경사들이 채택한 영어 방언은 대런던(역주: 1965년 구 런던에 몇 개의 주를 합쳐서 새로이 형성한 행정구역으로 현재의 런던과 동일함)지역에서 사용되던 방언이었다. 철자체계는 반세기 전 같은 도시에서 초서가 사용했던 것과는 구분된다. 왜냐하면 초서 시대의 런던 철자법은 상당히 혼란스러웠고 여전히 이주민들의 영향 하에 있었기 때문이다.

15세기 초반부의 이주는 상당수가 중앙 중부지역과 동중부 지역으로 이루어졌기 때문에 이들 지역의 방언들이 공문서 보관소의 철자 형성에 중요한 역할을 했다. 사실 철자법은 위클리프에 의해 채택된 중앙 중부지역의 체계와 많은 공통점이 있었지만, 그럼에도 불구하고 구별이 되었다. 이는 반세기 후에야 철자법이 안정화 되었고, 언어적으로는 덜 동질적인 집단의 언어에 기반을 두었기 때문이다. 비록 남쪽, 특히 남동부지역 또한 어느 정도 영향력이 있었다는 점을 기억하는 것 역시 중요하긴 하지만 중부지역 요소들이 기본적이었고, 현대표준영어를 중세영어의 동중부 지역 이형이 변화한 것으로 본다고 해도 지나친 단순화는 아니다.

공문서 보관소 철자에서의 변화를 더 살펴보기 위해서는 영어를 채택하기 바로 전 시기에 공문서 보관서의 많은 서류가 작성된 언어인 앵글로 노르만(역주: 영국을 통치했던 노르만족이 사용했던 프랑스어)이 미친 영향을 조사해 보아야 하는데 이는 다음 장에서 더 적절하게 다루어질 것이다. 그러나 중세영어시기 중 상대적으로 후기에 처음 기록되었으나 정치적 분리 때문에 다른 철자체계들이 사라진 지 한참 후에도 계속 사용되었던 철자체계에 관한 언급을 해야만 한다. 스코틀랜드 영어의 전성기는 15세기와 16세기였고, 스코틀랜드와 영국이 1603년 합병된 후 북쪽 지방의 작가들도 표준영어를 사용하곤 했지만 그런데도 스코틀랜드어는 오늘날까지 일관되면서도 [전통적인] 철자법으로 대표될 수 있는 하나의 영국 방언으로 남아있다. 초기형의 실례를 다음에 주어진 1520년에 필사된 본문에서 볼 수 있다.25)

x.
Our fader, that art in heuenis, hallewit bie thi name. Thi kingdom cum to. Thi wil be done in erde as in heuen. Gefe to vs this day our breid ouer vthir substance. And forgif to vs our dettis, as we forgef to our dettouris. And leid vs nocht into temptatioun, bot deliuer vs fra euile.

이 번역은 롤라드 성경에 바탕을 두고 있으며, 일부 남쪽의 영향을 불가피하게 받고 있다. 예를 들어 euile의 철자는 당시에는 보편적인 것이었다. 그러나 스코틀랜드어의 특징을 보여주는 것이 많이 있다. 예를 들어, cum, erde, bot는 중세스코틀랜드어에서는 come, earth, but가 통상적인 형태이고, nocht의 <ch>는 남쪽 영어에서는 더 이상 사용되지 않았기 때문에 북쪽 방언의 특징으로 널리 인정된 음소 가운데 하나인 연구개 마찰음(역주: /x/)을 나타낸다.26) 북부 영국처럼 저지 스코틀랜드(Lowland

---

25) 『스코틀랜드어로 된 신약성서(The New Textment in Scots)』 (ed. Thomas Graves Law, Scotland Early English Manuscript Association, Edinburgh and London, 1901)에서 가져옴.

26) 고대영어 단어는 noht이며, 스코틀랜드 영어에 nought(강세받음)와 not(비강세)로 남아있다. 초기 북부지역 영어에서 <ch>에 관해서는 1장의 내용을 참고할 것.

Scotland)는 고대스칸디나비아인이 정착했던 지역이었고, 따라서 gefe, forgef, fra는 어원상 스칸디나비아어 형태이다. 여기서는 <i>를 두 가지 방법으로 사용하는 것이 눈에 띈다. 하나는 비강세 음절에서 빈번하게 나타나는데(heuenis, hallewet, vthir, dettis, dettouris), 이는 이미 언급된 북동부 철자의 특징이다. 또 다른 하나는 breid, leid에서처럼 모음의 길이를 표시하는 구별기호로 <i>를 사용하는 것이다.[27] 구별기호 <i>는 스코틀랜드어 철자에서는 익숙한 방식 가운데 하나이다. home(가정), more (더 많은), good(좋은), book(책)을 나타내는 haim, mair, guid, buick 참고할 것.[28] 이 방식은 스코틀랜드 방언에서 가져온 표준영어 단어들에도 나타난다. 예: raid. 이 단어는 road(도로)의 북쪽 지역어의 동족어이며 월터 스콧 경(Sir Walter Scott)이 남쪽 지역어에 전해 주었다.

이 장에서는 지역 철자법의 사용으로 인해 초래된 중세영어 철자의 다양함을 보여주는 것에 집중해왔다. 그러나 이 시대의 다양함은 한편으로는 필경사들이 영어 외의 다른 언어 방식에 익숙했던 결과였고, 이것이 바로 다음 장에서 옮겨갈 주제이다.

---

27) breid, Mod. E bread(빵),의 모음은 RP인 표준영어발음에서 그 이후로 짧아졌으나 일부 북부 방언에서는 장모음으로 남아있다.

28) 모든 방언의 이 단어들에서 한 때 장모음이었던 것은 다시 RP에서 짧아지거나 이중모음이 되었다.

3장 프랑스어의 침략

The French invasion

현대 영국 사회단체의 기초는 노르만 정복자들에 의해 마련되었고, 앵글로 색슨 문명과 현대 영국 문명 사이의 연속성은 거의 혹은 전혀 추적될 수 없다고 주장하는 것이 한때 유행이었다. 그러나 최근 들어서 역사가들은 1066년(역주: 노르만 정복이 있던 해)은 영국의 왕조의 변화가 있었음을 구분해줄 뿐 앵글로 노르만 사회는 앵글로 색슨 시대와 그렇게 다르지 않았음을 강조해 왔다. 노르만인의 가장 위대한 행정 업적 가운데 많은 부분은 영국 고유 기관들의 성공적인 발전에 바탕을 두고 있다. 따라서 11세기 전반에 본질적으로 영국의 물질적 정신적 부를 증가시키고 있었던 앵글로 색슨의 거대한 도서 출판 조직이 침몰하도록 놔두었다면 아주 이상한 일이었을 것이다. 11세기 후반이 되면서 영어로 된 책들의 생산이 점차 줄어든 것은 사실이지만 그건 단지 수도원 필사실이 새로운 통치자들의 요구에 맞추어 조절하다보니 그렇게 되었을 뿐이었다. 12세기가 되면서 재정비가 완료되고, 거대한 번역 프로그램이 진행되면서 150년 전 영국 독자들에게 그랬던 것처럼 당시의 종교적 생각들은 프랑스 독자들에게도 이용가능하게 되었다. 프랑스어는 영국의 문어체 모국어가 되었다.

그 결과, 고대프랑스어 문학 작품 중 가장 오래되고 최고라고 여겨지는 많은 작품이 앵글로 노르만어로 쓰이게 되었는데 앵글로 노르만어는 영국에서 사용되는 프랑스어에 대한 이름이었다. 12세기까지 프랑스어로 된 기록물들은 그렇게 많지 않았고, 남아있는 문헌 가운데 많은 수가 영국의 필사실에서 제작된 것이었다. 그러나 앵글로 노르만어의 가치는 오래 가지 못했다. 12세기 중반이 되면서 프랑스의 작가들은 상당히 정확한 음소적 철자체계를 확립하였고, 그때부터 유럽 대륙의 프랑스어 철자법이 비교적 안정적으로 유지되고 있었다. 하지만 프랑스어의 구체적인 철자체계는 앵글로 노르만의 필경사들에게 어려움의 근원이 되었다. 왜냐하면 영국에서는 다른 철자 전통이 존재하고 있었기 때문이다. 이 전통은 영어 기록물을 위해 만들어진 것이긴 했지만 이에 대한 지식은 혼란을 야기 시킬 만큼 충분히 퍼져있었다. 게다가 방언이었던 앵글로 노르만어는 프랑스에서 사용된 표준프랑스어와는 점점 더 분리되었다.

1204년 영국의 노르망디 상실은 앵글로 노르만 왕족들에게 프랑스에 있는 영토에서 물리적으로 분리되기 시작하는 분기점이 되었다. 에드워드왕들(역주: 에드워드라는 같은 이름을 가진 영국의 왕들)의 국가 간 전쟁, 처음엔 스코틀랜드에 대항한 전쟁이었고 세 번째는 프랑스에 대항한 전쟁들로, 이 전쟁들은 영국이라는 섬에서 프랑스어를 말하는 사람들에 대한 관심을 강조하는 경향이 있었다. 프랑스어가 한동안 권위 있는 언어로 남아있긴 했지만, 많은 사람이 지위 상실을 나타내는 언어적 표시를 보기 싫어한 데다가 궁극적으로는 지역사회에서 두 개의 자국어를 유지할 수는 없었다.

14세기 말 이전에는 학생들에게 라틴어를 영어가 아닌 프랑스어로 해

석하도록 강요함으로써 프랑스어는 학교에서 인위적으로 유지되었다. 또한 옥스퍼드의 학생들은 영어를 말하는 것이 금지되기도 했었다. 의회는 1362년까지 공식적으로 영어로 진행되지 않았고, 법은 훨씬 더 오랫동안 프랑스어에 계속 많은 의존을 했다. 16세기 법률가들은 영어는 법률 기관과 같은 정확한 기관에서 사용하기에는 너무 둔감한 도구라고 단언하기도 했다(오늘날에도 법률 사용역(register)(역주: 각각의 상황이나 분야에서 특정한 단어를 사용함으로써 상황 혹은 분야를 특징짓는 언어)은 표준 영어보다는 프랑스어 전문 용어의 특징을 더 많이 가지고 있다).

그러나 영국에서의 프랑스어의 쇠퇴는 13세기 [프랑스어의] 정확한 사용을 위한 안내서가 등장하면서 확실하게 되었다. 1300년 이전에는 대다수의 영국인에게 프랑스어는 후천적으로 학습된 언어이었고, 14세기 동안에 이는 비록 궁정의 높은 지위까지는 아니더라도 사회의 모든 계급의 사람에게도 마찬가지가 되었다. 법률언어로서의 역할을 제외하고는 앵글로 노르만어는 사어가 되었다.

앵글로 노르만어의 쇠퇴는 부분적으로는 대륙의 프랑스어와 다르다는 것을 사람들이 점점 더 많이 인식하게 되었다는데서 비롯한다. 14세기가 되면서, 프랑스어는 외교언어로 국제적인 중요성을 가지게 되었고, 종교적으로도 어느 정도 그랬으며, 또한 프랑스 문학과 문화는 모든 곳에서 감탄의 대상이었다. 유럽 여행, 파리 대학에서 공부하는 기간, 가장 탁월한 당대의 교사들과 작가들의 작품에 대한 지식, 이 모든 것이 프랑스어에 대한 이해가 있으면 용이했다. 그러나 그들에게 요구되었던 것은 변방의 야만스러운 앵글로 노르만어가 아니라 교양 있고 세련된 파리사람들이 사용하는 표준프랑스어(Parisian French)(역주: Central French라고도 불리며, 이후 표준프랑스어로 지칭하겠음)를 사용할 수 있는 능력이었다.

따라서 중세 전성기 동안 프랑스어의 언어적 영국 침략은 장기적으로 지속된 전쟁이었다. 영국에서 영어와 나란히 존재하였고 그리고 문어와 구어가 구분되어 사용된 프랑스어와의 전쟁으로 시작되었다. 그 후 앵글로 노르만어가 쇠퇴함에 따라, 화자들은 프랑스어 문법을 사용할 정도의 이중 언어 화자가 되는 것을 그만두었다. 그리고 영어로 바꾸는 과정에서 많은 수의 프랑스 단어가 영어에 들어왔다. 나중에 다시 표준프랑스어가 권위 있는 언어가 되었지만, 앵글로 노르만어가 공문서 보관소의 필경사들에게 익숙했기 때문에 표준영어 발달에 중요했던 법률언어에 계속 영향을 주었다. 언어적 침략의 모든 전선에서 철자 역사에 중요한 사실들을 찾아볼 수 있다.

영국에서 이중 언어의 효과 가운데 일부를 살펴보는 것부터 시작해보자. 가장 명확한 것은 많은 비중의 현대영어 어휘가 프랑스어에서 왔다는 점이다. 기본적이고 빈도가 높은 단어들은 대부분 영어(즉, 고대영어에서 물려받은)이기 때문에 평균적인 영어 문장에서 사용되는 프랑스어 차용어의 숫자가 비록 적다고 하지만, 실제로 사전에 실린 단어를 세어보면 40%나 높게 나온다. 대부분의 프랑스어 차용어는 중세영어시기에 처음으로 영어에 등장하였으며, 그 가운데 많은 수는 의심할 여지없이 12세기와 13세기 초에 차용되었는데, 이때는 두 언어가 최하층 사람을 제외한 거의 모든 사람에 의해 사용되고 이해되고 있었다.

비교적 짧은 기간—당시 이미 많은 수의 영어 모국어 화자들이 프랑스어에 꽤 익숙해 있었다—동안 어휘가 광범위하게 차용되었기 때문에, 영어의 음소 패턴도 약간 변했다. 한 언어에서 다른 언어로 차용된 어휘들은 차용하는 언어의 음성 패턴에 맞추어 지는 것이 정상적이다. 간단한 예로 현대영어 차용어 courgette(호박)가 있는데 이는 영어에서 프랑스어 발음인 /kuʀʒet/이 아닌 /kɔ:rʒet/ (역주: /kurʒet/으로도 발음됨)으로 발음된다.[1] 반면, 이중 언어 시기 동안 이루어진 차용어들은 부모어(역주: 여기서는 차용어의 근원이 되는 언어)의 발음을 유지하였다. 예를 들어 choice(선택)에서 이중모음 /ɔɪ/ 발음이 나는데 이 발음은 영어에서 차용어에만 존재한다. 비록 지금은 어말이나 다른 모음 앞에서 <y>가 <i>를 대신하고 있지만(coy(수줍어하는), royal(왕실의)), 이 단어들의 철자는 당시의 프랑스어 사용법을 따르고 있다.

물론 프랑스어 음소 구조 모두가 영어에 동화될 수 없었으며, 눈에 띄게 영어에 낯선 일부 음소들은 제외되었다. 그 예를 프랑스어 비음화된 모음에서 볼 수 있는데 이 모음들은 영어에서 비음화가 모두 없어지게 되었다(프랑스어 gentil /ʒãtil/과 영어 gentle(점잖은) /ʤentl/ 비교할 것). 그러나 고대프랑스어의 /ã/를 가진 많은 단어에서 중세영어 철자 <an> 혹은 <aun>는 (chaunce, daunce, daunger, desperaunce, etc)(역주: 현대영어는 chance(기회), dance(춤), danger(위험), despair(절망))[2] 비음화된 모음을 나타내려는 시도가 있었음을 보여준다. 몇몇 단어에서 <au> 철자는 현대영어에 남아있다. 예: haunt(자주 가다), jaundice(황달), vaunt(자랑하다)(/ɔ:/로 발음됨).[3]

---

1) 이런 종류의 교체 현상 가운데 더 극단적인 경우들은 민간어원설의 주제 하에 등장한다. 프랑스어가 영국에서 널리 사용되지 않았던 15세기에 차용되었던 프랑스어 mousseron은 영어에서는 mushroom(버섯)이 되었는데 각각의 음절을 식별할 수 있는 영어 형태소로 되어있다.

2) 위클리프의 주기도문, 단락 ix에서 substaunse 참고하기.

3) 예외는 aunt(이모) /a:nt/(역주: 영국식 발음)인데 이 단어에서의 모음 발음은 chance, dance의 모음과 같음에도 불구하고 <au> 철자는 보존되었다. 이 <au>는 ant(개미)와의 혼동을 피하기 위한 의식적인 노력에서 비롯했을 수도 있다. /a:/ 발음에 해당하는 철자 <au>와 같은 종류는 stanch(지혈시키다)의 이형인 staunch (지혈시키다, 견고한) 등이 있으나, 이는 동사 stanch(지혈시키다)와 형용사 staunch(견고한)가 합쳐졌기 때문이다.

프랑스어식 발음과 철자의 사용으로 인해 야기된 특별한 문제는 <h>로 시작되는 차용어에도 영향을 준다. 기식음 /h/는 고전시대 직후 라틴어 발음에서 소실되었고, 결과적으로 프랑스어는 라틴어(즉, 더 많은 /h/ 소실을 보이는 언어)에서 가져온 어휘에서 해당 부분에 기식음을 가져본 적이 없었다. 그러나 고전라틴어 철자의 영향이 고대프랑스어시기 동안 필경사들에게 너무 강력하였기 때문에 구어에서는 전혀 들린 적이 없었던 <h>가 문어에는 자주 나타났고, 그 결과 발음이 안 되는 <h>를 가진 아주 많은 로만스어 단어가 중세영어에 차용되었다.

이 단어들은 세 그룹에 속한다. (1) <h>가 소실된 소수의 단어. 예: able(할 수 있는), ability(능력), arbour(정자)(처음 두 단어는 현대프랑스어 habile와 habilité와 비교해볼 것. 세 번째 단어는 라틴어 herbarium에서 기원함)[4]; (2) 철자 <h>는 가지고 있으나 /h/ 발음은 되지 않은 조금 더 많은 수의 단어. 예: heir(상속인), honour(명예), honest(정직한), hour(시간); (3) 대다수의 경우는 철자대로 발음하기(spelling pronunciation, 즉 철자가 역사적으로 맞는 발음을 나타내는 것으로 받아들여 철자대로 발음을 하는 것)로 인하여 /h/를 다시 발음하는 경우이다. 예: horrible(무서운), hospital(병원), host(주인).[5]

---

4) 이형의 철자인 hostler와 더불어 ostler(마부)도 있다.

5) 여러 가지 면에서 특히 사람들이 읽고 쓸 수 있는 능력이 널리 보급되었던 지난 몇 세기동안 철자대로 발음하기는 문어체와 구어체 사이의 차이를 좁히는데 중요했었다. 역사적으로 존재하고 있었던 자음군이 구어에서 단순화되었으나 철자는 그대로 남아있어 상실되었던 자음 발음이 다시 복귀되는 경우에 자주 발생한다(예: 지금 often(자주), Christmas(크리스마스), postman(우체부)에서 /t/가 자주 들린다). 그러나 아마도 영어 기식음의 보존만큼 영향력 있는 경우는 없을 것이다. 중세영어시기 동안 남부 영어의 모든 지역 방언들에서 음소 /h/가 소실되었다는 사실에도 불구하고(오늘날 지역 방언의 화자들이 /h/에 대해 혼동하는 것은 이 소실의 결과이다), 여기서 철자의 영향력이 너무 커서 어두의 <h>를 가지고 있는 어떤 고대영어 단어도 영어 역사상 기식음을 상실한 경우는 없다(가능한 예외로 it(그것), OE.

이전 두 단락에서 논의되었던 대부분의 프랑스어 차용어가 영어로 차용된 후에도 프랑스어 철자를 그대로 유지했다는 사실은 프랑스어 방식이 영어에 침투된 정도를 보여준다. 우선, 차용어를 한 언어에서 흡수할 때 철자법의 방해라는 당연한 결과를 필연적으로 동반하지 않았다. 예컨대 라틴어는 영어의 가장 초기 단계에 많은 양의 어휘를 제공해 주었다. 글을 읽고 쓸 수 있기 전에 차용된 어휘를 보면, 원래의 기원 형태는 현대영어 철자에 전혀 영향을 주지 않았다는 것이 명백할지라도, 필경사들은 기원은 라틴어라는 것을 의식하고 있음을 보여주었던 시기인 후기 고대영어시기에 차용된 학문적 용어들조차도 안정화된 철자체계 패턴에 따라 철자 자체를 [영어식으로] 바꾸는 변화를 받아들인다. 예를 들어, 라틴어 diaconus는 고대영어에 deacon(가톨릭의 부제)으로 나타나는데, 이것은 <ia>라는 모음철자의 연속형태는 고대영어에 전혀 나타나지 않기 때문이다. 이와 비슷한 경우인 라틴어 phenix는 라틴어 철자법에 익숙하지 않은

---

hit가 있다). 발음 /h/를 철자 <h>와 연결시키는 것에 주의를 기울이는 화자들, 즉 글을 읽고 쓸 수 있는 화자들은 <h>를 가지고 있는 대부분의 프랑스어 차용어에 기식음을 도입하게끔 한다. 그 과정이 수세기 동안 어떻게 전개되어왔는가를 살펴보는 일은 흥미롭다. 16세기와 17세기의 정음학자들(역주: 단어의 발음, 특히 발음과 철자 사이의 관계를 연구하는 학자)은 habit, harmonious, heritage와 같은 단어에서 /h/가 발음되지 않은 점을 지적한다. 18세기의 존슨 박사(Dr. Johnson)는 herb, humble, humour와 같은 단어에는 기식음이 없다고 기록하고 있다(그리고 기식음이 없는 발음에 대한 참고자료들은 19세기 문헌에 흔하다). 그리고 심지어 오늘날에도 문어체 영어에서 hotel(호텔)이나 historical(역사의) 앞에서 관사 a 보다는 an를 사용하는데 이는 이 단어들이 훨씬 더 최근까지도 /h/ 없이 발음되고 있었음을 보여준다.

it(그것)의 역사도 특별히 주목할 가치가 있다. 이 단어는 고대영어 필경사들에 의해 대부분 hit로 철자표기 되었으나 <h>의 발음은 역사상 존재하지 않았을 가능성이 있다. 이 철자는 사격형인 his(소유격)과 him(여격, 간접목적어)의 형태와 유사하게 만들기 위해 도입되었을 수 있기 때문이다. 이 세 단어는 모두 보통 구어의 비강세 위치에서는 /h/ 없이 발음되곤 했다. 프록코시(E. Prokosch)의 『비교 게르만어 문법(A Comparative Germnic Grammar)』(Philadelphia, 1939) 참고하기.

독자를 위해 고대영어에서 fenix(피닉스)로 고쳐 썼다. 고대영어 필사 전통이 방해받지 않고 지속되는 동안 이러한 영어화는 계속되었다. 정복 직후 프랑스어 차용어 또한 이와 유사하게 다루어졌다. 『앵글로 색슨 연대기』의 1070년 기록을 보면 프랑스어 단어 service(서비스)는 어중의 /v/를 나타내기 위해 <f>철자를 가진 sefise의 형태로 등장한다.6)

그러나 12세기 말엽 교육을 받은 영국인들은 두 언어를 말했을 뿐 만 아니라 두 언어를 쓸 수도 있었다. 프랑스어에서 영어로 막대하게 유입된 많은 단어는 이미 영국인에게 익숙하였는데 이는 구어체 프랑스어뿐만 아니라 문어체 프랑스어도 마찬가지였다. 영어로 된 글에서 이 단어들에게 요구된 것은 영어화된 철자(독자에게 발음을 알려주는 역할을 할지는 모르지만)가 아니라 영어 철자법에 일치하지 않더라도 전통적인 프랑스어식 철자였다. 따라서 고대영어의 안정적인 철자 전통을 지속시킨 AB 언어에서도 프랑스어 차용어는 프랑스어 철자로 나타난다. 예를 들어, 차용어 grace(우아함)는 프랑스어 형태로 등장한다. 물론 <c> 철자에 의해 표기되는 소리는 일반적으로 <s>로 표시되는 소리와 동일했었지만 이 단어는 프랑스어에서는 전통적으로 <c> 철자를 가지고 있었다. AB에서는 /s/를 나타내기 위해 <c>를 사용하는 등의 프랑스어 철자법들은 전통적인 철자법을 가진 프랑스어에만 한정되었고, 영어 단어들은 영어 자체의 관습적인 표현을 유지하고 있었다.

그러나 13세기의 모든 영어 작가는 AB 필경사들의 엄격한 철자법 훈련의 혜택을 누리고 있지 않았다. 대부분의 지역에서 영어로 쓴 글은 상

---

6) 여기서 어말의 <e>는 대격(역주: 직접목적어)의 굴절 어미이다. 주격은 아마도 serfis이었을 것이다. <u/v>에서 <f>로의 변화만이 여기서 관련이 있다는 것을 주목하여야 한다. 당시 통상적인 프랑스어 형태는 servise이었고, 이후 두 언어에서 철자 service로 고정화되었다.

당하게 감소되었고 결과적으로 프랑스어 철자법에 기초를 둔 음소적 철자들이 등장할 만큼 영국의 전통적인 철자법은 방해받았다. 고대영어어휘에서는 어느 정도 영어철자가 살아남았지만 /s/를 나타내는 <c>의 예들이 cinder(타다남은 찌꺼기)와 ice(얼음)에 나타나고, 하나의 어형변화표에서조차 방해받은 경우도 있다. mouse(쥐)와 louse(벼룩)의 복수형 mice와 lice가 그 예이다(OE mus, mys; lus, lys).[7)]

영어 자료를 포함하는 13세기 대부분의 문헌 또한 프랑스어를 사용하는 동일 필경사에 의해 프랑스어 단어도 포함하고 있다. 그래서 두 언어 사이의 철자상의 혼란은 놀라운 일이 아니다. 그러나 이 시기에 영향을 준 또 하나의 문제가 있음을 우리는 주목해야 한다. 라틴어는 이미 매우 유동적인 상황에서 추가적인 혼란을 야기 시킨 세 번째 세트의 철자 방식을 제공했다.

고대영어시기 내내 필경사들은 영어 자료뿐만 아니라 라틴어 자료를 필사하도록 훈련 받았다. 그러자 철자법의 방해요인이 생겼는데, 이는 두 언어가 전혀 다른 두 종류의 필기체를 사용할 정도로 아주 분리되어 있었기 때문이다.[8)] 반면에 프랑스 필경사들은 라틴어 방식에 상당한 영향을

---

7) 영어에서 /s/를 나타내는 <c>의 고정화는 어말의 <se>를 가진 많은 단어에서 자음이 나타냈던 발음이 /z/이었다는 사실(예: lose(잃다), surprise(놀라게 하다), wise(현명한))에 의해 도움을 받았다. 따라서 어말의 위치에서 <ce>의 사용은 어말 /s/의 표기를 명확히 해주었다: ace(최고의 것), pence(페니의 복수형), since(~이래로). 이러한 장치는 특히 철자의 차이가 발음의 차이를 나타내는 명사/동사 쌍에서 유용하게 사용되었다: advice(충고), advise(충고하다); device(장치), devise(고안하다). 이후 17세기 철자법 책자 편찬자들은 이를 발음의 변화가 없는 단어의 유사쌍에도 확장시켰다: licence(면허), license(면허를 주다); practice(연습), practise(연습하다). 노아 웹스터(Noah Webster) 이후 미국영어는 이 경우에 <se>를 선호해 왔다.

8) 그럼에도 불구하고 어떤 영향은 구별할 수 있다. 예를 들어 <i>와 <y>가 하나의 글자로 합쳐진 것은 부분적으로 라틴어 방식을 모방한 결과이다. 이후 웨스트 색

받았고 이 영향 가운데 일부는 중세영어에 영향을 미쳤다.

특히 이전의 <u> 대신에 <o>를 사용하는 후기 라틴어 방식은 프랑스어에서 먼저, 그리고 나중에는 영어에서도 이 두 글자를 하나로 합치게 하였다. 따라서 단모음을 가진 많은 단어에서 <o>가 <u>를 대신하였다. 이 가운데 대부분은 RP /ʌ/를 가지고 있지만(예: come(오다), some(일부), Somerset(서머셋), monk(수도사), son(아들), tongue(혀), wonder(경이), honey(꿀), worry(걱정하다), above(위에), dove(비둘기), love(사랑하다)), 일부는 RP /ʊ/를 유지하고 있다(wolf(늑대), woman(여자)). <o>의 사용은 모음과 주변의 자음, 특별히 <v>(당시에는 <u>와 동일하게 사용되었다)와 <w>(글자의 이름이 암시하듯이 <uu>로 표기됨)를 구분하는 역할을 해준다.

이 방식이 <n>과 <m> 주변에서도 유지되었는데 이로 인해 많은 주석자는 읽기를 더 쉽게 하기 위해 <o>가 <u>보다 선호되었다고 제안하게 되었다. 이는 <u, n, m> 글자들이 모두 북핸드(bookhand)[9] 글자체(역주: 인쇄술 발명 이전의 중세시대에 고안된 읽기 쉽고 아름답게 디자인된 글자체로 공식 문서에 많이 사용되었다)에 일련의 미님(minim, 위에서 아래로 내리 긋는 직선) 글자를 구성하여, <un ini iui uu iw im>와 같이 연속되는 미님 글자들은 잘못 나누거나 혼동을 야기 시킬 위험이 있었기 때문이다. 이는 고대영어 입장에서는 받아들이기 어려운 주장이다. 왜냐하면 중세시대의 영어 독자는 현대의 독자와 마찬가지로 한 글자 한 글자

슨 전통이 상실됨에 따라, 프랑스어 철자법이 확립되기 전에는 라틴 방식이 영어 방식과 함께 자주 사용되었다.

9) 후기 중세 원문에서는 두 개의 글자체가 사용되었다. 하나는 책들에 사용되는 격식을 갖춘 글자체(bookhand)로 각이 지고 세로선이 굵은 미님으로 구성되어있는 것이고, 또 하나는 서류나 덜 영구적인 원문에 사용되는 곡선의 글자체이다.

읽지는 않았을 것 같기 때문이다. 이 설명은 <u> 대신에 <o>가 쓰인 라틴어에 해당할 가능성이 있다. 오히려 영어에서는 <u>대신에 쓰이는 <o> 역시 미님으로 인한 혼동의 위험이 없는 단어들에서도 종종 나타났었고(현대영어 borough(자치도시), thorough(철저한)와 비교할 것), 이러한 철자 방식은 부분적으로는 /ɒ/가 /u/로(현재 RP에서는 /ʌ/)로 바뀌는 영어의 음 변화 때문에 확립된 것이다. 예: among(~사이에), money(돈).[10)]

/s/를 나타내는 <c>와 /ʌ/를 나타내는 <o>와 같은 일부 외국의 철자 방식들은 영어에 우연히 들어왔다. 왜냐하면 필경사들이 영어, 프랑스어, 라틴어의 철자를 혼동한 결과이었기 때문이다. 혼동이 질서를 가져오는 예가 거의 없으므로 이 철자들은 /s/와 /ʌ/를 나타내는 대체형들과 함께 존재하면서 당시 철자체계에 변칙적인 요소를 제공했다. 그러나 그런 사소한 영역에서의 혼란 때문에 외국어의 철자 방식에 대한 지식이 영어 필경사들로 하여금 필요한 곳에서 영어의 철자체계를 개선할 수 있게 해주었다는 점에서 혜택을 가져다주었다는 사실이 숨겨져서는 안 된다.

이러한 개선 가운데 하나는 /ʧ/ 음소를 표기하기 위해 <ch>를 사용한 점이다. 이 철자는 약 1200년경 앵글로 노르만어에서 가져왔고, AB 언어의 문헌들을 포함하여 13세기 문헌들에서 일관성 있게 나타난다. <ch>의 보급이 너무 완전하고 너무 빠른 것을 보면 이 철자가 표기하는 소리가 모호하지 않아 사방에서 느껴진 필요성을 충족시켰음에 틀림없다.[11)]

---

10) /ʌ/를 나타내는 <o>가 현대영어 철자에 널리 퍼져있는 방식이긴 하지만, 아마도 아주 많은 수의 단어는 여전히 <u>를 가지고 있다고 볼 수 있다. 예: hunt(사냥), under(아래에), humble(소박한), thumb(엄지 손가락). 동음이의어를 피하기 위해 <o>/<u>를 사용한 것이 결국 동형이의어가 되었다는 것 또한 주목할 가치가 있다: some(일부), sum(합계); son(아들), sun(태양); ton(1000kg), tun(큰 통). 이와 비슷한 경우로 <u>는 아마도 not와의 혼동을 피하기 위해 nut에 보존되어 있는 것 같다.

11) 다른 소리를 나타내거나, 혹은 <hc>로 잘못 쓰는 것과 같이 <ch>를 올바르지

/k/는 두 개의 변이음을 가지고 있어서 전설모음 앞에서 구개음으로, 후설모음 앞에서 연구개음으로 발음됐는데, 연구개 변이음 뒤에서 전설모음을 가져오는 변이(역주: 고대영어 i-움라우트 현상. 비강세음절의 /i/ 혹은 /j/가 선행모음을 전설모음화하거나 상승시키는 현상)로 인해 분포 규칙이 깨지게 된 고대영어시기에 문제가 일어났다. 당시에는 이전의 구개음은 파찰음이 되었기 때문에, 현대영어의 최소대립쌍인 kin(친족) /kɪn/과 chin(턱) /ʧɪn/이 생기게 되었다. 다시 말해, 이전에는 나오는 위치에 따라 다른 이형이었던 발음이 이제는 대조(역주: 즉 최소 대립쌍에서 의미의 차이를 가져오는 발음의 차이)를 이루게 되었다. 즉, 변이음이 음소가 되었다. 그러나 고대영어 철자법은 계속하여 이 두 소리를 <c>로 나타냈다(고대영어 후기에 나타난 이 두 단어의 철자는 cinn과 cynn이었다). <c>가 여전히 명확하게 후설모음과 자음 앞에서 /k/를 나타낼 수 있었지만, 전설모음 앞에서는 철자 상으로 이 두 소리를 구분하는 일치된 방법은 없었다. 파열음을 나타내기 위한 <k>의 사용은 9세기부터 산발적으로 등장하지만 13세기가 될 때까지도 king(왕)이나 keen(예리한)과 같은 단어들에서 충분히 확립되지 않았음을 보여주며 그 무렵에는 <ch>를 파찰음을 나타내기 위해 채택했었다.[12]

않게 사용한 경우는 드물다. <ch>의 도입 이후 /ʧ/를 나타내기 위해 사용했던 고대영어 글자인 <c>를 이따금씩 사용한 것은 고어체이다.

12) 따라서 현대영어 철자는 /k/와 /ʧ/를 따로 나타내는데 이중으로 주의를 기울인다. 이후 외국어의 영향이 없었다면, 전자의 발음을 나타내기 위해 현재 사용하는 <c>와 <k>, 그리고 후자의 발음을 나타내기 위해 사용하는 겹글자 <ch>는 불필요하게 귀찮기는 하지만 기꺼이 받아들일 수 있을 만큼 모호하지 않았을 것이다. 하지만 영어는 많은 언어로부터, 게다가 서로 다른 시기에 같은 언어에서 단어들을 차용하기도 한 언어이다. 결과적으로 많은 철자 방식이 덧씌워지게 되었다. 특히 차용어들이 문어체 성격을 띠고, 그것들이 조상어에 나타나는 형태로 문어체에 확립되었을 때에 더욱 그렇다.

따라서 논의되고 있는 철자와 발음의 예를 들면, 현대프랑스어 차용어들은 우리

/ʧ/를 나타내기 위해 고대영어 <c>를 <ch>로 대체한 것은 당연한 결과를 낳았다. 왜냐하면 <c>는 고대영어에서 /ʃ/를 나타내는 철자 <sc>에도 나타났는데, 이는 소리 연쇄 /sk/가 고대영어에 사라지게 된 이후로는 모호하지 않은 쓰임이 되었다. /sk/는 고대노스어 차용어에 도입되긴 했지만 이 차용어들은 영국의 동부지역에 주로 제한되었기 때문에, 웨스트색슨 필사 전통은 이를 무시할 수 있었다. 모호함을 피해야했기에 웨스트색슨어 전통의 방해와 정복 이후 /sk/를 가진 일부 로만스 차용어들의 도입은 철자법에서의 변화를 필연적으로 수반하였다.

13세기 동안 /k/와 /ʧ/ 표기법에 영향을 준 변화들과 함께 이와 유사한 역사적 변화들도 관찰된다. <ch>가 이전의 <c>를 대체함에 따라서, <sch>는 <sc>를 대신하게 되었다. <sch>는 중세영어 내내 /ʃ/를 표기하는 철자 중 가장 빈도가 높으며, 특히 AB 언어에서 사용되었기 때문에 그 당연한 결과로 서중부지역에서 선호되었다. 스코틀랜드의 지역에서는 16세기까지도 사용되었다. 그러나 다른 지역 철자체계에서는 다른 글자들

에게 <ch>가 /ʃ/를 나타내는 chauffeur(운전사)와 machine(기계) 등의 단어들을 준 반면, /k/를 나타내는 <ch>는 chorus(합창)과 archive(보관소)와 같은 라틴어 차용어에서 나타난다. <c>는 /s/를 나타내기 위한 프랑스어 방식의 사용뿐만 아니라 이탈리아어에서는 /ʧ/ (cello(첼로), concerto(협주곡))를 나타내기 때문에 더 이상 명확하지 않다. 심지어 Celtic(켈트어의)에서처럼 전설모음 앞에서 /k/를 나타내기 위해 사용되기도 한다. 마찬가지로 <k>는 kangaroo(캥거루)(1770년 쿡 선장에 의해 소개된)와 같은 최근 차용어들에서, 그리고 cole의 북부 방언 형태이자 18세기 이후로는 남부형을 완전히 대신한 kale(양배추)과 같은 스코틀랜드어 요소에서, 후설모음 앞자리까지도 퍼져 나갔다. 음소적 철자를 옹호하는 사람들을 위해 이러한 좌절의 이야기를 마무리하자면, /k/는 이제 khaki(카키색)와 khan(칸, 왕)과 같은 동양에서 차용한 차용어에서는 <kh>로 나타나며, <w> 앞의 고대영어 <c>는 <u> 앞에서 <q>가 되었고(queen(여왕), quick(빠른)), 그리고 프랑스어에서 /kw/에서 /k/로의 변화에 영향을 받은 프랑스어 차용어들은 우리에게 quay(부두)와 picturesque(그림과 같은)에서처럼 /k/를 나타내는 <qu>를 가져다 주었다.

이, 예를 들어, 캔터베리에서는 <ss>가 동 앵글리아(Anglia)와 북쪽 지역들에서는 <x>가 자리 잡았던 반면에, 14세기 말 런던 영어에서 점차적으로 선호되었던 <sh>(아마도 기원적으로는 <sch>의 단순화된 형태일지 모른다. 동중부지역에서 약 1200년경의 설교자 옴에 의해 처음 사용되었다)가 공문서 보관소의 철자로 포함되었고 1450년경에는 /ʃ/를 표기하는 철자로 거의 모든 지역에서 사용되었다.

중세영어에서 /sk/는 <sc>와 <sk>가 이형으로 서로 다르게 사용되었는데, 현대영어에서의 사용법은 어원에 따른다. 예: <sk> 철자를 가진 단어들은 일반적으로 노스어나 덴마크어가 기원인 단어들(노스어에서 온 단어들: skin(피부), sky(하늘), skate(홍어), skull(해골); 덴마크어에서 온 단어들: skate(스케이트를 타다), sketch(밑그림), skipper(선장)), <sc>를 가진 단어들은 프랑스어(scarce(드문), scorn(경멸), scullery(그릇 두는 곳))나 그리스어(sceptic(회의적인), scope(범위))이다.[13)]

<c>와 <s>가 원래의 자음 글자[14)]에서 일반적으로 기대되는 발음과는 다르다는 것을 나타내기 위해, <ch>와 <sh>에서 <h>를 구별부호로 사용하는 것은 <ch>가 프랑스어로부터 도입되었을 때 영어에 있어서는 새로운 방법이 아니었다. 왜냐하면 <th>가 이미 이전에 <þ>과 함께 사용되었

---

13) 어원적인 원칙으로부터 벗어난 것은 후설모음과 자음 앞에 오는 <sc>(예: 노스어 scant(부족한), scrape(문지르다), 네덜란드어 scour(문지르다))와 전설모음 앞의 <sk>(예: 프랑스어 skew(비스듬한), skim(위의 찌꺼기를 걷어내다), 그리스어 skeleton(뼈))이다. 다른 언어로부터의 차용어들은 조상어의 철자를 간직하고 있어서 더 많은 혼란을 낳았다. 예: 라틴어에서 온 school(학교)과 science(과학), 네덜란드어에서 온 schooner(스쿠너, 배의 일종)와 school(물고기 무리). scythe(낫)와 scent(냄새)와 같은 영어에서 /s/를 나타내는 라틴어의 <sc>의 영향에 대하여는 4장의 내용을 참고할 것.

14) 즉, <sh>가 역사적으로 <sch>가 단순화된 것이라는 사실을 참작한다면, <h>는 마찰음 표시자로 기대하는 것을 말한다.

었기 때문이다. 프랑스어의 <ch>와 영어의 <th>는 모두 라틴어 철자법에서 왔으며, 라틴어에서 구별부호로 <h>를 사용한 것은 후기 고전시대에 <h>가 나타냈던 발음이 라틴어에서는 소실되었기에 가능했다.

<ch>와 <th>에서 <h>가 구별부호로 영어에 자리 잡은 결과, 다른 자음들도 같은 패턴에 따라 만들어지게 되었다. <gh> 글자는 이미 앞에서 논의되었다. <wh>는 다소 다른 역사를 가지고 있다. <wh>는 /xw/에 해당하는 고대영어 어두 자음군 <hw>로 시작되었기 때문이다. /xw/의 하나의 무성 자음 /ʍ/으로의 동화 현상이 후기 고대영어시기에 발생하였고, 중세영어 필경사들은 하나의 음소를 나타내는 <hw>를 다른 철자들에서처럼 <h>를 마찰음 표시자로 연관시켜 글자를 <wh>로 그 순서를 바꾸었다.15)

영어 필경사들이 자신들의 철자체계에 글자 <ch>를 포함시키고, 그 결과 <sh>와 <wh>의 철자를 가져오게 된 변화는 자신들이 사용하던 언어인 앵글로 노르만어의 관습을 알고 있었기 때문에 가능한 것이었다.

14세기 무렵, 영국인의 대륙 프랑스어에 관한 지식은 또 다른 철자 방식의 차용을 용이하게 해 주었다. 즉 /uː/를 나타내기 위해 <ou>를 사용하는 것이 바로 그것이다. 그 이전 세기에 <u>는 영어에서 심하게 지나칠 정도로 많이 사용되었다. 이 철자는 모음 /u/와 /uː/를 어떤 지역에서는

---

15) 마찰음 [x]는 초기 고대영어에서 어두 자음 앞에도 올 수 있었는데, [xl, xr, xn]의 발음으로 철자는 <hl, hr, hn>가 되었다. 이들 자음군은 고대영어 후기 동화현상으로 인해 기식음 /l̥, n̥, r̥/이 되었고, 이들은 대부분의 방언에서 1100년경 /l, r, n/과 합쳐졌다. 남동부 지역에서 /l̥/ 이 부분적으로 남아있는 것에서는 간혹 관찰되는 <lh> 철자에 의해 볼 수 있다(예: lhorde 'lord(신)'). /ʍ/ 발음은 스코틀랜드 방언이나 철자 <wh>를 의식하는 영어 화자들에게 남아있기는 하지만, 남동부 영어에서는 거의 보편적으로 /ʍ/의 /w/로의 유성음화가 일어났다. 따라서 현대영어 철자에서 <wh>를 가진 거의 모든 단어는 <hw>를 가진 고대영어 단어에서 비롯하였다는 것(그리고 거꾸로 얘기해서 현재 남아있는 <hw>의 고대영어 단어는 <wh>외의 어떤 다른 철자로 표시되지 않는다는 것)은 놀랄 만한 일이다. 극소수의 예외에 대해서는 4장의 내용을 참고할 것.

/y/를 나타냈었다. 17세기까지 <u>와 <v>는 구분되지 않았기 때문에 자음 /v/도 나타낼 수 있었고, 겹글자가 규칙적으로 사용되기 전에는 /w/도 자주 나타내곤 했다(/w/를 나타내는 /u/은 어떤 경우든 여전히 존재하고 있다. 예: queen(여왕), persuade(설득하다). 같은 음가를 가진 장모음과 단모음을 구별하기 위한 중세영어에서의 일반적인 방법은 길이를 나타내기 위해 하나의 글자를 겹글자로 만드는 것이었는데, 이 방법은 <u>의 경우에는 그 지나친 사용 때문에 모호할 수밖에 없었다. 왜냐하면 그렇게 되면 /u:/는 /uv/, /vu/, /w/와 같은 방법으로 표시되기 때문이다.[16] 따라서 프랑스어 <ou>가 장음 /u:/를 나타내기 위해 편리하게도 차용되었다. 현대영어에서는 이 소리가 일반적으로 RP의 /ɑʊ/로 이중모음화 되었지만 (house(집), loud(큰소리의), mouth(입)), 단순히 장모음임을 나타내는 <ou>도 이따금씩 남아있다(예: through(철저한)와 wound(상처), 16세기와 이후의 프랑스어 차용어(group(무리), soup(국))에 남아있다).[17]

1400년 초서가 죽을 당시 영국에 유일하게 살아남아 사용된 언어는 영어였다는 것은 3장의 앞부분에서 이미 관찰되었다. 프랑스어가 널리 알려지긴 했었지만, 대부분의 경우에는 프랑스어는 교육시켜야하고 의식적으로 배워야만 하는 외국어였다. 프랑스어가 문어체와 구어체 영어에 미친 영향은 12세기에서보다는 축소되었다. 앵글로 노르만어가 여전히 중요한 언어로 남아있던 분야인 법률 분야가 영어의 철자법 발전에 불균

16) 13세기 혼동을 주는 예는 수없이 많다. 예: 시 『부엉이와 나이팅게일(The Owl and the Nightingale)』의 두 필사본 판 가운데 이전 판(대영박물관 MS Cotton Caligula A ix, 13세기 중후반)은 uel ‘skin(피부)’과 ‘well(잘)’, uuel(e)과 vule(e) ‘evil(악마)’, uele ‘many(많은)’, wil(e) ‘foul(더러운)’ 가지고 있는데 이들 단어의 번역은 필수적으로 문맥에 의존한다.

17) 14세기부터 17세기까지 <ou> 철자는 특히 <n>앞에서 단모음 /u/를, 이후에는 RP /ʌ/를 나타내는 것이 때때로 발견된다. 예: doung(대변), wounder(경이). 이 철자는 country(Fr. contrée, 나라)에 남아있다.

형한 영향을 끼쳤다면 프랑스어의 침략은 끝이 났었을 것이다.

우리는 앞에서 공문서 보관소의 필경사가 사용한 언어가 국가적인 철자 표준을 형성하는데 얼마나 중요한 영향을 미쳤는지를 보았다. 13세기 앵글로 노르만의 쇠퇴가 앵글로 노르만어에서 영어로의 막대한 전환을 야기 시켰던 것과 똑같은 방법으로, 1430년 공문서 보관소의 언어가 앵글로 노르만어에서 영어로 전환한 사건은 영어에 많은 프랑스식 철자법 특징을 도입하게 하였다. 그러나 앵글로 노르만어는 대륙 프랑스어가 자리잡기 이전에 영국에서 기록되었기 때문에, 철자는 초기시기에는 웨스트색슨의 필사 전통에 많은 영향을 받았다. 앵글로 노르만 철자법이 사용되고 있었던 3세기 내내, 앵글로 노르만 철자법은 매우 불규칙적이었고 고대영어의 많은 전통이 프랑스어 방식과 함께 남아있었다.

결과적으로, 15세기 공문서 영어로 인기가 있었던 일부 글자는 그 기원에 있어 영어에서 온 것이었다. 비록 고대영어에서 직접적으로 온 직계라기보다는 앵글로 노르만어를 거쳐서 표준 철자체계로 이른 것이라 할지라도 말이다. 예를 들어 앵글로 노르만 필경사들은 모음 /ɛ:/를 나타내기 위해 12세기 영어로부터 <ea>를 가져왔고, 이것은 다시 15세기 영어에서 사용되었다. 처음에 <ea>는 앵글로 노르만어와 영어에 흔한 단어들, 즉 이전 세기에 프랑스어로부터 영어에 차용된 단어에 가장 빈번하게 등장했다. 이들 단어에서 <ea>의 사용은 오늘날 두 언어의 표기법 사이에 존재하는 차이를 만들어 냈다. 예: ease(편안함), reason(이유), 현대프랑스어 aise, raison. (장모음은 지금은 정상적으로는 영어에서 /i:/로 상승되었으나, 어떤 단어에서는 /e/로 단음화가 발생하기도 했다. 예: measure(측정하다), peasant(농부), 현대프랑스어 mesure, paysan.)[18] 이후 <ea>는

18) 고대프랑스어 철자법은 /ɛ:/를 대체로 <ai>나 <ei>로 나타내었다. 두 글자는 지금

중세영어 /ɛ:/ 발음을 가진 단어들에까지 확장되었다. 오늘날 /i:/가 되는 규칙적인 음 변화를 겪은 단어들(예: deal(거래), meal(식사), meat(고기)) 과 다른 모음을 가진 수많은 단어(예: bread(빵), earth(지구), great(많은), heart(심장)) 모두에게로 확장되었다. 17세기 말 합쳐진 이후 구분이 더 이상 필요가 없었던 소리인 /ɛ:/와 /e:/를 철자로 구분할 수 있기 때문에 <ea>는 유용한 글자이었다.

앵글로 노르만 필경사들은 /e:/를 나타내는 수많은 방법을 가지고 있었고, 대부분은 적어도 현대영어의 몇 개 단어에 남겨져 있다. 가장 흔한 것은 대륙 프랑스어 글자 <ie>인데 brief(간결한), piece(조각), relief(안도)와 같이 프랑스어 차용어들을 통해 영어에 남아있다. 이 글자는 앵글로 노르만어에 너무나 광범위하게 사용되었기 때문에 표준프랑스어에서는 이 글자가 원래 없었던 단어들에도 사용되었고(예: chief(주요한)), 15세기에는 /e:/를 가졌던 많은 영어 단어(예: fiend(악마), thief(도둑)(OE. feond, þeof))에도 확장되었다.

앵글로 노르만 필경사들은 고대영어 철자법으로부터 <eo> 글자를 가져왔는데 이 철자는 소수의 프랑스어 차용어(예: people(사람들), jeopardy(위험))에 고정되었지만 현대프랑스어에서는 다른 철자로 표기되고 있다(예: peuple(사람들), jeu parti (나뉜 게임)).[19] <ie>와 <ea>와

은 영어에서 이중모음 /eɪ/를 가진 프랑스어 차용어에 나타난다, plain(평범한), saint(성자), reign(지배), feint(기절하다). 그러나 이들 가운데 두 번째 철자만이 /ɛ:/에서 비롯한 /i:/를 가진 차용어에서 나타난다. 예: seize (붙잡다), receive(받다).

19) 후기 고대영어 음 변화인 이중모음의 단순모음화에 의해 12세기 <ea>가 /æ(:)/를 나타냈던 것처럼, <eo>도 같은 시기에 아마도 [œ(:)]나 [ø(:)]인 원순모음을 나타내게 되었다. 어떤 지역에서는 이 모음은 곧이어 영어에서 평순모음화되었으나, 인용된 단어들(과 소수의 다른 단어들)인 앵글로 노르만어에서는 원순모음으로 존재하였고 영어 철자(뿐 만아니라 현대프랑스어에서 사용되는 <eu> 철자)로

더불어 우리는 중세영어 /e:/를 나타내는 두 개의 영어 글자를 가지고 있다. deed(행위), heel(뒤꿈치), seek(구하다)와 같은 단어들에서 볼 수 있는 <ee>와 here(여기), mere(단지), mete(계측)와 같은 소수의 단어들에서 보이는 불연속적인 <e-e>가 바로 그것이다.

자음 역시 앵글로 노르만어와 영어의 접촉에 의해 영향을 받았다. [x] 소리는 표준프랑스어에서 초기에 소실되었으나 앵글로 노르만어에서는 살아남았다. 이는 의심할 여지없이 그 소리가 영어 체계에도 부분적으로 존재하고 있었기 때문이다. 앵글로 노르만어는 영어 철자의 변화형인 <gh> 철자에 의해 그 소리를 나타냈다. 당시의 많은 철자법 중 15세기 런던 영어에서 [x]를 나타내는 철자 <gh>가 고정화된 것은 많은 부분 앵글로 노르만어에서 그 철자를 사용했던 덕택이다.

훨씬 더 중요한 것은 영어 겹자음화에 끼친 앵글로 노르만어의 영향이다. 현재 영어에 아주 만연해 있는 철자법으로 선행하는 모음이 짧다는 것을 나타내기 위해 자음을 겹쳐 쓰는 방식은 길고도 복잡한 역사를 가지고 있다. 부분적으로 이 방식은 고대영어 후기 겹자음의 단자음화에서 비롯한다. 고대영어시기에 겹글자는 전통적인 철자체계에 포함되어 있었다. 고대프랑스어에서 단순화되었던 라틴어의 겹자음은 중세 필경사들에 의해 고전라틴어 철자법에 익숙한 겹글자로 자주 표기되었다. 따라서 프랑스어와 영어에서 하나의 자음을 나타내기 위해 두 개의 글자를 사용하는 방식은 잘 알려져 있었다.

겹자음을 선행하는 단모음과 연관시킨 것은 기원적으로 보면 영어의 전통에 속하는데, 이는 장모음이 뒤에 오는 두 개의 자음군 앞에서 단모음화되었던 고대영어 후기부터 시작되었다.[20] 이미 2장에서 특이한 철자

표기되었다.

법을 설명한 것처럼 12세기 설교자 옴의 작품을 보면 단모음 뒤의 겹자음은 앵글로 노르만 필경사들이 영어 철자 방식을 선택했던 시기에 나타난 영어 철자의 눈에 띄는 특징이었다는 명백한 증거를 제공한다.[21] 겹자음은 중세영어시기 철자에도 간헐적인 특징으로 남아있지만, 앵글로 노르만어에 익숙한 공문서 보관소의 필경사들이 15세기 영어에 도입할 때까지 거의 일관성 있게 사용되지는 않았었다.[22]

15세기 영어에 확립된 철자 방식 모두가 앵글로 노르만어에 기원을 두고 있는 것은 아니었다. 런던 영어는 15세기 동안 철자에 있어서는 계

---

20) 이는 남아있는 동사표에서 손쉽게 보여 질 수 있는 음 변화이다. 현재시제에 장모음을 갖고 있으면서(예: feed(먹이다), mean(의미하다)(OE. fedan, menan 여기서 -an은 원형 굴절어미)), 자음으로 시작되는 과거시제 굴절어미(<de>나 <te> Mod. E. <ed> 혹은 <t>)를 가지는 동사들에서는 과거시제의 모음이 짧아졌으며 이는 feed, fed; mean, meant와 같은 현대영어 어형변화를 남겼다.

21) 이 장에서 계속 사용되는 앵글로 노르만 필경사는 앵글로 노르만어를 필사하기 위해 채용된 필경사들을 의미함을 주목해야 한다. 앵글로 노르만이 그들의 출신 나라나 그들의 모국어를 나타내는 것이 아니다. 현존하는 앵글로 노르만 문헌들 가운데 가장 위대한 부분은 의심할 여지없이 모국어가 영어인 사람들에 의해 필사되었다는 사실은 앵글로 노르만어에 미친 상당한 영어의 철자상의 영향을 설명해준다.

22) 현대영어에서 주로 17세기 초 겹자음의 단순화로의 변화 때문에 <f, s, l>과 <kk>를 대신하는 <ck>만이 어말에서 겹자음화된다. 심지어 단어 중간에서도 예외들이 있다. 예: cherry(체리), merry(즐거운), ditty(민요), witty(재치있는)와 비교되었을 때 very(아주)와 city(도시). <w>와의 혼동이 피해진다할 지라도, <v>(혹은 <u>)를 겹글자로 쓰기는 중세영어에서 불가능하였다. 따라서 현대영어 철자는 어중의 <v>를 가지고 있는 2음절 단어에서는 모음 길이를 글자 상으로 구별하지 않는다. 예: lever(지레), never(결코~아닌), sever(분리하다), hover(떠다니다), Dover(도버), rover(유랑자). <vv>를 가진 유일의 단어들은 인쇄된 단어가 있을 수 있는 혼동을 피한 후에 형성된 신조어들이다. 예: 19세기 초 도입되었던 '구멍을 파는 사람'의 의미를 가진 navigator의 약어인 navvy, 아마 잠시 쓰이다 말지 모를 다른 약어들, 예: dividend(배당금)의 약어 divvy, 그리고 아주 최근의 1970년 기자들에 의해 통용된 은어인 bovver(소란, 난투)(bother의 이형으로 코크니(Cockney)(역주: 런던 East End 지역에 거주하는 노동자 계층의 런던 토박이가 사용하는 영어 발음)가 있다.

속 변화하고 있었다. 예를 들어 <tch>와 <dg>는 어중이나 어말의 /ʧ/와 /ʤ/를 나타내기 위해 이전의 <cch>와 <gg>를 대신하였다(예: wretch(비참한 사람), judge(판사))(/v/를 나타내기 위해 <u> 보다 <v>를 선호한 것과 같은 특징은 나중에 이 책의 적당한 곳에서 논의될 것이다). 그러나 앵글로 노르만 관습은 새로이 등장하는 공문서 보관소의 영어 철자에 중요한 영향을 미쳤고, 따라서 1066년 프랑스 침략의 결과로 인해 일어난 변화 중 마지막 주요한 영향을 영어 철자에 제공하였다.

4장 르네상스와 개혁

Renaissance and re-formation

중세시기를 보내면서 프랑스 필경사들은 자신들의 언어가 라틴어에서부터 유래되었다는 것을 잘 알게 되었다. 따라서 프랑스에서는 철자체계를 어원에 맞게 다시 바꾸려는 움직임이 있었다. 간단한 예를 들면 pauvre는 라틴어인 pauper를 흉내 내어 pouvre를 바꿔 쓴 것이다. 이런 방식은 특히 법조계에서 사용되는 언어에서 환영을 받았다. 왜냐하면 변호사를 보조하는 서기들은 필기량에 따라 수당을 받게 되므로 철자를 더 늘리면 수입이 그만큼 늘어났기 때문이었다.[1)]

영국에서와 마찬가지로 프랑스에서도 법조계의 핵심 부서였던 공문서 보관소의 철자법으로부터 철자 관습이 발전되어나가는 상황이었기에 어원에 기반을 둔 철자체계는 그 기반을 영속적으로 튼튼히 할 수 있었다. 중세시기 영국에도 라틴어가 잘 알려졌고 또한 사용되었다. 라틴어에서

---

1) 이처럼 필경사들이 인치당 요금을 부과하고, 불필요한 글자 수를 늘려 수입을 늘리던 관행은 적어도 16세기말까지도 영국에 남아있었던 것으로 보인다. 리처드 멀캐스터(Richard Mulcaster)의 『초급문법 첫 권(The First Part of the Elementarie)』(1582)을 참조할 것. '글자 수로 말미암아 단어들이 과다하게 비용 청구된다면 줄 수로 단어를 파는 사람들의 탐욕이나 혹은 무지 때문이다.'

는 많은 어휘가 영어로 차용되었는데 특히 신학 분야에서는 그 양이 상당했다. 그러나 영어의 어휘는 대부분이 라틴어에서 유래되지 않은 게르만어이었기에 영국의 필경사들은 프랑스 필경사들보다 어원에 따라 철자 바꾸기에 영향을 덜 받았는데 이는 놀랄 일이 아니다.

많은 프랑스 어휘를 영어로 보낸 앵글로 노르만어는 프랑스어의 한 방언이었고 이미 대륙의 본류 프랑스어에서 있었던 철자의 변화와는 상당히 멀어져 있었다. 따라서 영국에서 14세기에 있었던 로만스 어휘의 철자 변화는 라틴어에서의 어원에 대한 염려 때문이기보다는 표준프랑스어와 앵글로 노르만 어휘를 연관시키려는 의도에서부터 비롯되었다는 것으로 보인다.2) 라틴어 어원에 근거한 철자변화는, 르네상스의 영향으로 고전어에 대해 좀 더 적극적으로 언어학적 영역의 중심으로 끌어당기기 전까지는 영어에 큰 영향을 미치지 못했다.

15세기 말에 서구세계를 통틀어 휩쓸고 지나갔던 학문에 대한 위대한 부흥운동은 고전 그리스와 로마의 문명에 대한 새로운 관심과 이해를 중심으로 이루어졌다. 고전에 매료된 사람들은 르네상스 초기 50년 동안, 즉 인본주의라고 알려져 있는 시기에, 그리스어와 라틴어야말로 '고대인'들의 손을 거친 세심한 도구들이라고 증명된 언어라며 이 언어들만을 선호하고 자신들의 모국어는 의식적으로 거부했던 작가들과 학자들이었다.

당시 거대한 지식의 팽창, 과학과 철학의 새로운 영역의 확장, 그리고

---

2) 철자에 변화가 일어난 경우 발음도 변했는데 예를 들어 12세기에 앵글로 노르만어에서 차용된 caritep는 후에 charity (프랑스어 charité)가 되었다. 이 경우는 중부 프랑스어에서 다시 차용이 된 것으로 보인다. 그러나 사소한 변화도 있었는데 가령 초기에 들어온 barun은 표준프랑스어 철자에 따라 나중에 baron으로 바뀌었다. 앵글로 노르만과 중부 프랑스어 사이의 철자 차이는 영어에 두 가지 서로 다른 형태의 단어, 예를 들어 gaol(감옥, 앵글로 노르만 차용어)와 jail(감옥, 중부 프랑스어 차용어)와 같은 단어들을 제공해주는 계기가 되었다.

우리에게 알려진 세계의 경계선 확장은 새로운 어휘를 요구했지만 기존에 존재하는 어휘로는 새로운 요구를 수용하기에는 너무나 부족한 상황을 만들어냈다. 엘리자베스시대의 한 영국인이 주장한 것처럼 사물을 표현할 단어보다 사물이 더 많았던 것이다.[3] 그리스어와 라틴어는 복합어와 파생어를 만드는 능력이 있었기에 새로운 용어를 필요한 만큼 제공했다. 그리고 이 새로운 어휘들은 오늘날 영어에 과학 관련 신조어들이 흡수되는 것과 같은 방식으로 당시 사용되고 있었던 언어들에 흡수되었다.

인본주의자 작가들은 자신들의 모국어가 제공해주지 못하는 그리스어와 라틴어의 융통성, 명확성, 그리고 질서에 매료되었다. '우리의 언어는 너무 투박하다(Our language is so rusty)' 『필립 스패로우(Philip Sparrow)』(1504년경)의 서문에서 저자 존 스켈턴(John Skelton)은 말했는데 당시의 rusty(녹슬은)는 오늘날 rustic(시골스러운)과 같은 뜻으로 쓰였다. 13세기만 해도 '프랑스어를 모른다면 사람들은 그를 하찮게 여긴다'는 말이 사실이었다.[4] 따라서 16세기에는 라틴어를 읽고 쓰는 능력은 학문을 하기 위한 기본적인 전제 조건이었다.

중세시기에 영국의 구어체 언어로서의 자리를 놓고 했던 싸움에서 프랑스어에 이긴 영어는 16세기에는 지식과 문학의 모든 분야에서 기록용 문어체 언어로서 자격이 있다는 것을 입증하기 위해 시간을 보내야했다. 13세기, 수많은 프랑스어의 어휘들이 영어에 흡수된 것처럼 16세기 또한 라틴어와 그리스어로부터 대등한 수준의 수많은 어휘가 유입되는 것을

3) 랄프 레버(Ralph Lever)의 『이성의 예술(The Arte of Reason)』(1573), 존스(R.F. Jones)의 『영어의 승리(The Triumph of the English Language)』(Standford, 1953)에서 인용.

4) *Bote a man conne Frenss me telþ of him lute*, 글로체스터의 로버트 연대기에서 나옴.

지켜보게 되었다. 영어에서 라틴어 어휘(그리고 라틴어 철자법에 따라 표기된 그리스어 어휘)가 증가하면서 그리고 라틴어에 대한 학자들의 친숙도가 높아지면서 영어의 철자는 이전에 프랑스어에서 있었던 라틴어 어원에 근거한 철자의 영향을 받게 되었다.

르네상스 시기에 라틴어로부터 차용된 학문적인 어휘 중 많은 수는 이미 오래 전에 프랑스어에서 영어로 도입된 단어의 이중형태(doublet)였다. 물론 음 변화로 말미암아 그 사실을 알아채지 못했고 그리고 새로운 단어들을 더욱 전문적으로 사용하게 되어 제한된 의미를 갖게 되긴 했다. 따라서 pauper(극빈자)는 변호사들이 사용하는 문구인 *in forma pauperis* (극빈자로서의)에서처럼 법률적인 용어로 받아들여졌고 이제는 poor(가난한)와 더불어 행복하게 병용되고 있는데 poor 또한 프랑스어(OFr. poure)를 거치긴 했지만 결국은 라틴어로 들어온 단어였다. 프랑스어에서중세영어에 들어온 ray는 특히 빛과 관련이 있었기 때문에 라틴어 원조인 radius는 막대나 바(bar)라는 좀 더 글자 그대로의 의미로 차용되었다. 마찬가지로 13세기 프랑스어에서 차용된 blame은 일반적으로 비난을 의미했기 때문에 새롭게 차용된 라틴어 원조인 blaspheme은 '성스러운 것에 대한 욕설, 매도'의 뜻인 신성모독이라는 좀 더 제한된 의미를 갖게 되었다.

이 단어들이 이중형태를 갖게 된 상황으로 인해 원래의 차용어들에서는 철자가 바뀌지 않아 보존이 되었지만, 그러나 새로운 차용어가 기존의 단어와 연관이 있을 때는 문법적인 기능은 서로 구분된다하더라도 유추작용이 일어나는 경향이 있었다. 즉 하나의 형태가 다른 단어의 형태에도 변화를 주게 되었다. 가령 라틴어의 분사형인 perfectum에서 프랑스어는 형용사 형태를 차용했는데 이 형용사는 중세영어에는 perfit로 차용이 되었다가 16세기에는 parfit이 되었다.[5] 르네상스시기 영어의 perfection(완벽함)을 라틴어에서 차용한 것은 영어 형용사 형태와 고전어 어원과의 차이를 보여주는데 perfit/parfit도 perfect로 재철자 되었다.

영어로 차용된 많은 수의 중세프랑스어 어휘들은 16세기가 되면서 어원에 근거하여 철자가 바뀌기 시작했다. 모든 철자의 변화가 perfection의 경우처럼 관련된 라틴어 차용어에 따라 이루어진 것은 아니었다. 많은 경우 어휘들의 철자 변화는 단지 영국의 작가들 입장에서 라틴어에 대해 극히 민감하게 생각했기 때문에 일어난 결과였다. 임의로 몇 가지 예를 들어보면, absolve(면제하다), admonish(꾸짖다), captive(억류된), corpse(시체), describe(묘사하다), elephant(코끼리), falcon(매), language(언어), picture(그림), throne(왕관) 등이 있는데 이들은 모두 이제는 어원에 입각한 철자를 갖고 있기 때문에 사실은 중세영어시기에는 assoil, amonest, caitif, cor, descryve, olifaunt, faucon, langage, peynture, trone의 형태를 가지고 있었다는 것을 짐작하지 못하게 한다.[6] 그래서 초서와 같은 중세 작가들의 작품에 대한 현대 독자의 접근성에 좋지 않은 영향을 미친다.

어원을 따라 바뀐 철자들은 17세기 초 철자가 완전히 안정화되기 바로

5) 중세영어말기에 /r/ 앞에 오는 /e/는 /ɑ/가 되었고 나중에 /ɑ:/가 되었다. 이 변화를 겪었던 단어들은 몇 세기 동안 <er> 또는 <ar>로 철자화되었는데 아마도 두 가지 발음이 다 가능했었던 것으로 보인다. 17세기에는 대부분의 단어에서 한 가지 철자로 고정되면서(예외에 대해서는 5장을 참조할 것) 이때 철자에 따라 발음되었다. 분명하게 라틴어 어원이라고 판단되는 단어들은 주로 <er> /ɜ:/로 고정되었고(예: certain(확실한), merchant(상인), perfect(완벽한), servant(하인)) 앵글로 색슨 고유의 어휘들은 <ar> /ɑ:/(예: dark(어두운), far(먼), star(별), yard(마당)로 고정되었다. 그러나 <er>이면서 /ɑ:/ 발음인 경우도 있다(예: 현대 영국영어 Berkshire(버크셔), clerk(서기), Derby(더비), sergeant(하사관)).

6) 이 장에서 인용된 중세영어 형태들은 다른 언급이 없는 한 15세기 초 최고의 필경사들이 사용한 형태들이다.

직전에 완성되었다. 따라서 라틴어에 대한 지나치게 열정적인 존경이 식으면서 현학적인 철자 또한 사라지기에는 시간이 너무 없었다. 반면, 철자의 고정화와 함께 읽고 쓰는 능력이 널리 보급되면서 발음과 기호를 함께 표기할 새로운 방법들이 제안되었다.

단어의 철자가 고정화되면 될수록 철자를 발음에 대한 확인 수단으로 삼기 위한 잠재력은 더 커질 것이라는 것은 명백하다. 현대영어 화자들이 기록된 단어 형태를 더 잘 인식함에 따라 철자대로 발음하기(spelling-pronunciation)가 더 많이 이루어졌다. 그러므로 지금까지 예로 들은 단어들은 모두 새로 바뀐 철자에 근거한 발음을 가지게 되었고 중세시기의 형태와 현대영어에서의 형태 사이에는 차이가 더욱 커지게 되었다.

철자대로 발음하기는 하루 아침에 이루어진 것은 아니다. 그리고 철자의 변화가 상대적으로 크지 않은 경우에는 철자대로 발음하기 과정이 완성되는 데 수 세기가 걸리는 경우도 있었다. 존슨은 1755년에 출간한 자신의 사전에 fault(ME faute, 실책, 15세기에 다시 재철자됨)를 수록하고 '<l>은 발음이 되기도 하고 발음되지 않기도 한다.'라고 설명했다. 어원에 입각한 schedule(ME cedule, 일정 /sedjul/로 발음됨)은 점차 철자를 반영한 두 개의 다른 발음을 갖게 되었다. 하나는 미국영어에서 scheme(계획)과 school(학교)의 발음을 따른 /sk-/로서 이는 노아 웹스터(Noah Webster)가 1828년 자신의 미국영어 사전에서 주장한 발음이었기 때문이다. 또 다른 하나는 영국영어에서의 /ʃ/ 발음이며, 이는 meerschaum(해포석)과 schnapps(네덜란드 진)와 같은 18세기 독일어 차용어들의 발음에서 왔다.

nephew(ME nevew, 조카)는 역사적으로는 어중 /v/ 자음을 갖고 있었는데 현대영어 발음에서는 /nefju/로 바뀌는 과정에 있다. 왜냐하면 <ph>

철자는 일반적으로 /f/ 발음을 갖고 있기 때문이다. 어떤 단어들은 아직 철자대로 발음하기에 일치하지 않는다. 가령 choler(성마른), debt(빚), doubt(의심), receipt(영수증), salmon(연어), sceptre(미국영어 철자 scepter, 왕권을 상징하는 홀), victuals(음식물) 등의 단어는 묵음을 가지고 있어 발음은 오히려 중세영어 철자인 colore, dette, doute, receite, samon, ceptre, vitailes에 가깝다. victuals과 같은 좀 더 문어체 성향의 단어들은 이제 종종 철자대로 발음하기에 가까운 발음으로 들리고 있고, 이러한 발음을 무식한 것으로 경멸한다 해도 궁극적으로는 보편적으로 받아들여지게 되는 것을 아마도 막지 못할 것이다. 이런 비난은 아마도 과거에는 /kæptɪv/, /kɔ:ps/ 그리고 /θroʊn/에 대해서도 마찬가지로 있었을 것이다.

2장에서 이미 지적한 것처럼 14세기말이 되면서 문어체 언어에 중요한 변화가 일어났다. 글을 쓰고 읽는 능력이 보다 저렴한 필기도구들의 등장과 함께 갑자기 더 널리 퍼지게 된 것이다. 초기에는 양피지는 비싸고 왁스판은 다루기가 어려웠던 반면에, 교회는 쉽게 교육과 필기에 대한 통제권을 유지할 수 있었다. 그러나 종이의 등장과 함께 대중교육은 더 쉬워지고 바람직한 것이 되었다. 15세기가 되면서 개인적으로 글을 읽는 것이 공개적인 낭송을 대체하게 되었고 결과적으로 책에 대한 수요가 증가했으며 결국은 인쇄술의 발전을 가져오게 되었다.

중세 사람들이 서표를 가지고 단어를 손으로 짚어가며 큰 소리로 읽는 일을 하지 않고 개인적인 교양과 만족을 위해 조용히 책을 읽는 쪽으로 방향을 바꾸어 감에 따라, 관심은 개별 문자가 나타내는 말소리보다는 하나의 단위로서 필기된 단어들에 좀 더 집중을 하게 되었다. 말로 하는 단어와는 반대인 글로 적힌 단어들의 함축적인 의미가 증가했다. 르네상스 시기 과거의 고전들에 강조를 두었던 상황을 고려할 때 작가들이 영어 단어들을 관련 있는 라틴어 단어들과 시각적으로 연관 지으면서 연관관계를 확장하려고 했던 것은 불가피한 과정이었다. 게다가 고전 라틴어의 철자가 고정된 반면 영어의 철자는 아직도 비교적 안정되지 못했다는 사실에도 영향을 받았을 것이다. 라틴어 철자는 내구성을 가지고 있다는 인상을 자국어인 영어에 주었다.

어원에 맞게 철자 바꾸기는 15세기에서 17세기까지 계속되었고 16세기 초반에 정점에 올라있었다. 바뀐 철자 중 많은 경우는 짧게 쓰이다 사라졌고 그 이후 완전히 버려졌다. 예를 들어 학문적인 철자인 sanct(라틴어 sanctus, 성인)은 영국에서 16세기에 잠깐 유행이 되었었고 스코틀랜드에서는 이보다 좀 더 오래 사용이 되었지만 saint와 초기 형태 seint가 오히려 더 강한 형태로 살아남았다. 반면 fantasy(환상)는 그리스어에서 왔다는 것을 알리기 위해 어원학자들에 의해 phantasy로 대체되었고 19세기까지도 살아남았지만 19세기에 보다 단순한 철자인 <f>로 바뀌었다. 현재는 phantasy라는 철자는 더 이상 남아있지 않겠지만, 오늘날 출판사에서 사용하는 스타일 안내서인 『저자와 출판업자 사전(The Authors' and Printers' Dictionary)』은 <ph->가 아니라는 설명을 단어에 첨가하고 있어 이는 편집자의 입장에서 볼 때 많은 사람이 아직도 이 철자에 머뭇거리고 있는다는 것을 보여준다.

어원에 따라 철자를 개혁하고자 하는 열정은 가끔 해당 단어의 라틴어 역사를 잘 알지 못하는 경우에 길을 잃고 헤매이게 했다. scissors(ME sisoures, 가위)와 scythe(ME sithe, 큰 낫)은 라틴어 scindere '자르다'와 관련이 있을 거라는 추측 때문에 원래는 없었던 <c>가 첨가되었다. 사실 scissors는 라틴어 cisorium '자르는 도구'에서부터 온 것이고 scythe는 게르만 어휘인 고대영어 siðe에서 온 것이다.

island(ME yland, 섬)의 경우 isle(섬, 복도)와 관련시켜 <s>가 첨가되었는데 isle은 프랑스 차용어로 원래 라틴어 insula에서 유래된 단어다. 프랑스어에서 지금 사용되는 île 철자가 중세영어에 처음 차용되었으나, 16세기에 라틴어를 추종하는 학자들이 몇 세기 전에 발음이 안 되었지만 해당 발음을 나타냈던 <s>를 찾아 다시 철자에 첨가했다. 마찬가지 과정을 island에도 적용했는데 불행히도 island는 차용어가 아니라 고유의 어휘(OE ieȝland)였고 섬 지역을 표현하기 위한 land(육지)라는 단어가 들어있는 유의어복합어로 지금도 지명에 많이 남아있다. 예: Sheppey(sheep-island, 양들의 섬), Lindsey(the island of Lindon, Lindon의 섬, Lindon은 Lincoln의 옛 이름).

고쳐진 철자들은 많은 경우에 이처럼 잘못된 유추로 인해 만들어졌다. 고대프랑스어의 접두사 ɑ-는 라틴어 접두사 ad-에서 나온 것인데 이 사실은 중세영어 aventure, avice에서 정확하게 파악되어 철자에 <d>를 회복시켰고 현재 adventure(모험) advice(조언하다)가 되었다. 철자 <d>는 advance(ME avauncen, 전진)와 advantage(ME avauntage, 장점)에도 첨가되었지만 사실 이 두 단어는 라틴어 접두사 ab-를 가지는 단어들이었다. admiral(ME amyrel, 제독)에도 <d>가 첨가되었는데 이는 아라비아어 amir(현대영어의 emir(통치자)도 같은 단어에서 유래됨)에서 온 단어이다. 중세영어 <-au->는 16세기 때 많은 단어에서 <-al-> 또는 <-aul->로 바뀌었는데 이 또한 라틴어 조상을 참조했다(예: balm(연고 크림)과 cauldron(가마솥)은 라틴어 balsamum[7]와 caldarium에서 유래된 단어임). 이 때문에 중세영어 emeraude는 emerald로 바뀌었는데 원래 중세영어가 차용했던 라틴어 samaradus(궁극적으로는 그리스어)에는 <l>이 없었다.[8]

7) 이 단어와 이중형태인 balsam(발삼)은 16세기 차용어이다.

anchor(ME ancre, 닻)에는 <h>가 첨가되었는데 이는 choler(ME colere, 담즙)와 echo(ME ekko, 메아리)처럼 그 기원이 그리스어일 것이라는 추측에 근거했다.9) 또한 기원이 되는 단어에는 없는 <h>가 author(ME auctor, 저자)와 anthem(ME anteme, 노래)에 첨가되었다. <h>는 apothecary(ME apotecarie, 약제상)와 theatre(ME tealtre, 극장)와 함께 <θ>을 가진 그리스어에서부터 파생되었을 것이라는 추측으로 첨가된 것이다.

바뀐 철자를 가진 어휘들은 철자로 인해 발음이 바뀐다 해도 즉각적으로 발음을 바꾸지 않는다는 사실로 인해 영어에는 수많은 발음-철자 사이의 변칙성을 가져왔고, 거짓 어원에 기반한 또 다른 변화로의 길을 닦았다. 어원에 입각한 철자인 thyme(백리향)과 Thomas(토마스, 사람의 이름) 발음에서는 /t-/(ME tyme와 비교)를 그대로 가지고 있는데, 이 발음은 Anthony(안토니)나 Thames(템스)에 있는 <th> 철자가 나타내는 것과 같은 발음임을 보여준다. 어두에서의 <h>는 많은 단어에서 기식음 특성을 잃어버렸기 때문에 어원에도 없는 <h>가 hermit(숨어사는 사람)과 hostage(인질)에 첨가되었다. 물론 다른 <h>를 가지고 있는 많은 단어처럼 현대영어에서는 조심스럽게 발음되는 경우 /h/가 발음되기는 한다.

어원사전에 의지하지 않고는, dumb(ME dumb, 멍청한)의 어원에 있던 <b>와 crumb(빵 부스러기)의 어원에 없던 <b>를 구별할 수 있는 오늘날 영어 화자는 거의 없다. 마찬가지로 어원에 맞지 않는 scent(향)의 어원에

---

8) 이 단어에 첨가된 <l>은 간혹 16세기에 있었던 스페인어(스페인어 esmeralda)의 영향 때문으로 여겨지는데, 이는 이 시기에 스페인과의 접촉이 잦았기 때문이다. 그러나 똑같은 변화를 겪은 수많은 단어와의 유추작용이 더욱 그럴 듯한 설명인 것 같다.

9) anchor(운둔자의 뜻)에서는 <h>가 기원에 맞는 철자이다. '매어둔다'는 의미를 은둔자의 은신처에 의미상 연관시킴으로써 anchor(닻의 뜻)에 어원에 없는 철자 <h>를 넣도록 하였을 것 같다.

없던 <c>와 scene(장면)과 science(과학)의 원래 어원에 있던 <c>도 구별할 수 없을 것이다. 16세기에 crumb에 <b>를, 17세기에 scent에 <c>를 첨가한 작가들에게는 그들을 제대로 이끌어 주는 어원사전이 없었고, 따라서 이러한 그들의 실수는 이해됨직 하다.

유추로 인한 변화는 언어의 다른 측면에서와 마찬가지로 철자에 있어서도 자연스럽고 불가피한 현상이며, 유추변화는 영어 철자의 역사에 있어서 모든 시기에 다 일어났다. son(아들)과 같은 단어들에서 <u> 대신 <o>를 쓰고 mice(쥐의 복수형)에서 <s> 대신 <c>를 사용하는 것들은 모두 유추에 입각한 철자들이다. 이들은 비록 다른 언어에 있었던 철자관습이 영어와 접촉하면서 들어오게 된 결과이긴 하지만, 이처럼 서로 다른 언어의 상호 교류는 유추변화의 필요조건이 아니다.

르네상스시기에 있었던 대부분의 유추변화는 어원 원칙에 입각한 변화에 근거를 두고 있었다. 그중 일부는 음소가 합쳐지는 현상에서 비롯한다. 이 음소의 융합은 하나의 음소가 두 개로 구현되어 각각의 다른 단어들의 전통적인 철자에 다른 방법으로 표현되도록 만들었다. 이 경우는 어린이들이 site(장소)의 불연속의 철자에 근거하여 night(밤)의 이중모음 /aɪ/를 나타내기 위해 *nite라고 철자를 쓰는데 사용하는 것과 같은 방법의 유추 현상이다.

16세기에는 should(조동사 shall의 과거형)와 would(조동사 will의 과거형)에서 /l/의 발음이 상실되었지만(아마도 위치로 인해 문장 내에서 강세를 잃어버렸기 때문으로 추측됨) 이 <l> 철자를 보존된 상징으로 유추적 확장하여 원래 <l>이 없었던 could(원 형태는 coude)에 첨가하였다. 이 세 가지 동사는 모두 고대영어에서 온 단어로 should와 would에서는 역사적으로 올바른 <l>을 가지고 있지만 could(조동사 can의 과거형, OE cuðe)에서는 근거가 없는 <l>이 첨가된 경우이다.

중세영어시기에 남부 방언에서는 /w/와 /ʍ/가 합쳐졌을 때, 당시 많은 필경사가 <w>와 <wh> 철자를 병행해서 사용하고 있었다. 고대영어에서 /ʍ/ 발음을 가지고 있던 단어들에서는 주로 <wh> 철자가 살아남은 반면, whelk(OE weoloc, 식용조개)에서는 원래 발음과는 다른 철자가 살아남았다. 발음에서의 또 다른 변화로 인해 /ʍ/의 순음 특성은 /u:/(철자로는 <o>로 표기됨) 앞에서 상실되었고 /h/ 발음에 해당하는 <wh>가 who(누구), whose(누구의), whom(누구를)과 같은 단어에 남겨져 있다. 그로 인해 15세기부터 17세기에는 원래 /o/ 모음 앞에 있던 <h->철자도 <wh-> 철자로 바뀌게 되어 home(집), hot(뜨거운), hood(옷에 달린 모자), hoard (저장고)의 철자가 whom, whote, whood, whoord로 사용되기도 했다. 이들 중 whore(OE hore, 매춘부)와 whole(OE hole, 전체)에서는 <w> 철자가 발음에는 영향을 미치지 않은 채 살아남았다. whoop(함성)은 일반적으로 /hu:p/으로 발음되는데 이 또한 같은 움직임으로 인한 결과이다.

어원에 없던 <w>를 가진 이 세 단어, 즉 whore, whole, whoop이 hoar (백발), hole(구멍), 그리고 hoop(굴렁쇠)의 동음이의어를 가지게 된 것은 아마도 의미심장하다. 학교 교사들이 쓴 글 등 16세기 말부터 영어로 쓴 글들이 많아졌는데, 이들의 기록물은 동음이의어가 철자까지 동일하게 되는 경우들을 없애기 위해 끊임없이 노력했다는 것을 보여준다.

영어에서 고정된 변칙적인 많은 철자는 문어체 언어에서 가능한 모호함을 없애고자 하는 욕구에서부터 시작되었다. 단어의 철자에 대한 이러한 의식은 당시 어원에 근거를 둔 개혁철자의 핵심이었다. 16세기가 진행됨에 따라 철자의 중요성에 대한 공감대가 증가되었는데, 이는 영어라는 언어 체계 안에서 함께 기능을 하는 언어들—프랑스어, 라틴어, 그리고 영어—에서 사용하는 여러 관습과 더불어 라틴어 철자들이 만들어낸 발음-철자 사이의 증가된 이분법(대부분의 경우에 약간 뒤늦게 철자대로 발음하기가 이루어졌다)으로 인하여 철자법의 전체 상황에 대한 의문을 품게 될 때까지 계속되었다.

따라서 르네상스는 영어 철자에 있어서 두 가지 개혁적인 변화의 흐름을 가져왔다. 특히 15세기와 16세기에 있었던 어원에 입각한 철자개혁과 16세기 중반에서 시작되어 끊이지 않고 지금까지도 계속되고 있는 음소에 입각한 철자개혁을 탄생시켰다. 음소적인 기반에 입각하여 철자를 고치려는 압박은 철자가 안정되기 전부터 시작되었고 오늘날 우리가 알고 있는 형태로 완성되었다.

영어의 음소 철자개혁의 역사는 다음 장인 6장에서 보다 자세하게 다루어진다. 그러나 17세기에 이루어졌던 현대 철자 관습의 고정화라는 마지막 단계를 이해하기 위해서 16세기에 있었던 개혁의 시작에 대한 내용을 여기서 이야기할 필요가 있다. 철자개혁에 대한 논쟁은 대학에서부터 시작되었는데 저명한 캠브리지대학교 교수였던 토마스 스미스 경(Sir Thomas Smith)은 1568년 인쇄된 한 책(『대화를 필기하는 영어의 옳은 수정에 대해(De recta et emedata linguœ anglicœ scriptione dialogus, etc. (Of right and amended English language writing dialogue, etc.)』)에서 철자의 일관성을 유지하는 것을 찬성하는 첫 번째 상세한 논쟁을 펼쳤다. 스미스의 책은 저자의 고전에 대한 명성에 걸맞게 라틴어로 저술되었다.

철자개혁 운동에서 첫 번째 단계로 부상하였던 철자법 문제에 대한 논리적인 논의에 있어 진지한 시도 가운데 마지막이었던 1619년에 출간된 알렉산더 길(Alexander Gil)의 저서 『영어의 논리(Logonomia Anglica)』 또한 라틴어로 저술되어있었다.

1568년과 1619년 사이 다른 저자들은 영어를 사용해서 책을 출간했는데 가장 중요한 두 책은 존 하트(John Hart)의 『철자(An Orhographie)』(1569)와 리처드 멀캐스터(Richard Mulcaster)의 『초급문법 첫 권(The First Part of the Elementarie)』(1582)이다. 하트는 영어를 다룬 훌륭한 음성학자 중 한 사람이므로 그의 책은 의미가 있다. 그의 개혁은 엄격한 음성법칙에 기반을 두고 있었다. 물론 그는 전통적인 철자 관습이 어원을 알려주고 동음이의어를 구분해주는 이점을 갖고 있다는 것도 잘 알고 있었다.

멀캐스터의 두드러진 특징은 그의 책은 개혁에 반대되는 경우들을 잘 정렬시키려는 첫 번째 시도였다는 것과 이제 우리가 살펴볼 예정이지만 철자가 안정적이어야 한다는 점에 대해서 개혁론자들만큼이나 관심을 기울이고 있었다는 사실에 있다. 스미스와 하트의 책에서 전통적인 철자로 굳어진 음소 철자를 선호하는 거의 모든 논쟁을 발견할 수 있는 반면에, 당시의 전통적 철자 보존에 대한 관습적인 간청이 이루어진 것은 바로 멀캐스터의 응답에서였다. 어떤 현대 비평론자[10)]에 의하면 개혁된 철자 체계가 가장 성공적으로 받아들여진 것은 길이 1619년에 출판한 책에서부터 시작되었다 할지라도, 멀캐스터에서 전조가 보인 것처럼 이제 개혁 철자의 움직임이 쇠퇴하기 시작했고 따라서 철자문제에 집중되었던 열기는 17세기가 되면서 다른 방향으로 움직이기 시작했다.

이후에도 마찬가지지만 16세기의 개혁 제안에 대한 많은 관심은 학교 교사들이 영어의 철자 관습에 대해 설명할 때마다 갈피를 잡지 못할 정도로 다양한 내용을 교육시키는 과정에서 생기는 실질적인 어려움을 해결하고자 하는 것에서 비롯되었다. 그리고 멀캐스터가 철자개혁에 관여하

10) 돕슨(E.J. Dobson) 교수.

게 된 것도 바로 교사였기 때문이었다.

그러나 멀캐스터는 평범한 교사는 아니었다. 상인 테일러의 학교(Merchant Taylor's School)에서 교사 주임을 했고 나중에 성 바오로 학교(St. Paul's School, 학생 중에는 에드먼드 스펜서(Edmund Spenser)가 있었다(역주: 스펜서는 『요정여왕(The Faerie Queene)』이라는 서사시로 잘 알려진 영국의 시인이다)에서 선임교사를 하면서 그는 당대에 가장 유명한 교육자가 되었다(이로 인해 나중에 『사랑의 헛수고(Love's Labour's Lost)』(역주: 셰익스피어의 희곡) 작품에서 홀로페르네스(Holofernes)라는 등장인물을 통해 풍자화 되기도 했다).

개혁 운동의 방향에 미친 멀캐스터의 영향력은 교육계에서의 탁월한 존재감에 비례한다. 철자에 대한 그의 책은 '쓰기라는 정부에서 유일한 통치자이며 가장 확신에 찬 지도자인 소리에 호소하는 것(theie appeall to sound, as the onelie souerain, and surest leader in the gouernment of writing)'이라고 말함으로써 음성학자들에게 답을 주었다. 소리와 더불어 이성과 관습이라고 그가 부르는 것들도 함께 설명하고 싶었던 것이다. 멀캐스터의 '이성'은 영어 체계 안에서, 그리고 다른 유럽의 언어들과의 유추를 포함하며, 가령 어말의 <l> 글자를 중복시키는 장식적인 효과처럼 필기했을 때의 모습에 대한 고려도 함께 포함하는 것이었다. '관습'은 구어체 언어에서 볼 수 있는 잦은 변화를 문어체 언어에서는 피하려는 과정에서 만들어지는 전통적인 철자를 말한다.

멀캐스터는 자신의 철자가 '흔한 철자, 그러나 정확함이 흔한 것보다 우선되는 철자'(서문)라고 말하고 있다. 다시 말해 그는 당대에 사용되고 있는 철자를 기꺼이 받아들이지만, 철자 이형들이 나타날 때마다 하나로 고정시키는 데 관심이 있었다. 특히 중요한 것은 책의 말미에 나온 진심

어린 호소(*cri de coeur*)였다. 그는 철자와 용법에 대해 권위를 발휘할 수 있는 종합적인 영어사전을 만들 것을 요구했다. 15세기 이후 라틴어와 다른 유럽의 언어들에서 온 단어들을 영어로 설명하기 위한 사전들은 이미 있었고 또한 영어를 프랑스어로 설명하는 사전들도 있었다. 그러나 영어 단어를 영어로 설명하는 사전의 필요성을 말한 사람은 아무도 없었다.

멀캐스터는 비록 참고할만한 책에 대한 준비 작업이 이루어지는 것을 보지 못하고 죽었지만 과도기적 노력으로 자신의 책 후반 50쪽을 많은 단어의 추천 철자를 알파벳 순서로 정리한 목록에 할애했다. 그는 전체 관습 체계를 고려하여 음소 철자에 가장 근접하며 당시에 사용되는 형태를 선호함으로써 음소적인 표기 방법의 원칙('왜냐하면 글자들은 소리를 표기하기 위해 만들어졌기 때문이다(bycause the letters were inuented to expresse sounds)')을 전통적인 철자에 융합시키려고 애썼다.

이러한 그의 노력은 자주 발음과 타협을 해야만 했었는데 왜냐하면 그의 표현에 의하면 관습은 심할 정도로 비음소적인 철자를 좋아하기 때문이었다(예를 들어 honest는 원 단어가 잘 알려져 있기 때문에(the originall be well known) 채택되었다). 그러나 그는 구어체 언어와 문어체 언어를 가깝게 정렬하는 것이 바람직하다는 것을 알고 있었다. 그래서 간혹 철자를 개선시키기도 했는데 가령 어말에 중복자음을 갖고 있는 경우 하나로 단순화하자는 제안을 했다. 예: putt, grubb, ledd 대신에 put(놓다), grub(찾다), led(lead 이끌다의 과거, 과거분사형)의 사용. 모음의 길이를 알려주기 위해 어말 묵음 <e>을 규칙적으로 사용하자는 제안도 처음으로 했었던 것 같다.

또한 일부 잘못된 어원철자를 고칠 것도 제안했다. 가령 abominable(끔

찍한)은 ab-omen-에서 유래된 것이 맞으며 abhominable에서 유래되었다고 보는 것은 두 번째 요소가 라틴어의 homo(인간의)라고 잘못 추측한 데서 나왔다는 것이다. 그가 추천한 철자로 된 많은 단어와 함께 그가 제안한 철자 변화는 그의 사후에도 오랫동안 완전히 받아들여지지는 않았다. 예를 들면 셰익스피어의 첫 번째 작품집 『퍼스트 폴리오(First Folio)』는 『초급문법 첫 권』이 출판된 지 40년 후에 출판되었는데 거기서 abhominable은 18번 사용되고 있지만 abominable은 한 번도 사용되고 있지 않다.

『초급문법 첫 권』에서 멀캐스터는 현존하는 관습들을 성문화하였고 이들 철자법을 배우는 데 필요한 규칙을 만들었다. 초기 개혁 움직임으로 나온 이 책은 전통적인 철자법의 완벽한 습득을 단순화하려는 17세기에 이루어진 첫 시도를 나타낸다. 철자가 말과 밀접하게 관련됨으로써 향상될 수 없다면, 적어도 철자를 가르치려면 각각의 단어들이 항상 같은 철자로 쓰여야한다는 것을 확신하게 만들었다. 멀캐스터가 추천한 철자 목록은 철자를 참고하는데 사용할 권위적인 작품을 준비하기 위한 첫 번째 발걸음이었다. 그리고 영어철자의 고정화는 과학적인 근거를 가지고 철자를 개혁하고자 하는 모든 사람의 노력보다 『초급문법 첫 권』에 더 큰 영향을 받았다.

멀캐스터의 책은 교육을 하는 학교 교사들을 교육시키기 위해 만들어진 학문적 작품이다. 그리고 교실에서도 사용할 수 있는 실용적인 가치를 많이 가지고 있긴 하지만 학생들에게 유용할 것이라고 기대하기는 어렵다. 교육에 관한 교재이지 단순한 학습 안내서는 아니다. 그러나 교육적인 규칙 안에서 그 내용을 잘 흡수한다면 교실에서 사용할 수 있는 연습교재를 만들어낼 수도 있는 책이다.

그런 중개인이 바로 에드먼드 쿠테(Edmond Coote)였다. 그는 자신이 쓴 책 『영어교사(The English Schoole-maister)』의 표지에서 볼 수 있는 것처럼 버리의 성 에드먼드 학교(Bury St. Edmunds)의 공립학교 교사였다. 이 책은 1596년 처음 출판되었는데 오랜 시간 동안 큰 인기를 누렸다. 1737년까지 54판이 발간되었다는 기록이 남아있을 정도였다. 멀캐스터의 이론은 이 책에서 실질적으로 잘 적용되어있지만 그 어느 곳에서도 멀캐스터의 업적에 신세진 것을 인정하지 않았다. 스미스와 하트의 보다 극단적인 제안에 대한 거부감은 간결하지만 견고했다(개혁을 하고자 하는 의도는 우리에게 없다(it lieth not in vs to reforme)).

책의 대부분에서 교사와 학생 사이에 대화 형식을 사용함으로써 스미스를 충분히 연상시키고 있어 쿠테가 스미스의 책을 잘 알고 있다는 것을 보여주지만 '문자들의 발음'에 대한 정보는 배제되어있다. 쿠테는 그 이유를 이 주제가 '전에 다른 사람에 의해 충분히 그리고 학문적으로 다루어졌기 때문'이라고 했는데 아마도 정음학자 중 한 사람[11]이나 혹은 멀캐스터를 지칭하는 것일 수도 있다. 제목에도 불구하고 이 책은 학교 교사 업무 중 읽기와 쓰기를 가르치는 것 외에 다른 부분에 대한 이야기는 없다. 이 책은 17세기 동안 철자책, 혹은 학습 보조교재가 홍수처럼 쏟아져 나올 때의 첫 책이었고 철자의 최종적인 고정화에 상당한 영향을 미쳤다. 쿠테의 영향에 대한 자세한 내용은 다음 장에 나와 있다. 그러나 그 부분을 이해하기 전에 영어철자를 이루고 있는 짜임 중 한 가닥을 살펴보아야만 한다.

쿠테의 책이 인기를 누리고 있는 동안 영어의 철자는 오늘날 우리가

11) 발음에 대한 관심은 초기의 철자개혁론자들에게는 공통된 것이었기에 정음학자들(orthoepist)이라는 이름을 얻게 되었다.

알고 있는 그 형태로 고정되었다. 멀캐스터와 쿠테와 같은 학교 교사들이 이 최종 고정화에 중요한 역할을 담당했지만, 결국 영어에서 철자의 변화에 대해 최종적인 책임은 바로 인쇄공에게 있다. 철자개혁에 대한 학문적인 고려와 학교 교사들의 교육적 관심은 수 세기 동안 철자에 대한 수많은 책을 만들어냈다. 이 책들은 하트의 거창한 이상주의에서부터 쿠테의 기본적인 실용주의에 이르기까지 광범위한 영역을 포함하고 있지만 이제는 출처를 거의 밝히지도 않은 채 철자 형태를 선택하는 인쇄공들의 손에 넘어가 그 진로를 따라갈 수밖에 없게 되었다. 이 진로에 대한 이야기, 인쇄공들이 철자를 택한 이유에 대한 이야기를 5장에서 다룬다.

5장 인쇄기의 파워

The power of the press

15세기 초에 운영되었던 최고의 필사본 문헌을 팔던 가게에서 제작된 작품들을 살펴보면 전문 필경사들, 즉 대서인 중개무역을 따라 다니는 사람들이 이미 철자에 있어서 상당한 규모로 일관성을 확보했었음을 보여준다. 1430년 공문서 보관소에서 필경사들이 영어를 공식적인 문서 언어로 채택하면서 대서인들에게는 권위적인 기준이 부여되었다. 15세기를 지내면서 보편적으로 고정된 철자체계가 나오기 시작했고 영어의 철자체계가 안정되면서 널리 쓰이기 시작했다.

그러나 이러한 일관된 철자의 보급은 아마도 윌리엄 캑스턴(William Caxton)에 의해서 도움을 받았을 것으로 보인다. 캑스턴은 1476년 웨스트민스터에서 레드 페일(Red Pale)이라는 상호를 걸고 최초의 영어 인쇄소를 세웠다. 초기에는 인쇄술은 철자의 통일을 향해 가는 움직임에 대한 방해물로 입증되었다. 15세기 말 영국에서 출판된 초기에 인쇄된 책들은 당시 유럽 대륙에서 인쇄된 책들(당시 유럽에서 인쇄된 책들은 영국에서도 많이 구할 수 있었는데 영어가 아닌 다른 언어로 된 책들이었다)이나 조심스럽게 필사를 한 책들과 비교를 하면 조잡한 상태였다.

필사본과 비교했을 때 인쇄된 책이 갖는 주된 장점은 가격이 저렴했다는 점과 갑자기 늘어난 수요에 따라 아주 빠르게 공급을 할 수 있었다는 점이다. 게다가 처음에는 초기 활자 세팅을 했을 때 인쇄할 수 있는 책의 숫자가 현대적인 기준으로 봐서는 적은 숫자였고 인쇄를 하는 동안 사소한 종류의 (철자 변화를 포함해서) 변경이 이루어지긴 하지만, 인쇄된 책은 안정적인 철자가 널리 보급할 수 있는 가능성을 가지고 있었다. 그 가능성은 한 사람의 필경사나 혹은 좀 더 많은 대서인이 함께 만들어내는 필사본보다 훨씬 더 컸다. 물론 인쇄소마다 어떤 스타일을 사용하느냐에 따라 달렸는데 이 또한 필사본을 파는 가게와 마찬가지였다. 결국 초기에 인쇄된 책들의 철자는 대부분 비규칙적이었다. 인쇄소들은 전문적인 필경사들이 철자를 고정화하려는 움직임을 격려하기보다는 사실상 철자에서 일치성이 없기를 더 권장했다.

역사적으로 영어 철자의 체계화가 결실을 맺은 시기가 있었다고 한다면 이제와 생각해보면 그 시기는 바로 인쇄술이 도입된 이 시기였을지도 모른다. 그러나 당시의 사람들은 엉성한 새로운 기계장치의 잠재력을 깨닫는데 실패했다는 비난을 받지는 않을 것이다. 어떤 경우에도 캑스턴이든 혹은 다른 성공적인 초기의 인쇄공들이든 언어학적인 개혁의 역할을 맡기에는 배경에 있어서나 혹은 겉으로 보기에도 적절하지 않아 보였기 때문이다.

캑스턴은 영국에서 태어났고 1430년대까지 초등교육을 받았지만 영국의 포목상으로 베네룩스 지역에서 대부분의 시간을 보냈다. 섬유업계에서는 돈을 많이 벌었으니 그는 분명히 똑똑한 상인이었을 것이다. 그러다가 그는 말년에, 아마도 50대가 되었을 때 책과 인쇄술의 무역업으로서의 잠재력에 대해 깨달았다. 그의 경영으로 인쇄술은 상업적으로 큰 성공을 거두었고 다른 많은 경쟁자는 그렇지 못했다. 그가 만든 레드 페일은 일차적으로는 서점이었고, 인쇄기는 그곳의 부속물이었으나 이를 통해 잘 팔리는 책의 사본을 대량 공급함으로써 필사본 가게의 사본 가격보다 경쟁력을 가질 수 있었다.

수입된 인쇄기를 작동하면서 캑스턴은 외국에서 데려온 식자공을 쓸 수밖에 없었는데 영국의 잘 훈련된 필경사들과는 달리 이들은 활자를 심을 때 철자를 규칙화할 능력이 없었다. 캑스턴 자신도 좋은 필사본을 택하거나 혹은 식자공들을 관리하는 데 있어서 별다른 신경을 쓰지 않은 것으로 보인다. 게다가 외국에서 오랜 세월을 보냈기에 15세기에 고국에서 있었던 철자의 변화는 잘 알지 못했다. 세세한 내용을 안다하더라도 아마도 그의 철자는 15세기 초 어렸을 때 배웠던 철자 유형들을 반영하고 있다.

[그림 2]는 캑스턴의 작품 중 하나인데 1477년 출판된 『제이슨의 역사(The Historie of Jason)』라는 그의 번역본에 써 넣은 서문의 첫 페이지이다. 여기서는 전형적으로 /v/ 발음에 대해 <u>가 규칙적으로 쓰이고 있고(반면 1477년 대서인들은 적어도 어중에서는 /v/ 발음을 <v>로 표기하고 있다), <ea>는 사용하고 있지 않다. 예: rehersed, grete, dradde(역주: 현대 영어는 rehearsed(연습을 한), great(위대한), dread(두려워하다)로 철자화됨). 개별 단어에서의 철자의 일관성은 당시 런던 최고의 필경사들에게서는 이미 달성되었지만 그의 작품에서는 결여되어있다. [그림 2]에서도 제한적이나마 그 예를 볼 수 있는데 hye, hyghe(high 높은), which whyche (which, 의문대명사), twochyng, touchyng(touching, 만지는), hadde, had (had, have 소유하다의 과거형), saide sayd sayde(said, say 말하다의 과거형)이 있다.

프랑스어나 네덜란드어, 라틴어로 된 작품을 많이 번역하면서 캑스턴은 원저에 사용된 언어들의 영향을 많이 받은 것으로 보인다. 네덜란드어의 철자 관습이 영어에 소개되어 지금까지 남아있게 만든 것 중 가장 평판이 나쁜 예는 ghost(혼령)에 나오는 /g/ 발음을 <gh>로 표기한 것이다. 원래 영어 단어는 15세기말까지도 gost 철자로 사용되고 있었다.1) 영어의 철자가 프랑스어와 라틴어의 철자 관습에 기인하게 된 것은 아마도 이들 언어로 된 작품들을 번역하면서 캑스턴에게 특별한 영향을 미쳤기 때문이라는 것을 입증하기는 거의 불가능하지만 예를 들어 네덜란드어를 영어로 번역한 작품 『여우 레이나드(Reynard the Fox)』(1481)를 보면 영어 같지 않은 모음 문자소들 가령 goed(good, 좋은), rock (rook, 떼까마귀), ruymen(make room, 공간을 만들다) 등이 발견된다.

1) 고대프랑스어 철자에서는 /ʤ/ 발음(현대 프랑스어는 /ʒ/)은 <a, o, u> 앞에서는 <i>(<j>)로, <e, i> 앞에서는 <g>로 표기된다. 이러한 방식은 프랑스어에서 차용된 단어들을 통해 영어에 도입되었고 지금까지도 살아남았다. 예를 들어 jacket(자켓), join(합류하다), July(7월), germ(보석), giant(거인)이 있다. 이로 인한 /g/ 발음에 대한 <g> 철자와의 혼동은 때때로 피해질 수 있었는데, <e>와 <i> 앞에서 <j>를 사용하거나(예: jet(제트) cf. get(얻다), jig(추가 달린 낚시 바늘) cf. gig(출연)) 혹은 /g/ 발음에 <gu>를 사용하는 프랑스어 철자 방식을 채택함으로써 가능했다. 16세기에는 /g/에 대한 철자로 <gu>가 지금보다 더 보편적으로 널리 쓰였다(예: guift(gift 선물), guirl(girl 소녀)). 일부 인쇄공은 캑스턴을 따랐는데, 그는 네덜란드와 오랜 시간 연결되어있었던 관계로 /g/ 발음에 대해서 <gh>를 아주 자주 사용하였다. 예: gherle 'girl(소녀)', ghoos 'goose(거위)', ghes 'geese(거위)'의 복수형, ghoot 'goat(염소)'. 16세기에 나온 책들은 자주 <gh>를 가지고 있는데, 현대 철자는 <gu>(ghess 'guess(추측하다)', ghest 'guest(손님))'이며, 옥스퍼드 영어사전은 ghuest까지도 등재하고 있다. 16세기에는 이탈리아의 문학작품과 친숙하게 되면서 이탈리아어에서 사용되는 철자 방식인 /g/ 발음이 <gh> 철자를 가지는데 여기서 기여를 했었을 수 있다. 영어에서는 단지 ghost(혼령), ghastly(섬뜩하게), gherkin(작은 오이)만 살아남았다.

FOr asmoche as late by the comaundement of the right
hye & noble princesse my right redoubted lady / My
lady Margarete by the grace of god Duchesse of Bour/
goyne Brabant &c. I translated a boke out of frensh in
to Englissh named Recuyel of the histories of Troye / in
whiche is comprehended how Troye was thries destroyed
And also the labours & histories of Saturnus. Tytan.
Jubyter Perseus and Hercules / & other moo therin Re/
hersed. But as to the historie of Jason / towchyng the con/
queste of the golden flese / myn auctor hath not sett it in his
boke. But breuely and the cause is for asmoche as he hadde
made before a boke of the hoole lyf of Jason. Whyche he pre/
sented vnto the noble Prynce in his dayes Philipp Duc
of Bourgoyne / And also the sayde boke shulde haue ben to
grete. if he had sett the saide historie in his boke. For it con/
teyneth thre bokes beside thistorie of Jason. Thenne for as
moche as this sayd boke is late newe made aparte of alle
thistories of the sayd Jason & the historie of him whiche
that Dares Frigius & Guido de columpnys wrote in the
begynnyng of their bokes / touchyng the conqueste of the
sayd golden flese. by occasion wherof grewe the cause of the
seconde destruccion of the sayd cite of Troye. is not sett in
the sayd boke of Recuyel of thistories of Troye / Therfore
vnder the proteccion & suffraunce of the most hyghe puis/
sant & xpen kyng. my most drad naturel liege Lord
Edward by the grace of god kyng of englond and of
Fraunce and lord of Irland / I entende to translate the
sayd boke of thistories of Jason. folowyng myn auctor
as nygh as I can or may not chaungyng the sentence. ne

[그림 2] 윌리엄 캑스턴이 1477년 번역하고 인쇄한 『제이슨의 역사(The Historie of Jason)』, 첫 페이지 역자 서문

캑스턴이 1491년 죽자 그의 인쇄기는 조수였던 윙컨 드 워드(Wynkyn

de Worde)가 물려받았다. 또 다른 캑스턴 동업자였던 리처드 핀선(Richard Pynson)과 함께 그는 2세대 인쇄공 중 가장 유명한 사람들이었다. 그러나 드 워드는 알자스 출신이었고 핀선은 노르망디 출신이어서 영어의 철자를 고정화하는 데는 그 어떤 공헌도 할 수 없었다. 다만 그들은 외국의 식자공들을 고용하기보다는 영국인을 고용하는데 한 발자국 나갔을 뿐이었다.

캑스턴과 그의 후예들은 필사 전통의 주류 밖에 있었고 초기에 인쇄된 책 중에서 가장 잘 알려진 용법조차 당시 전문적인 작가들의 철자에는 사용되지 않았다. 그러나 16세기가 되면서 대서인 직업이 인쇄공의 직업으로 교체되었고, 필사본 가게들이 사용하던 철자법들은 인쇄소에 이관되었으며 인쇄소에서 가장 잘 만들어진 작품들은 15세기와 16세기의 전문 필경사들의 철자를 반영하게 되었다. 간단한 예를 들어보면 문자소 <ea>의 사용이다. 이 문자소는 앵글로 노르만의 철자관습에서 공문서 보관소 영어로 도입된 것으로 15세기 후반에 필경사들에게는 점차 인기를 얻고 있었다. 초기 인쇄업자들의 책들에서는 거의 전혀 볼 수 없지만 1550년경이 되면서 한 세기 전에 문헌에서 볼 수 있었던 것과 마찬가지로 인쇄물에서도 이 문자소들이 발견된다.

1550년에서 1650년까지의 시기는 안정된 철자체계가 인쇄공들에 의해 보편적으로 받아들여졌다. 오늘날 사용하고 있는 철자체계와는 아주 약간의 차이만 있는 이 철자체계의 발전과 전파 속도는 느렸고 여러 가지 방법으로 모습이 드러나지 않기도 했다. 가장 중요한 것은 엘리자베스 1세(1558-1603) 통치시대에 나온 개인적인 기록물들에는 철자의 일관성이 없다는 점이다. 이는 당시의 인쇄본들의 상황을 반영하는 것이다. 엘리자베스시대 철자의 불규칙성은 자주 과장되어 부풀려진다. 의심할 여지없이 작가들마다 서로 다른 형태를 사용한 경우는 상당하지만 그러나 교육을 잘 받은 개인들의 철자는 개인적인 특성이 있다고 해도 그렇다고 해서 완전히 되는 대로 쓴 것은 아니었다. 일관성의 결여는 읽고 쓰기 능력이 어느 정도 보급되었음에도 불구하고 공립중학교(grammar school)의 교육이 주로 라틴어를 공부하는 것에 관심을 가졌고 따라서 영어를 읽고 쓰는 기본능력은 저마다 상당히 달랐다는 사실에 집중될지도 모른다. 공립중학교의 교사들은 1550년까지는 철자에 관한 한 중심적인 방향을 제공받지 못했었는데 이들에게는 영어교재가 없었고 또한 기준을 삼을 만한 철자적인 규범도 분명하지 않았기 때문이다.

16세기 후반에 인쇄업은 점점 확대되는 산업이었다. 많은 숫자의 인쇄소가 식자공들이 기술도 없이 그리고 철자의 완벽함에 대한 고려도 없이 식자를 한 저질의 자료들을 생산해냈다. 식자공들은 사본의 불규칙적인 철자를 그대로 따른 것으로 기대되거나 혹은 자신들이 스스로 실수를 함으로써 통일성이 더 없어지기도 했다. 캑스턴이나 동시대 사람들처럼 그들은 전문적인 필경사들을 데려다가 엄격하게 철자 훈련을 시키는 것에서 혜택을 얻지 못했다. 그러나 동시에 수준이 높은 인쇄공들은 자신들이 출판한 책에서 철자의 통일성을 기하려고 노력했고 인쇄소마다 독특한 스타일을 확립하고 식자공들을 같은 목표를 갖도록 훈련시켰다. 그들의 인쇄본을 살펴보면 아마도 대중적인 철자에 대한 공정한 평가를 할 수 있을 것이고 독자들은 1550년 이후로는 15세기에 볼 수 있었던 필사의 전통이 점진적으로 확대되어 결국 1650년경에는 철자가 마지막 고정단계에 다다르는 모습을 볼 수 있을 것이다.

인쇄공들이 철자를 고정하게 되자 개인적인 기록물에서의 철자에도 규범이 제공되었다. 1550년 이후에는 초등교육의 질이 점진적으로 향상되는 것을 발견할 수 있는데 이는 좀 더 안정적이고 규칙적인 철자가 개인적인 문서들에 반영되고 있다. 이 규칙성이 나타나기 전 16세기 중엽에 교육을 잘 받은 사람의 대표격인 인물은 바로 엘리자베스 여왕 자신이다. 여왕의 철자는 그녀가 남긴 여러 통의 편지에서 조사해볼 수 있다. 예를 들어 후계자인 제임스 1세, 당시에는 스코틀랜드의 제임스 6세에게 보낸 여러 통의 편지가 있다. 여왕은 천성적으로 재치 있는 사람이라 제임스가 요청하는 '악기' 또는 연금을 지불해달라는 보증에 대해 위트 있게 그러나 경멸조로 답을 쓰고 있다.

> Tochinge an 'instrument', as your secretarye terme it, that you desiar to haue me signe, I assure you, thogh I can play of some, and haue bine broght up to know musike, yet this disscord wold be so grose as wer not fit for so wel-tuned musicke. Must so great dout be made of fre good whyl, and gift be so mitrusted, that our signe Emanuel must assure? No, my deere brother. Teache your new rawe counselars bettar manner than to aduis you such a paringe of ample meninge. Who shuld doute performance of kinges offer? What difhonor may that be demed? Folowe next your owne nature, for this neuer came out of your shoppe.[2)]

2) 『엘리자베스 여왕과 스코틀랜드 왕 제임스 6세의 서간 모음(Letters of Queen Elizabeth and King James VI of Scotland)』(John Bruce ed, Camden Society, London 1899)에서 인용함. 편지는 1586년 초에 쓴 것이다. 제임스의 답장은 같은 시기의 스코틀랜드식 철자를 보여준다는 점에서 흥미롭다.
And as for the instrument, quhairunto I desyre youre seale to be affixit, think not, I pray you, that I desire it for any mistrust, for I prrotest before God that youre simple promeis uolde be more then sufficient to me, …
Hir most beholden and louinge
friend and cousin, James. R
(그리고 제가 폐하의 사인을 받고 싶어 했던 증서에 관한 한, 부디 기도하건대 폐하를 조금이라도 불신하고 있다는 생각은 하지 말아주세요. 주님 앞에서 감히 말하건대 폐하의 단순한 약속만으로도 제겐 충분한 정도 이상의 것입니다. …
그녀에게 가장 은혜를 입은 사랑하는 친구이자 사촌, 제임스

(역주: 현대영어 철자는 역자에 의한 것임)

Tochinge an ‘instrument’, as your secretary terms it, that you desire to have me signed, I assure you, though I can play of some, and have been brought up to know music, yet this discord would be so gross as were not fit for so well-tuned music. Must so great doubt be made of free good will, and gift be so mistrusted, that our sign manual must assure? No, my dear brother. Teach your new raw counsellors better manner than to advice you such a paringe of ample meaning. Who should doubt performance of king’s offer? What dishonor may that be deemed? Follow next your own nature, for this never came out of your shop.

네 비서관이 표현한 용어인 ‘악기(혹은 증서라는 뜻도 있음)’이면서 내가 사인하기를 원하는 증서에 대해 얘기하면 확신하건대 난 자라면서 음악을 배웠기 때문에 악기들을 연주할 수는 있어. 그러나 이 악기의 불협화음은 너무 역겨워서 음계가 잘 맞는 음악에는 맞지 않는구나. 선한 뜻에서부터 나온 얘기를 의심하고, 그리고 내 선물이 그렇게 신뢰받지 못하는데 우리가 사인을 해야만 확인할 수 있는 것일까? 아니야, 내 사랑하는 아우야. 너의 새 고문관에게 이런 식으로 여러 가지 의미를 벗기게 조언하는 것보다는 더 좋은 태도를 가지도록 가르치렴. 왕이 제안하는 것에 대해 수행 여부를 누가 의심한단 말인가? 어떤 불명예를 초래할 수 있을까? 이건 네 생각에서 나온 것이 절대 아닐 테니 너의 본성을 따르도록 하렴.

16세기에 나타난 스코틀랜드의 전통을 이어가는 주기도문 번역문은 2장에 있는데 이 편지에서도 강세가 없는 음절에서의 <i>의 사용(예: affixit, pleacith, demeritis, otheris, handis cf. 현대영어 affixed 첨부된, pleases 즐겁게 하다의 3인칭단수 현재형, demerits 단점들, others 다른 사람들, hands 손들 역주: 현재 주석에 주어진 괄호 속의 현대영어 철자는 역자에 의한 것임)과 모음의 길이를 나타내는 표지의 사용(quhair, waire cf. 현대영어 where 장소를 나타내는 의문대명사, were be동사의 3인칭 복수 과거형), 그리고 /x/ 발음을 <ch>로 표기하는 스코틀랜드의 철자 특징이 나타난다. 2장에는 나와 있지 않는 북부의 또 하나의 특징은 <quh>인데 남부의 영어는 <wh>를 가지고 있는 것과는 다른 형태이다(quhairunto, quhich, quhome cf. 현대영어 whereunto 어디로, which 어떤 것, whom 누구를). 음성적으로 북부 방언에서 마찰음을 강조하는 현상을 보여주고 있다고 할 수 있는데 이 철자법이 이 편지에서는 quhole (whole 전체)에도 나타나는 것이 흥미롭다. 이 단어는 어원상으로는 <wh-가 아니라 <h>를 /ʍ-/가 아니라 /h/를 갖고 있다.

이 지적은 총명하고 문체는 성숙하다. 여왕이 문어체 영어의 기법을 통달한 것은 의심할 바 없지만 그녀의 철자는 아주 불규칙하다. 그러나 좀 더 세밀하게 조사해보면 철자는 안정되어있지 않아도 대부분의 경우에 예측할 수 있다. 백 년 전의 캑스턴처럼 엘리자베스는 어말의 <e>나 혹은 자음의 중복에 별로 신경을 쓰지 않고 있고 결과적으로 여왕의 철자는 일관되지 못하다. 이 몇 줄 안 되는 편지에서 musike와 musicke(music, 음악), dout와 doute(doubt, 의심)(역주: 개별단어에 주어진 현대영어 철자는 역자에 의한 것임)이 섞여있다. 그러나 그녀는 라틴어의 철자를 따르도록 교육받았기 때문에 고전어로부터의 차용이라는 관점에서 보면 그녀는 철자를 잘 알아 쓰고 있다. 물론 항상 오늘날 우리가 쓰는 철자와는 같지 않을 수도 있다. 예: instrument(악기), secretarye(secretary, 비서관), performance(수행), dishonor(불명예).[3] 그녀의 라틴어 훈련은 <r> 앞에 있는 비강세 모음으로 <a>를 선호하는 현상(desiar, counselars, bettar(역주: 현대영어 철자는 desire(욕망), counselors(비서관), better(더 나은))에도 영향을 미쳤을 것이다.

그녀의 통치기간 동안 권위적인 표준이 차용어뿐만 아니라 고유의 어휘에 대해서도 만들어졌다. 결국 1605년이 되자 역사학자 윌리엄 캠덴(William Camden)은 영국인들 사이에 볼 수 있는 철자의 이형들에 대하여 웨일즈 출신 비평가에게 이렇게 답을 해줄 수가 있게 되었다. ‘it hath beene seene where tenne English writing the same sentence, have all so concurred, that among them all there hath beene no other difference, than

3) 간혹 흥미로운 실수를 가끔 볼 수 있는데 현대작가에게서도 보이는 것처럼 글을 읽고 쓰는 능력이 모자란 듯 보이는 실수가 있다. 예를 들어 signe Emanuel은 sign mannual을 잘못 쓴 것이다(manuel은 당시에는 완벽하게 받아들여지는 철자였다. 철자보다는 고유명사, 즉 사람의 이름과 혼동했다는 것이 더 의미 있다).

the adding, or omitting once or twice of our silent E, in the end of some wordes(열 개의 똑같은 문장을 살펴보니 단어의 끝에 묵음 E를 첨가하거나 혹은 한두 번 빼는 것에 대해서 아무런 차이가 없음을 알 수 있었습니다).[4] 이 학자의 글을 12세기의 철자와 비교해보면 그의 주장이 터무니없는 것이 아님을 알 수 있다.

엘리자베스 통치 말기가 되면서 철자의 규칙성이 명확하게 드러나도록 앞장선 것은 인쇄공들이었다. 당시 런던 최고의 인쇄공 가운데 한 사람이었던 리처드 필드(Richard Field)의 책을 보면 철자가 규칙적일뿐만 아니라 현대적이다. 이러한 통일성은 필드의 영향력의 산물이라는 것을, 16세기에 만들어져서 지금까지 남아있는 필드의 인쇄본 두 샘플 가운데 하나에서 확인할 수 있다. 그것은 1591년 필드에 의해 인쇄된 존 해링턴 경(Sir John Harington)(역주: 존 해링턴 경은 현대의 수세식 변기를 발명하기도 했다. 영국에서 화장실을 John이라 하는 것은 그의 이름에서 따온 것이다)이 아리오스토(Ariosto) 원작을 번역한 『광분한 올란도(Orlando Furioso)』이다. 대영박물관(British Museum)에 있는 소장 번호 Additional MS 18920인 필사본에는 식자공의 추가 표식이 들어가 있는데 아마도 인쇄할 책을 식자할 때 사용된 것으로 보인다. 그러나 인쇄된 책의 철자는 필사본의 철자와는 아주 다르다. 다음에 오는 단락에서 왼쪽은 필사본 판이고 오른쪽은 필드의 인쇄본 판이다.

4) 『영국에 관한 잔류품들(Remaines concerning Britaine)』 23-24쪽.

Certes, most noble dames I ame so wrothe, with this vyle turke, for this his wycked sinne, for speaking so great slawnder, & vntroth, Of that sweet sex, whose grace I fayn would win; that till soch ryme, hee shall confesse the troth, and what a damned error, he was in, I shall him make be so in conscyence stownge, as hee shall tear his fleshe, and byte his townge.	Certes (most noble Dames) I am so wroth, With this vile Turke, for this his wicked sin, For speaking so great sclander and vntroth, Of that sweet sex, whose grace I fayn would win, That till such time, he shall confess the troth, And what a damned error he was in; I shall him make be so in conscience stoung, As he shall teare his flesh, and byte his toung.

(역주: 현대영어 철자는 역자에 의한 것임)
Certes, most noble dames, I am so wroth,
고귀한 여인 세르테스, 나는 아주 분노합니다.
with this vile Turk, for this his wicked sin,
이 사악한 터키인이 악한 죄를 지었기 때문이죠.
For speaking so great slander and untruth,
심한 모략과 거짓을 말했어요.
Of that sweet sex, whose grace I find
그 달콤한 섹스에 대해, 기품이
would win, 이길 거라 보지만
That till such time, he shall confess the truth,
그가 진실을 말할 때가 올 때까지는
And what a damned error he was in;
그리고 얼마나 심한 잘못을 했는지 말할 때까지는
I shall him make be so in conscience stowing,
나는 그의 양심을 잡아맬 수 있게 할 거예요

As he shall tear his flesh, and bite his tongue.
자신의 살을 찢고 자신의 입을 물어뜯으면서

해링턴은 1561년에 여왕의 대자로 태어났다. 그는 엘리자베스 통치 기간 중 초반의 귀족들이 사용하던 철자를 보여주고 있다. 그의 철자는 자신보다 거의 서른 살이 더 많은 군주의 철자보다 발전된 형태를 보여주고 있지만 그의 작품을 인쇄한 인쇄공의 철자와 비교하면 고풍스럽다.[5] 필드의 철자는 그가 에이번 강의 스트라트포드(Stratford-upon-Avon) 출신이며 초등교육을 받았다는 사실에는 아마도 별 영향을 받지 않은 것 같다. 그의 철자는 당시에는 전문적인 수준이었다. 물론 대부분의 동료 인쇄공보다는 철자에 대해 일관되게 쓰려고 신경을 많이 쓴 편이었다.[6]

엘리자베스 시대의 최고 인쇄공들조차 철자에 있어서는 규칙성을 완벽하게 달성하지 못했다. 17세기에 뒤를 이은 인쇄공 중 많은 사람도 그랬다. 모두가 경우에 따라 공통적인 이형들을 사용하곤 했다. 특히 이 시기에는 몇 가지 특징이 불안정함을 보인다. <i>와 <y>는 어중에서는 서로 바꾸어 사용할 수 있었다. 어말에서는 <y>, <ie> 그리고 <ye>가 번갈아 쓰였다. 단모음 뒤에서는 자음이 무작위로 중복되었다. 역사학자 캠덴의 어말 <e>는 어원이나 혹은 음소적 표기법에 상관없이 첨가되곤 했다.[7]

---

5) 어말에 붙는 <e>가 하나인 것을 제외하고는 현대영어 철자와 다른 필드의 철자 특징은 어원에 기반을 둔 형태인 sclander(slander, 모략)이다. 이 철자는 당시에는 보편적인 철자였다. 어원에 따라 철자를 첨가했다가 나중에 첨가된 철자가 없어진 단어들에 대해서는 4장을 참조할 것.

6) 엘리자베스 시대에는 인쇄된 책은 여전히 필사본과 경쟁을 하고 있었다. 어떤 분야에서는, 예를 들어 창작 문학에서는 필사본을 유통시키는 것이 인쇄본으로 출판하는 것보다 더 일반적이기도 했다. 저자의 철자와 필경사의 철자 사이의 관계가 저자의 철자와 인쇄공들의 철자 사이의 관계와 유사하다는 것을 증명하기 위해서 『필립 시드니경의 시(The Poems of Sir Philip Sidney)』(William Ringler Jr., Oxford, 1962)를 참고할 것.

안정되지 못한 요소들은 또한 여러 철자 이형을 만들어내기도 했다. 예를 들어 pity(연민)은 pity, pyty, pitie, pytie, pittie, pyttye 등의 이형이 있다.

인쇄술이 소개된 첫 두 세기 동안, 덜 발달된 기계설비로 인해 지금은 가능하지만 당시에는 단어 사이와 단어 내의 여백을 만들기가 힘들었다. 그래서 활자를 공간에 맞게 맞추는 것과 심지어 바깥에 여백을 만드는 것조차 힘들게 했다. 가장 초기에 인쇄된 책들은 당시 대서인들이 썼던 방법으로 규격을 맞추고 있다. 그것은 대시(dash)나 물결표(tilde)를 사용하여 오른쪽 경계선에 있는 공간을 채우는 방법이다([그림 2]를 참조할 것). 나중에 좀 더 만족할 만한 여백 맞춤이 만들어졌는데 이때는 같은 라인에 들어가도록 단어의 철자를 변형시키는 것이다. 가령 pity부터 pyttye에 이르기까지 다양한 길이를 가진 단어들은 인쇄공들에게 아주 가치 있었다. 두 개의 단으로 되어있는 책을 인쇄하거나 혹은 운문을 포함하고 있는 책을 인쇄할 때는 문제가 더 심각했다. 하나의 단으로 되어 있는 산문의 철자보다 운문의 철자는 훨씬 더 불규칙했는데 그 이유는 식자공들이 줄 끝에 단어가 올 때 그 단어를 나누는 것을 피하거나 한 줄의 시를 한 줄 그대로 인쇄하고 싶어서 규칙적이었던 철자를 기꺼이 바꾸었기 때문이다.

이 시기에 발견되는 철자의 불규칙성을 초래한 다른 이유들도 있다. 예를 들어 모든 인쇄소가 선임 인쇄공이 정해놓은 고정된 철자 관습을

---

7) 안정되지 못한 철자들은 현대영어 철자에 그 흔적을 남겼다. 자음을 중복하는 것에 대한 태도(특히 <l>의 경우)는 영국영어 철자와 미국영어 철자 용법 사이에 차이점을 보인다. <i>와 <y>의 차이에 대해서는 1장의 주석 12번, 그리고 어말 <e>에 대해서는 5장을 참조할 것. <y>와 <ie>의 변이는 <y>로 끝나는 명사의 어형변화(<y>가 복수형 어미 앞에서 <ie>가 됨)에서 일어나는데, 유추에 의해 단수형인데도 <ie>를 만들어내기도 했다. 예를 들어 nanny가 보편적이지만 nannie를 사용하기도 한다.

가지고 있지는 못했다. 어떤 경우에는 식자공 각자에게 재량권이 주어지기도 했다. 그러나 1600년경이 되자 대부분의 숙련된 식자공은 자신만의 고정된 습관을 갖게 되었고 그 습관은 다른 식자공들과 반드시 같을 필요는 없었다.

일반적으로 인쇄소 관습에 의하면 한 사람 이상의 기술자가 하나의 책을 식자하게 된다. 특히 책 크기가 대형일 때에는 각 면마다 서로 다른 식자공이 작업을 하는 경우도 그리 낯선 상황은 아니었다. 서로 다른 철자습관을 가진 여러 사람이 식자를 한 책을 오늘날 살펴보면 한 사람이 작업을 한 경우보다 더 느슨하게 철자를 쓰고 있음을 볼 수 있다.

셰익스피어의 첫 번째 작품집인 『퍼스트 폴리오』는 1623년 출판되었는데 이 책은 특히 12세기라면 특별히 정밀한 조사를 받아야할 책이다.[8] 그래서인지 이 책의 철자는 17세기 초 철자가 점차 규칙적이 되었다고 하기에는 모순되는 모습을 보인다. 그러나 이 책은 지금까지 설명한 철자의 다양성에 관련된 여러 요소를 잘 보여주는 작품이라는 것을 인식할 필요가 있다. 이 책은 크기가 대형이고 두 개의 단으로 인쇄되어 있으며 많은 부분이 운문으로 되어 있다. 그리고 아마도 다섯 명 이상의 식자공이 작업한 것으로 보인다. 특히 두 사람의 주요 식자공은 서로 다른 철자 관습을 따른 것으로 보인다. 식자공 A는 세 가지 평범한 단어에 대한 철자로 doe, goe, heere를 선호했지만 식자공 B는 do, go, here를 선호했다. 이 단어들의 다른 철자들이 첫 페이지에서부터 시작해서 다음 페이지까지 나오는데 이는 일반적으로 식자공이 서로 달랐기 때문이거나 혹은 가장자리에 오는 단어를 나누지 않으려고 다른 철자를 서로로부터 '빌려

8) 『윌리엄 셰익스피어의 희극, 역사극과 비극(Mr. William Shakespeares Comedies, Histories, and Tragidies)』

다' 썼기 때문이다. 아주 자주 전혀 불규칙적인 철자가 나오기도 하는데 이 경우는 복사를 한 철자로 추측될 수 있다. 식자공이 너무 피곤하거나 혹은 생각을 하지 않는 상태에서, 혹은 순간적으로 자신이 작업하고 있는 내용에 대한 감각을 잃어버린다거나 했기 때문이다. 식자 중에 일어나는 이런 실수는 후기 엘리자베스시대에 나온 책들에서 흔히 발견되고 그래서 저자가 실제로 책을 썼는지 의심을 할 때 증거로 사용되기도 한다. 1600년경에는 인쇄공들이 완성된 철자의 통일성을 향해 가고 있었다는 것을 강조해 왔지만 기계 성능의 한계와 식자공 사이에서 나타나는 훈련과 교육배경의 차이, 그리고 인쇄소 사이에 구조나 외견상의 차이는 철자가 완전히 고정화되는 것을 막는 역할을 했다.

개인이 철자 변형을 가끔씩 사용하는 것은 주어진 단어의 철자 중에서 규칙적으로 사용되는 형태가 하나 이상인지 여부에 달려있다. 『퍼스트 폴리오』의 식자공 B처럼 사람들이 heere를 규칙적으로 쓰고 있다면 식자공 A도 이 철자를 가끔은 쓸 수 있다. 윌리엄 크래기 경(Sir William Craigie)은 옥스퍼드 영어사전 편집자 중 한 사람이었는데 영어의 철자 발전에 대한 가장 풍부한 정보를 제공해주는 평론가 중 한 사람이다. 그는 제안하기를 철자의 통일성이 확대된 것에 영국 내란(역주: 1642-51년 사이에 영국에서 의회세력과 군주정 세력 간에 발생한 싸움)이 중요한 영향을 미쳤다고 한다. 인쇄공들은 (정치적인 선전물의 형태로) 단어의 전쟁에 개입했고 그 이전에 글자를 줄 가장자리에 맞추기 위해 다양하게 철자를 바꾸는 것을 빠르게 포기하면서 물리적 충돌이 촉발되었다.[9)]

크래기의 설명은 각 개별 식자공들이 자신이 사용하던 철자 변형들을

---

9) 『철자의 몇 가지 변칙(Some Anomalies of Spelling)』(Society for Pure English Tract 59, 1942), 307쪽.

포기하는 것은 설명하지만 17세기 중엽이 되면서 인쇄공들이 보편화된 체계를 채택한 이유는 설명하지 못한다. 우리가 알아내어야만 하는 것은 무엇이 인쇄공들로 하여금 서로 동일한 철자를 사용하게 만들었는가 하는 문제이다. 결국 무엇이 doe, goe, heere를 포기하고 do, go, here를 더 선호하게끔 만들었을까?

역사 언어학자들에 의하면 그 대답은 1611년 인쇄된 제임스 왕 성경(King James Bible)에서 채택된 기준을 인쇄공들이 따랐다고 한다.[10] 그러나 제임스왕 성서를 슬쩍 살펴보면 셰익스피어의『퍼스트 폴리오』철자보다 더 통일되어있다고 말하기도 그렇다. 50년 전에 나온 알프레드 폴라드(Alfred W. Pollard)의 표현을 빌리면 '유일한 일관성은 여백에 잘 맞는 형태를 항상 선호했다는 것이다.'[11] 다른 형태의 철자는 대부분 마지막 문단의 서두에 있다는 특징을 가지는 경우에 한해서 나타나고 1629년과 1638년에 이어서 나온 흠정판 성경에서는 점차 사라진다. 그러나 이는 철자의 안정성이 증가하면서 나타난 효과이지 원인은 아니다. 원인을 제대로 이해하기 위해서는 16세기 중반, 철자개혁 운동이 시작되었던 시점으로 다시 돌아가야 한다.

초기 음소에 입각한 철자개혁의 움직임들을 고려해야만 하는 것은 철자의 변형을 사용하는 인쇄공들의 철자 관습 배경과는 반대되는 것이며 개인의 기록물에서 발견되는 철자의 통일성을 무시하는 것이다. 개혁주의자들이 아무 것도 이룬 게 없다면, 스미스나 하트와 같은 작가들은 적

---

10) 이러한 주장을 가장 최근에 한 사람은 제임스 피트만 경(Sir James Pitman)이다. 『영어를 위한 알파벳(Alphabets for English)』(W. Hass ed., Manchester, 1969), 47-8쪽.

11) '문학적이고 서지적인 단서로서의 엘리자베스시대 철자(Elizabeth spelling as a literary and bibliographical clue)',『도서관 (The Library)』4권 (1923-4), 6쪽.

어도 영어의 철자체계가 갖는 약점을 사람들에게 알렸으며 그 결과 17세기에는 철자책들이 인기를 누렸었다. 철자책의 공인된 목표는 사람들이 철자 쓰는 방법을 배우는 것을 돕는 것이었지만, 그들이 주입시킨 '잘못된' 철자에 반대되는 '올바른' 철자라는 개념이 통일성을 향한 움직임을 증가시키는 결과를 낳았다.

정음학자들의 기록물을 지배했었던 학문적이며 과학적인 생각들, 혹은 멀캐스터나 쿠테가 가졌던 교육적인 관심이 인쇄공들에게 어떤 직접적인 영향을 미쳤을 것 같지는 않다. 왜냐하면 캑스턴 이후 성공적인 인쇄공들은 일차적으로는 사업가들이었으며 그들이 철자에 대해 관심을 갖는 유일한 이유는 대중에게 가장 잘 받아들여질 만한 철자를 제공하는 일이었다. 16세기의 인쇄공 존 알데(John Allde, 약 1575-80년 사이에 활발하게 활동함)는 개혁된 철자를 채택했는데 이 철자는 기존의 관습을 좀 더 조직적이고 일관된 방법으로 사용하려고 시도한 것이었다.12) 그러나 일반적으로는 인쇄공들은 개혁의 움직임을 방관했다. 상업적으로 성공하고자 했던 그들의 관심사는 대부분의 인쇄공으로 하여금 책을 가장 많이 살 독자를 가장 넓게 포용할 수 있는 방법으로 철자를 쓰도록 이끌었다.

인쇄 기술에 대한 초기의 교재인 목선(Moxon)의 『기계적인 연습: 인쇄의 기술 (Mechanick Exercise: the Art of Printing)』(1683)에서는 '식자공은 적어도 뛰어난 영어 학자여야 할 필요가 있으며 모든 영어 단어에서 사용되는 현재의 전통적 철자를 알아야한다'고 말한다(2권, 193쪽). '현재'와 '전통적인'이라는, 겉보기에는 서로 모순되는 단어들이 철자를 수식하고 있음을 우리는 주목할 필요가 있다. '전통적'인 철자와 일치시키는 것은

---

12) 알스턴 (R.C. Alston), '서지와 역사언어학,' 『도서관(The Library)』 5권 (1966), 181-91쪽 참조할 것.

분명한 사업적 주의력이지만 '현재'라는 단어를 넣은 것은 철자에서 변화하는 유행을 의식하고 있음을 알려준다. 일반적으로 받아들여지는 철자 안에서 일어나고 있는 '현재'의 변화를 무시한다면 그 사람은 구식이라는 딱지를 얻게 되고 판매 또한 잘 되지 않을 수도 있다. 결국, 대중의 취향이 인쇄공들의 철자에서 일반적인 변화를 만드는 데 역할을 했다는 것이다. 그리고 학교 교사들과 인쇄공들이 사용한 교재들 또한 대중의 취향을 형성하는 데 어느 정도 영향을 미쳤을 것이 확실하다. 개혁 운동에 대한 책들이 대중이나 혹은 인쇄공들 어느 쪽에도 지속적인 영향력을 주지 못했다면 철자 책들은 그들 손에서 점점 벗어나게 된다.

철자책의 초보적인 형태는 개혁 운동이 시작되기 전부터 있었다. 초기의 문헌들 중 남아있는 예는 『어린이들을 위한 에이비씨(A b c for Children)』로 1560년 초에 인쇄되었다. 이 분야의 책은 공립중학교를 가려는 아이들, 문자체계에 대해 약간의 지식을 가져야만 하는 미래의 학생들의 수요를 충족시켰다. 16세기의 철자책들은 여학교나 서기들을 교육하기 위해 사용되었는데 어린이들에게는 알파벳을 말하고 쓰는 능력 외에는 별달리 해줄 게 없었다. 그러나 멀캐스터의 『초급문법 첫 권』은 철자규칙을 세우려고 시도하면서 이 주제에 대한 보다 더 야심찬 접근을 할 수 있게 이끌었다.

앞에서 잠깐 살펴본 것처럼 에드먼드 쿠테의 1596년 철자책은 멀캐스터의 교훈에 따라 체계적이며 프로그램화된 학습 교재를 만들게 했다. 그 교재를 통해 학생은 알파벳에 대한 지식에서부터 시작해서 성서를 읽는 능력까지 키우게 된다. 적어도 철자의 고정화에 대한 이해라는 관점에서 볼 때 그가 멀캐스터의 규칙을 채택한 것보다 더 중요한 것은 바로 영어사전을 만들자는 선배의 부르짖음에 대한 그의 응답이었다. 멀캐스터는 자신의 책에서 추천되는 철자 형태를 목록으로 만들면서 목록에 있는 대부분의 단어에 간단한 설명을 첨가하는 아주 중요한 변화를 가져왔다. 보편적인 내용을 담을 사전에 대한 멀캐스터의 소망은 1702년에 가서야 이루어졌다. 제이케이(J. K. 아마도 존 커시 John Kersey?)의 『신 영어사전(A New English Dictionary)』은 이런 종류의 책으로는 17세기에 있었던 초보적인 시작임에도 불구하고 인기를 얻었고 '정확한' 철자에 대한 권위 있는 목록을 만들어 널리 배포하고자 하는 그의 의도는 어느 정도 채워졌다고 하겠다.

쿠테는 자신이 생각하기에 '가장 어려운' 1400개의 단어로 제한했고 이 단어들에 붙은 의미는 심할 정도로 제한적이었다. '하나의 단어가 두 개의 의미를 가지고 있을 때는 잘 알려진 의미를 삭제한다. 가령 개가 짓는(barke, bark 짓다) 것은 잘 알려져 있으나, 양이 개 짓는 소리를 내면 이는 익숙한 일이 아니므로 그 의미를 적어놓는다(73쪽).' 상호참조의 방법으로 동의어를 표시해놓은 것도 있다(brigantine(쌍돛대범선)은 barke를 참조할 것'). 그리고 초보적이긴 하지만 진실된 사전학자의 본능을 보여주는 어원적 안내도 보인다. 어원에 대한 기본적인 안내를 제공해주기 위해서 다른 활자체를 사용하기도 한다(예를 들어 고유어휘에 대해서는 고딕체(예: boat 배)를 쓰고 프랑스어 차용에 대해서는 이탤릭체(예: *bonnet* 본닛)를, 학술적 차용어는 로마체(beatitute 더할 나위없는 행복)를 사용한다). 프랑스어에서 차용됐지만 영어에 들어와서 형태가 변한 경우에는 별표를 첨가한다(예: *brandish, Fr. brandir 휘두르다). [그림 3]을 보면 그 예들을 찾을 수 있다. 일반적인 단어들은 알파벳 순서의 목록에 포함되지 않았지만 책의 앞 장에는 수많은 예가 실려 있다. 그리고 이 책이 교사들에게는 지침서로 학생들에게는 참고할 때 권위를 제공해줄 의도로 쓰였다는 것을 알게 되면 멀캐스터가 원했던 사전의 기능을 이 책이 어느 정도 충족시켜주고 있다는 것이 명확해진다. 영어 어휘의 많은 부분을 차지하는 단어에 대한 권위적인 철자는 그것을 찾는 사람들에게는 가까이 있었다.

English Schoole-maiſter. 77

baptiſme.
barbarian a rude perſon.
barbariſme barbarouſnes.
*barke** ſmall ſhippe.
barretter a contētious perſō.
barreſter allowed to giue counſell
*barter** to bargaine.
battrie beating.
baulme
beatitude bleſſednes.
beguile.
beneficiall profitable.
beneuolence goodwill.
benigne fauorable.
benignitie bountie.
bereft depriued.
beſiege.
biere to carry a dead corps.
biſhope ouerſéer.
*blanch** to make white.
blaſpheme g. ſpeake ill of God.
bloud.
boare.
beaſt.
boat.
bough.
bought.
bonnet cap.
bracelet.
bracer.
breeſe.
brigandine coate of defence.
brigantine ſee barke.
*brandiſh** to ſhake a ſword.
broad.

broath.
brothel keeper of a houſe of baudery.
bruiſe.
bruit.
buggerie coniunction with one of the ſame kind.
burgeſſe a head man of a towne
build.
calliditie craftines.
capacitie conceipt or receipt.
cancell to undoe.
çanon g. law.
canoniſe make a ſaint.
capitall deadly or great.
capable containing.
capitulac.
captious catching.
captiue priſoner.
captiuate make ſubiect.
carbuncle *k,* diſeaſe or ſtone.
carnalitie fleſhlines.
caſualitie chaunce.
caſtigation chaſtiſment.
cathedrall gr. church: chiefe in the dioceſſe.
catholike g. uniuerſall.
cauldron.
caution warning.
celebrate make famous.
celeſtiall heauenly.
catalogue gr. bedroule.
celeritie ſwiftnes.
cenſor corrector.
cenſure correction.
centurion captaine.
L 3 ceaſe

[그림 3] 에드먼드 쿠테의 철자책, 1596.

쿠테는 이 책을 단순히 전문 교사들이나 그 학생들을 위해서 쓴 것이 아니라 그보다 더 넓은 독자층을 위해 썼다. 서문에서 스스로 표현하기를

‘다른 사람들을 가르칠 의무가 있는, 무역을 하는 여자와 남자들(양복장이나 길쌈하는 사람들, 가게 주인이나 재봉사들, 그리고 그 밖의 사람들)을 위해’ 책을 썼다. 16세기의 기술 장인들이 자신들의 견습생들에게 물건을 사고파는 일뿐만 아니라 글자도 가르쳤다는 것은 명백하게 알 수 있다. 그리고 『영어교사』가 인기를 얻었다는 사실은 이 책이 효과적인 교재였다는 걸 말해준다. 책의 마지막 문단에 있는 인용문을 보면 자신의 철자 형태가 비교적 현대적인 모습을 보이는데, 이는 사실상 자신이 옹호하는 철자가 받아들여졌음을 말하는 다른 방법이다.

그러나 그의 철자가 일반적으로 받아들여진 것이 책의 인기 때문으로 여겨지기 쉽지만, 책이 인기를 얻게 된 이유를 찾아야 한다. 멀캐스터처럼 쿠테 또한 철자개혁을 포기했고 이는 그의 책에 나와 있다(62쪽). 그러나 전통적인 철자를 고수하는 데 있어서는 멀캐스터 보다 쿠테가 한발 더 나갔는데 쿠테는 나중에 목선이 옹호한 ‘현재의 전통적인’ 바로 그 철자를 찾고자 했다. 전통적인 체계에 대한 약간의 수정(예를 들면 멀캐스터의 abhominable 대신 abominable 사용처럼)은 철자책을 쓴 저자들이 축적해놓은 것 중 최고의 작품으로부터 나온 것이다. 그러나 전통적인 형태로부터의 변화가 너무 심하거나 혹은 빠를 때는 아무런 영향도 주지 못했다. 멀캐스터는 16세기 중반 영어에 처음 나타나 급속히 그리고 설명할 수 없는 이유로 전문적인 작가들에게 선호되어 사용되었던 문자소 <oa>를 사용할 이유를 찾지 못했다.[13] 그래서 그는 그 글자를 불필요한

13) <oa>철자는 많은 수의 현대영어 많은 단어 철자에도 살아 남아있다. 예: board(판), boat(배), coat(겉옷, 코트). 이 철자는 <oo>로 표기되는 /o:/보다 약간 더 열린 장모음 /ɔ:/를 구분해서 표기하기 위해 도입되었다. 아마도 <oa>는 <ea>에 근거해서 만들어진 것으로 보이는데 <ea>는 같은 시기에 <ee> 또는 <ie>로 표기되는 /e:/와 다른 /ɛ:/를 구분해서 표기하기 위해 사용되었다. /o:/는 대부분 /u:/(예: soon(곧), moon(달))로 상승했고 /ɔ:/는 /oʊ/로 이중모음화했다. 그러나 원래 /ɔ:/

혁신으로 배제해버렸다. 그러나 책이 출판되자 이 철자는 이미 '현재의 전통적인' 철자가 되어있었고 인쇄공들은 이 철자를 널리 사용하고 있었기 때문에 그의 배제는 무시되었다. 쿠테는 좀 더 최근에 사용되는 철자를 사용한다고 밝혔기에 그의 목록에 있는 단어들을 보면 <oa> 철자가 아주 편안하게 자리를 잡고 있다.

이론가였던 멀캐스터는 완벽하게 개혁된 철자의 비실용성을 알고 있음에도 불구하고 철자체계를 좀 더 일관되고 만들고자 했던 반면, 실용주의자였던 쿠테는 어린이들에게 철자를 가르치기 위한, 아마도 더 중요하게는 읽기를 가르치기 위한 책을 쓰고 싶어 했다. 개혁 철자를 가르치면 이미 인쇄된 내용을 이해하는 학생의 능력이 감소될 수 있고 따라서 책이 인기를 얻고 성공하기는 힘들어질 것이다. 쿠테가 선택한 구체적인 철자의 예를 보면 멀캐스터가 따랐던 학문적인 이론보다는 학생들이 가능한 신속하게 그리고 정확하게 단어들을 인식할 수 있게 하려는 데 관심을 두고 채택되었다. 멀캐스터는 '발음과 관습과 이성의 지배'라는 이상에 가장 잘 맞는 형태를 선호했지만 쿠테는 인쇄된 책에 가장 자주 나타나는 철자를 선택했다. 따라서 철자책에 포함되어 권위를 부여받은 철자는 바로 인쇄공들의 철자였고 철자책의 인기는 교육을 받을 대중의 취향이 충분히 널리 알려지도록 통일된 철자를 확실히 보급시켰으며 인쇄공들은 대중을 따라갔다. 철자책과 초기에 나온 사전은 17세기 동안 권위가 점점 높아지면서 인쇄공들로 하여금 공통된 철자를 채택하게 이끌어나갔다.

이었다는 것을 알리기 위해 <oa> 철자는 broad(넓은)나 hoard(축적)와 같은 단어에 그대로 남아있다. (<oa>는 13세기(1258년 헨리 3세의 포고문)에도 잠시 출현한 적이 있었다는 것을 염두에 둘 필요가 있다. 이전 세기에는 <o>나 <a>로 철자화된 단어들에서, 고대영어에서는 /a;/를 가진 단어에 나타난다. 13세기 때의 사용과 16세기 때의 사용과는 전혀 관련이 없는 것으로 보인다)

멀캐스터와 쿠테는 16세기 사람들이지만 이들이 세운 안정적인 철자의 완성은 그들 시대나 혹은 그들의 책에서 이루어지지 않았다. 멀캐스터는 이중형태를 유지하도록 강요받았는데(예: perfet/perfit, perfect 완벽한) 그 이유는 두 가지 모두 똑같이 잘 알려져 있었기 때문이다(이 경우 두 형태가 모두 발음이 철자를 보완한다는 점에서 음소적이라고 할 수 있다). 쿠테는 서문에서 '이 나라에 사는 훌륭한 영국인들이 동의하지 않는 단어도 많이 있다. 어떤 사람은 malice(악의)에서 나온 파생어를 malicious(사악한)로 쓰지만 다른 사람들은 라틴어 malitiosus에서 유래되었기 때문에 malitious라고 쓴다'는 사실을 인정했다. 자신의 단어 목록에는 malicious라고 쓰고 있는데 이는 멀캐스터가 쿠테 이전에 썼던 철자이긴 하지만 그런대로 요점은 지적되었다. 그가 설명한 이중형태 가운데 일부는 여전히 우리가 사용하는 것이다. 예: jail과 gaol(쿠테는 Iayle과 Gaole로 인쇄한다). 그리고 대서양을 사이에 두고 이형을 쓰고 있다는 걸 고려하면 honor와 honour 등이 있다.

17세기에는 간혹 철자책에서 보여주는 단어들을 쫓아 어원적으로는 한 가지 단어였지만 서로 다른 분야의 단어에 대한 몇 가지 철자 변형이 서로 연결되어 구분되기도 했다. 가령 person(사람)은 parson(주임목사)과는 구분되어 사용되었는데 이전에는 두 가지 철자 변형이 두 단어에 대해 모두 사용되었었다. 이와 비슷하게 18세기에는 flour(밀가루)는 flower(꽃)의 철자와 구분되었다(존슨박사는 자신의 1755년 사전에서 flower라는 표제어에 두 가지 의미를 다 실어주고 있다는 점에서 구식이다). 일반적으로 17세기에 이어서 나온 철자책들은 철자 변형들을 계속 사용되고 있는 단어의 수가 점차 줄어들고 있다는 걸 기록하고 있다.

철자의 고정화에 있어서 이 마지막 단계에 끼친 멀캐스터의 영향을 다시 생각해볼 필요가 있다. 실질적으로 영어 사전학의 창시자인 멀캐스터는 철자관습을 고정하는 데 있어서 가장 중요한 역할을 했다. 그러나 그의 『초급문법 첫권』이 지속적인 인기를 누렸다는 점에서 철자의 역사에 있어서 아마도 똑같이 중요성을 지닌다고 할 수 있다. 그 영향력은 쿠테처럼 성공적인 철자책 정도가 아니라 더 큰 규모로 그리고 더 넓게 유통되었다. 왜냐하면 그의 책은 쿠테가 의도한 것처럼 견습생들에게 글을 읽고 쓰는 능력을 가르치는 무역 상인들보다 훨씬 더 높은 수준의 사람들을 가르치는 사람들을 대상으로 했기 때문이다. 거의 한 세기 동안 새로운 철자책의 편찬자들은 형식적인 면에서 쿠테의 영향력을 받았을지 모르지만 아이디어를 찾아 멀캐스터를 되돌아보았고, 오래 전에 그가 제안했던 많은 변화를 보여주고 있다. 그의 철자는 당시에는 놀라울 정도로 현대적이었으며 그가 쓴 형태와 우리가 쓰는 형태 사이에 차이가 있다면 가장 큰 차이는 어말의 <e>의 사용이나 우리가 <y>를 쓰는 곳에 <ie>를 사용하는 것처럼 비교적 사소한 내용들뿐이다.

그의 책이 교육에 종사하고 있어 글을 읽고 쓰는 사람 중에서는 가장 영향력인 사람들이었던 학교 교사 사이에서 오래도록 인기를 누릴 수 있었던 가장 의미 있는 증거는 아마도 그가 죽은 지 오래된 후에도 그가 추천하는 철자 형태가 받아들여지는 빈도수에 있다. 예를 들어 셰익스피어의 『퍼스트 폴리오』 식자공들이 많이 쓰이는 단어의 이형을 비교적 자유스럽게 사용하기 40년 전에 멀캐스터는 do, go, here를 사용하고 있다.[14)]

---

14) 멀캐스터의 추천 철자 가운데 3분의 2가 받아들여졌다. 아주 이따금씩 엘리자베스시대의 기발함이 그의 철자에 나타난다. 예: acorn(도토리)대신에 akecorn. 그의 노력의 일부는 식자공들에 의해 좌절되어 왔다는 것이 아마도 중요한 것 같다. 예를 들어 abuttting(인정하고 있는)의 세 개의 <t>는 의도되지 않은 것이 확실하

멀캐스터가 제안했던 것 중에 가장 널리 영향을 주었던 변화 중에 하나는 어말의 발음되지 않은 <e>를 모음의 음가를 알려주는 표지로 사용했다는 것이다. 장모음을 알려주는 많은 영어의 여러 가지 철자적 표기 방법 가운데 역사적으로 가장 오래된 방법은 모음 글자를 중복해서 쓰는 것이었는데 결코 규칙적으로 실시된 적이 없다. <a>, <i>, <o>의 경우는 고대영어에서 가끔 중복문자로 썼으며 <e>와 <u>는 훨씬 더 드물게 사용되었다. <u>는 <w>가 도입된 후로는 글자 모양이 똑같아질 가능성이 있어서 피했으며 중세영어에서는 /u:/ 발음은 <ou>나 <ow>로 표기되었다. <i>의 중복 사용도 드물었는데 중복할 경우 미님 문자들, 즉 <n>이나 <u>와 혼동될 우려가 있기 때문이었다. <aa>는 15세기까지만 해도 naam(name, 이름), saam(same, 동일한)와 같은 단어들에서 흔하게 발견된다. 그러나 이후 해당 모음들이 중세영어 /ɑ:/에서 현대영어 /eɪ/로 이중모음화하면서 이러한 방법은 더 이상 사용되지 않게 되었다.

모음의 길이를 알려주기 위한 도구로서의 어말 <e>의 사용(특히 mate(짝), mete(meet, 만나다), mite(진드기), mote(먼지)) 등과 같은 1음절 단어에서 해당 모음은 현재 RP에서 대부분 이중모음화되었다)은 원래 11세기에 있었던 2음절 단어에서 개음절(역주: 모음으로 끝나는 음절)에 있는 단모음들이 장음화된 음 변화에 기인한다(예: /nɑmə/는 이 변화로 인해 /nɑ:mə/가 되었다(역주: 이 음변화를 중세영어 개음절 장모음화(Middle English Open Syllable Lengthening)이라 부른다). 이후 14세기에 비강세 모음 /ə/가 더 이상 발음되지 않게 되면서 <name>으로 철자 표기되었던 /nɑ:mə/는 /nɑ:m/이 되었고 이로 인해 어말 묵음 <e>는 선행 모음의 길이

다. 또한 두 번 사용된 master(주인) 단어에 나란히 주어진 짧은 기록에 따르면, 이 두 형태 가운데 하나는 maister의 이형 철자일 것이다. 당시의 많은 작가는 독자에게 못보고 지나친 식자공의 실수를 용서해 달라고 요청한다.

와 연관을 짓게 되었다. 구어에서 어말의 비강세 모음 발음이 탈락하면서 글을 쓰는 사람들은 어말의 철자 <e>를 어느 정도는 무계획적으로 사용하게 되었다. 16세기에 인쇄된 책에는 단일 자음으로 끝나는 단어에는 모두 어말 <e>가 첨가되어 있다. 비록 자음을 중복해서 어간 모음이 단음임을 표시하는 것이(예: bedde(bed, 침대), cumme(come, 오다), fludde-(flood, 홍수)) 필요하다는 것을 확실하게 느꼈다는 사실은 당시 작가들이 어말의 <e>는 아까와는 반대로 어간 모음이 장음인 것을 표시하는 것으로 느꼈다는 것을 보여준다. 이는 당시의 사람들이 어말의 <e>가 선행모음의 길이를 알려준다는 것을 이미 알고 있었다는 것을 보여준다. 멀캐스터의 제안은 어말 <e>의 사용을 규칙화하는 것이었고 17세기에 오면서 어말 <e>는 점차 현재 남아있는 단어들에만 제한되었다. 그러나 초기에 단자음 뒤에 사용된 어말 <e>의 흔적은 현대영어에도 남아있어 done(do 하다의 과거분사형), gone(go, 가다의 과거분사형), have(가지다), live(살다), love(사랑하다), doctrine(신조)은 단모음이지만 어말 <e>를 가지고 있다. 어말의 <e>가 없어도 모음이 장모음이라는 것을 명백하게 알 수 있는 수많은 단어에서는 어말의 <e>가 없지만 가령 단일 자음으로 끝나거나 혹은 표준화된 철자에서 어말에는 올 수 없는 자음들 <z>, <v>, /ð/ 발음에 대한 <th>가 올 때(예: sneeze(재채기하다), groove(홈), seethe(속을 끓이다)), 그리고 복수형 표지가 아닌 <s> (예: loose(느슨한))가 어말에 오게 되면 <e>를 첨가하고 있다.

1700년경 철자의 고정화가 완료되었다. 그 이후 철자에서의 변화는 비교적 소수에 불과했으며 적은 수의 단어에만 영향을 미쳤다. 개별적으로 철자가 바뀐 경우들이 있는데 예를 들어 phantasy가 fantasy(환상)으로 controul이 control(프랑스어와의 유추로 인함)로 바뀌었다. 혹은 몇 개의 단어에 관련된 사소한 변화가 있는데 music(음악)이나 comic(우스운)에 있었던 <k> (<-ick>에서 유래된)가 없어진 것을 예로 들 수 있다.

늦게 일어난 변화지만 가장 영향을 크게 미친 것은 아마도 새로운 문자소 <v>와 <j>의 탄생일 것이다. 이 문자소들은 18세기까지 각각 <u>와 <i>의 변형으로만 사용되었었다. 이른 경우는 15세기에 훌륭한 대서인들은 적어도 어중에서는 /v/ 발음에 대해 <v>만을 쓰는 경향이 있었다. 결국 둥근 형태는 모음으로 각진 형태는 자음으로 사용하는 구분은 1569년 존 하트의 『철자』를 비롯하여 많은 17세기 철자책 저자에게 옹호되었다. 그러나 <u>와 <v>를 마치 알파벳으로는 하나의 문자인 것처럼 사용하는 관습은 오랫동안 지속되었다. 1836년 출간된 찰스 리처드슨(Charles Richardson)의 『영어 신사전(A New Dictionary of the English Language)』을 보면 여전히 vaunt(허풍떨다)와 veal(송아지고기) 사이에 udder(젖통)로 등재하고 있다. 이러한 상황은 <i>와 <j>에서도 정확하게 비교할 수 있을 정도인데 모음에는 <i>를 자음에는 <j>를 구분하여 쓰는 것은 16세기에 처음 나왔지만 1836년 리처드슨에서는 아직도 jam(잼), iambic(약강격 운율), jangle(쨍그렁거리다)의 순서로 단어들을 등재하고 있다.

여기서 우리는 문법학자들의 제안에 대중의 반응이 느리게 나타난다는 것을 볼 수 있다. 특히 인쇄공들의 반응은 더 느리게 나타난다. 영어의 철자는 언어 철학자들의 간섭에는 특히 저항적이었던 것으로 보인다. 프랑스에서는 이와는 아주 다른 상황이었는데, 그곳에선 1635년 창설된 프랑스 한림원(Académie française)이 언어 문제에 대한 규범을 정하는 구체적인 임무를 맡게 되었다. 18세기 동안 한림원은 사전을 여러 판으로 편집, 출간하면서 채택한 철자를 옹호하여 프랑스어 철자에 점점 더 큰 영향을 미쳤다. 초기에 나온 사전 1판과 2판은 당시의 전통적인 프랑스어 철자를 따르고 있지만 3판(1740년 출간)과 4판(1762년 출간)은 등재된 단어 4분의1 이상의 철자를 고치는 개혁을 도입했다. 19세기가 되면서 나온 후속판 사전에서는 원래의 전통적 철자들이 일부분 회복되긴 했으나 전체적으로 보면 개혁 철자는 살아남았고 한림원에서 발간한 사전은 프랑스어 철자에 대한 기본적인 권위로 남아있다.

반면 영국에서는 드라이든(Dryden), 에블린(Evelyn), 스위프트(Swift)를 비롯한 학자들과 왕립학회의 노력에도 불구하고 한림원이 창설되지 못했고 1712년 이들을 지지하는 정부의 노력조차도 실패했다. 영국 한림원은 형성되지 못했고 17세기에 표준화된 철자를 다시 고치기 위한 어떠한 학문적인 사전도 출간되지 못했다.[15)]

그럼에도 불구하고 18세기가 되자 드디어 가장 중요한 『영어사전(Dictionary of the English Language)』이 사무엘 존슨(Samuel Johnson)에 의해 1755년 출간되었다. 존슨의 사전은 아무리 높게 평가한다해도 지나치지 않는다. 그의 사전은 지금까지 사전편찬 작업에 있어 새로운 방향성을 제공했다기 보다는 수준 높은 철자 형태의 도입에 그 특징이 있다. 원래 이 사전은 1721년 나타니엘 베일리(Nathaniel Bailey)의 『보편적인 영어어원사전(An Universal Etymological English Dictionary)』에서 이미 시작된 변화를 논리적으로 확대하기 위해 만들어진 것이었다(존슨은 실제로 자신의 사전을 만들면서 기초적인 자료로 베일리의 삽입본을 사용했다). 그러나 이 사전이 갖는 중요성은 많은 어휘를 알고 있고 문장력이

15) 오늘날에도 철자에 학문적인 권위를 강요하는 시도는 계속되고 있다. 명예교수 사이먼 포터(Simeon Potter)의 『변화하는 영어(Changing English)』(London, 1969, 47쪽)는 영국과 미국의 학자들이 협력해서 승인된 철자, 즉 고정되거나 신성불가침이 아닌 다만 전진적이고 미래를 향해 나가는, 너무 자주는 아니지만 바뀔 수도 있는 철자를 담아낼 사전을 출판할 것을 요구하고 있다.

훌륭한, 도시적이면서 지혜로운 작가가 단순히 참고자료 수준을 넘어서는 작품을 만들어냈다는 사실에 있다. 그리고 이 사전으로 인해 거대한 권위가 생겨났고, 그 권위는 비록 틀린 경우에도 대중성을 충분히 확보할 수 있었다. 19세기 내내 글을 읽고 쓸 줄 아는 영국인의 가정에는 성서와 셰익스피어의 작품집과 함께 존슨의 사전을 갖고 있지 않는 곳이 없을 정도였다. 이 사전의 권위는 너무나 대단해서 오늘날 많은 작가가 존슨이야말로 영어 철자체계의 변칙을 만들어낸 책임이 있다고 추측하는 것을 용서해야할지도 모른다.

그러나 사실 존슨은 이미 만들어진 관습들을 기록하는 것 외에는 전혀 힘이 없었다는 것이 진실이다. 서문에서 스스로 다음과 같이 인정하고 있다. '나는 자주 관습을 위해 통일성을 희생해야만 했었다. 그래서 수없이 많은 대다수의 철자에 맞게 나는 convey(나르다)와 inveigh(독설을 퍼붓다)(역주: [eɪ] 발음이 convey에서는 <ey>로 inveigh에서는 <eigh>로 상반되게 표기되고 있다), deceit(속이다)와 receipt(영수증)(역주: 묵음 <p>가 deceit에는 없지만 receipt에는 남아있다), fancy(공상)와 phantom(환영)(역주: [f]발음이 <f>와 <ph>라는 다른 문자소로 표기되고 있다)라고 쓴다.' 당시 인쇄공들이 쓰는 공식적인 철자는 이미 굳건하게 고정되어있었다. 그리고 영어 문자의 역사에 있어서 사무엘 존슨이 위대한 인물이라는 것은 의심할 바 없지만 그렇다고 해서 철자의 변화에 영향을 미친 것은 거의 하나도 없었다. 중요한 것은 존슨의 당대에 만들어졌던 프랑스 한림원의 프랑스어 사전처럼 존슨의 사전도 19세기에 개인적인 철자법의 표준으로 인정되었다는 것이다. 그리고 존슨의 철자는 인쇄공들의 철자를 따랐기에 존슨은 아마도 개인적인 글쓰기에서 인쇄공들의 철자를 정립하게 만들었다는 책임은 있다.

지금까지 철자의 역사를 말하면서 오늘날의 영어가 세계어라는 것에 대해서는 언급을 거의 하지 않았다. 그리고 대영제국 밖에서 사용되는 철자법에 대해서도 아무런 설명을 하지 않았다. 미래에는 영국영어의 철자는 이제 영어가 전 세계 사람에 의해서 모국어로, 혹은 제2언어로 사용되고 있다는 사실에 영향을 받을 지도 모른다. 그러나 지금까지는 영국 외의 지역에서 사용하는 철자 중 오직 한 가지만이 표준영어의 철자에 의미 있는 영향을 미쳤다. 이것은 미합중국에서 일반적으로(보편적이지 않을 수도 있지만) 사용하는 철자이다. 미국영어 철자와 영국영어 철자 사이에 있는 차이를 이해하기 위해서는 이제 또 다른 사전편찬자에게로 관심을 돌려야한다. 영국의 존슨과 마찬가지로 미국에서 인기를 누렸던 노아 웹스터이다.

웹스터의 첫 번째 책은『영어의 문법 체계(A Grammatical Institute of the English Language)』로 1783년 그가 겨우 25살이었을 때 출간한 책이다. 이 책은 이제 막 자치성을 갖게 된 미국의 주들이 다른 분야와 마찬가지로 문법을 연구하는 분야에서도 독립성을 확보하기 위해 자신들만의 학교 교재를 필요로 하게 되자 이를 제공해주기 위해 만든 철자책이었다. 웹스터 사후 60년이 지나 다시 발간된 책(『미국영어 철자책(The American Spelling Book)』의 제목으로 발간됨)의 부수가 400배 이상이라는 사실은 책의 성공을 증명해준다. 이 첫 번째 책에서 웹스터는 존슨의 철자를 따르고 있다고 구체적으로 밝히고 있다. 또 부분적이든 전체적이든 개혁하려는 시도에 대해 혹평을 하고 있다. 가령 honour(명예)와 favour(총애)에서 <u>를 빼려는 사람에 대해 말하기를 '이 단어에서는 불행하게도 잘못된 철자를 빼고 있다. 발음이 되는 철자는 빼고 발음이 되지 않는 철자를 그대로 가지고 있다. 왜냐하면 onur, favur가 발음되는 철자들이기 때문이다'.

충분히 흥미롭게도 이처럼 보수적인 철자책을 팔아서 생긴 이윤으로 그는 개혁 사업을 시작했다. 단 6년이 지난 1789년 『영어에 대한 논고(Dissertations on the English Language)』에서 전통적인 철자체계를 아주 급격히 바꾸는 요구를 하고 있다. 말년에 가서는 이러한 급진적인 태도는 철회했지만 그의 가장 유명한 책인 『미국영어 사전(An American Dictionary of the English Language)』(1828년)에 개혁철자 중 여러 가지가 소중히 간직되어 남아있다. 오늘날 영국영어를 사용하는 사람들이 미국주의라고 간주하는 철자들은 이 사전으로부터 나온 것이다. 초기에는 그토록 강력하게 거부했던 바로 그 철자들 honor와 favor(아마도 오늘날 미국영어 철자로 가장 쉽게 인식되는 형태)가 그의 사전에 수록되었기 때문에 미국식 용법으로 확립되었다.[16)]

자신의 사전에서 개혁철자를 옹호한 웹스터가 이들 철자를 전파하는 데 책임이 있다고 한다면 아마도 존슨이 영국영어 철자 용법에 대해 이룬 성공보다 웹스터가 미국영어 철자 용법에 대해 더 큰 성공을 이루었다는 추론을 할 수 있게 한다. 물론 이 결론은 신중하게 검증해야 한다. 19세기에는 사전이 17세기의 철자책, 즉 인쇄소에서 가장 선호되던 철자의 기록물을 대신했다. 존슨과 마찬가지로 웹스터는 이미 인쇄공들에 의해 널리 사용되고 있는 철자를 단지 기록했을 뿐이다. 또한 존슨과 마찬가지로 웹스터가 가장 크게 영향을 미친 대상은 그의 사전을 당시에 인정받는 철자에 대한 참고자료로 사용한 개인들이었다. 그러나 존슨과는 달리 그리고 2세기 전의 멀캐스터처럼 웹스터는 자신의 시대에 인쇄된 자료들에

16) 이들 단어에서 <our>보다는 <or>를 사용한 것은 영국에서도 웹스터의 사전이 출간된 당시까지도 몇몇 인쇄공에 의해 유지되었다. 20세기가 되어서야 비로소 이 철자는 미국식 용법으로 연계되었다.

서 발견되는 철자 중 가장 일반적인 형태를 고른 것이 아니라 자신의 철자 이론에 맞는 최선의 형태를 정교하게 골라내었다. 웹스터가 이렇게 할 수 있었던 이유는 존슨 시대의 영국영어 철자보다 미국영어의 공적인 철자가 보다 유연성이 많았기 때문이다. 미국의 인쇄공들이나 대중이 참고자료로 사용한 책들의 '권위있는 철자'는 어느 정도는 구속력이 덜했다. 웹스터의 선택은 개혁자들이 갖고 있었던 일반적인 고려사항 뿐만 아니라 미국영어의 철자를 영국영어의 철자와는 다르게 만들고 싶다는 욕구, 즉 웹스터의 강력한 민족주의에서 비롯된 것이었다.

웹스터의 개혁 제안들에서 바뀐 철자 중 대부분은 사전에는 포함될 수 없었는데 왜냐하면 당시의 인쇄 작업에서는 권위가 없었기 때문이었다. 그러나 몇 개는 포함시켰는데 여기는 어느 정도 합리화할만한 이유가 있다.[17] 이들 중 많은 경우는 웹스터가 1843년 죽기 2년 전 자신이 펴낸 사전의 개정판에서는 폐기되었다. 그리고 19세기 후반에 후대 편집자들은 대중성을 계속 확보하기 위해서 그리고 표준 참고자료로서의 권위를 확보하기 위해 폐기했다. 그래도 몇몇 철자 변화는 살아남았다. 미국 전역에서는 웹스터의 사전이 권위를 확립하는데 성공적이었기 때문에 점차 미국식 철자형태로 인정되었다. 웹스터는 영국식 용법과 미국식 용법을 구분하기 시작한 첫 번째 사람이라는 점에서, 19세기 초에 사용된 두 가지 철자 중 하나를 선택했고 이어서 미국에서 선호되는 철자가 되었다는 점에서 아마도 철자의 변화에 영향을 미쳤다고 말할 수 있을 것이다. 웹

17) 아주 드문 경우에 웹스터는 일반적으로 사용되지 않지만 어원적으로 정당화되었다고 생각되는 철자를 추천했다. 가령 MOLD라는 단어에는 이런 내용이 있다. '보편적인 철자는 MOULD(주형, 틀)이다. 그러나 같은 부류의 다른 단어들 bold(대담한), gold(금빛의), old(늙은), cold(차가운) 등에서는 철자 <u>가 생략되고 있기 때문에 이 단어에도 유추를 적용할 필요가 있다고 본다.'

스터는 어떤 면에서 center(중앙), color(색깔), defense(수비)(역주: 영국 영어는 centre, colour, defence)와 같은 철자에 책임이 있다.

철자에서의 사소한 변화들은 19세기 내내 대서양을 사이에 두고 양쪽에서 만들어진 사전에 계속해서 기록되고 있었다. 이 기록들은 대체로 초기의 자유로운 철자가 남긴 유물들인 두 가지 이형이 있을 때 어떤 것을 선택하는가에 있어서 강조점이 변화하는 것을 반영했다고도 볼 수 있다. 가령 phantasy와 fantasy 둘 다 16세기에는 똑같이 일반적으로 사용되었지만 fantasy가 선호되면서 phantasy는 거부되었다. 차별화와 변화에 대한 웹스터의 열망은 간혹 미국영어 철자가 영국영어의 용법보다 더 앞서나가게 만들기도 했지만 적어도 한동안 두 개의 체계에서 변화는 병행해서 일어났다. 그러므로 웹스터가 어말 <k>를 musick, pubick에서 삭제한 것은 영국에서는 이후 19세기가 되어 일반화되었다(물론 의존형태소 앞에서의 <k>는 그대로 남아있다. 예: havocking(때려 부수는), panicked (공포에 질린)).

둘 중 하나를 선택하도록 좁혀 나가는 과정은 계속되고 있다 할지라도 아직도 상당히 많은 수의 단어에서 하나 이상의 철자 형태가 적어도 사전에서는 동시에 받아들여지고 있다. 철자 변형 중에서 하나가 현대에 와서 상실된 것에 대한 책임이 엄밀하게 누구에게 있는지 지적하기는 어렵다. 그러나 가장 큰 영향을 미친 것은 이 장에서 계속 반복해서 강조하고 있는 것처럼 물론 인쇄공들이다. 웹스터처럼 현저하게 예외적인 인물은 제외하고 어원학자들과 사전편찬자들은 아주 적거나 혹은 아무런 영향도 미치지 못했다. 가령 중세시대부터 두 가지 철자 gray와 grey(회색)는 동등하게 받아들여지는 철자이다. 존슨은 gray를 선호한다고 기록했고 19세기를 통틀어 사전들은 그의 모범을 쫓아갔다. 그러나 19세기말이 되었을 때 중요한 출판기관 중 단 하나 『더 타임즈(The Times)』만이 이를 지키고 있었다. 이제 grey는 영국에서는 보편적으로 쓰이고 있고 gray는 대서양을 건너 미국식 철자로 간주된다.

『옥스퍼드 영어사전(Oxford English Dictionary)』 제1권[18)]은 axe(도끼)의 철자를 ax로 쓰자고 특별히 호소했지만 영국에서는 또 다시 무시된 반면 미국에서는 살아남았는데 그 이유는 웹스터가 ax를 선호했기 때문이다. 20세기의 맹목적 애국심(쇼비니즘)으로 영국의 출판사들은 미국식 철자의 영향을 줄이려고 했지만 비교적 드물게 쓰이는 단어들은 계속해서 영향을 받고 있다.

최근 20여 년 동안 영국의 출판업자들은 2개의 글자로 된 문자소 <ae>와 <oe>(겹글자(ligature)라고 함)의 단순화를 고전 차용어 어휘에서 받아들이는 경향이 있다. 따라서 encyclopedia(백과사전), medieval(중세의), field(들판, 분야) 등을 쓰지만 archaelogy(고고학), Caesar(시저)에서는 아직 살아남았다. 변화의 진행은 '진지한' 신문들과 '대중적인' 신문들에서 사용되는 철자를 비교해보면 관찰된다. 가령 지금 이 글을 쓰고 있는 시점에서 『일간 특보(Daily Express)』의 문체 안내서를 보면 hemorrhage(출혈)를 사용하고 있는 반면, 『가디언(Guardian)』지에서는 좀 더 보수적인 haemorrhage를 사용하고 있다.

단어를 짧게 만드는 변화는 20세기에 와서 점차 눈에 띄고 있다. 특히 인쇄업자들은 공간을 줄여주는 철자를 사용함으로써 만들어지는 생산 단가의 절감이라는 매력에 끌리고 있다. 본질적으로는 노아 웹스터의 개혁

---

18) 『역사적인 원칙에 입각한 신 영어사전(A New English Dictionary on Historical Principle)』이라는 제목으로 출판된 이 사전은 처음에는 분책으로 1884년에, 1권은 1888년에 나왔다. 1933년 재판이 인쇄되면서 『옥스포드 영어사전(Oxford English Dictionary)』이라는 제목으로 바뀌었다.

적인 본능이 미국영어 철자를 영국영어 철자보다 가장 눈에 띄게 더 짧은 것으로 만들어 놓았다. 영국에 널리 퍼져있는 미국 철자에 대한 여전한 혐오[19]에도 불구하고 궁극적으로 출판업자들은 catalogue와 programme 대신에 catalog(카탈로그)와 program(프로그램)을 씀으로써 생기는 지면과 잉크, 식자를 위한 노력을 절약해주는 매력에 저항하기가 힘들 것이다.

미국에서 출판되는 책과 정기간행물들이 영국에서도 점차 익숙해짐에 따라 미국영어 철자는 불가피하게 점점 더 구분하기가 어려워지고 있다. 미국의 영향을 받은 철자들을 영국식 표준으로 규칙화하려는 편집보조원들, 출판업자들, 독자들, 식자공들의 능력은 이미 시달리고 있다. 예를 들어 미국소설의 영국판에는 많은 예가 중복된 두 철자체계를 보여주고 있다. 일부 과학적인 출판사의 서식 지침서(style sheet)에는 catalog와 program이 이미 포함되어 있다. 간략함은 철자에서의 현대적 변화의 중심 요소이다. 서식 지침서에 완전하게 정립된 철자 중에는 loath(질색하는)보다는 loth, curtsey(인사)보다는 curtsy, hiccough(딸꾹질)보다는 hiccup, biassed(편견이 있는)나 focussed(집중된)보다는 biased와 focused가 등재되어있다. 대중적인 신문과 진지한 신문을 비교해보면 또 다시 이러한 변화 과정이 이루어지고 있음을 보여준다. 『일간 특보』에서는 dulness와 fulness가 있지만 『가디언』지에는 dullness(둔함)와 fullness(풍만함)가 있다.

그러므로 출판업자들의 서식 지침서는 현재 사용되는 철자의 경향을 확립하는 데 있어서 기본적으로 중요한 요소로 여겨질 수 있다. 대부분의 영국 출판업자는 『체임버의 20세기 사전(Chamber's Twentieth Century

---

19) 19세기에는 이와 반대되는 현상을 살펴보는 것도 흥미롭다. 웹스터와 같은 미국인들은 영국 철자 형태를 피하고 싶어했다. 분명히 영국적인 철자를 미국에서 사용하는 것은 오늘날 미국사람들을 별로 방해하지 않는 것처럼 보인다.

Dictionary)』의 조판 스타일(house style)에 기반을 두고 있기 때문에, 아마도 조판 스타일의 편찬자들이 변화에 대해 꽤 중요한 권위와 잠재력을 가지고 있다고 주장할 만하다.[20] 체임버 사전은 단순하게 사용되는데 이는 이것이 영국영어 사전으로 가장 자주 개정되어 현재의 용법을 가장 잘 보여주고 있기 때문이다. 그러므로 우리는 단어 목록의 권위에 의존하는 인쇄공들과 인쇄공들의 용법에 기초를 둔 단어 목록이라는 순환적인 과정—17세기 철자의 고정화를 이끌었던 상황—에 또 다시 직면하게 된다. 필연적으로 체임버의 사전은 인쇄업자들에 의해서 가끔은 뒤에 남겨져 잊혀 지기도 한다. 가장 최근에 나온 체임버 사전(1972년 4월28일 출판됨)은 철자 dietitian(영양사)을 추천하고 있다. 이 철자는 어원상으로는 옳지 않지만 1846년『2주 논평(The Fortnightly Review)』에 처음 기록된 단어의 철자이고 뒤이어 영국과 미국의 사전편찬자들이 계속 유지한 철자이다. 그러나 작가들은 오래 전부터 optician(안경사), physician(의사) 등의 단어에 유추하여 dietician을 선호했었다. 아마도 미래에 이 철자가 남을 것으로 보인다.『가디언』지의 서식 지침서는 한동안은 dietitian을 유지하고 있으며,『일간 특보』는 체임버의 1972년판 사전이 나오기 이전부터 dietician을 채택했다.

시기에 맞게 중요하다고 생각되는 변화는 가장 최근 등장한 권위있는 미국사전인『웹스터의 세 번째 신 국제 영어사전(Webster's Third New

---

20) 또한 일반적으로 이용 가능한 중요한 두 개의 서식 지침서가 있다. 1905년 처음 출간되었고 나중에 옥스퍼드대학 출판사에서 자주 재판이 출간된 하워드 콜린스(Howard Collins)의『저자와 출판자의 사전(The Authors' and Printers' Dictionary)』과 1893년 처음 출판되었고 현재 37판까지 나와있는 호레이스 하트(Horace Hart)의『옥스포드대학 출판사에서 일하는 식자공들과 독자들을 위한 규칙(Rules for Compositors and Readers at the University Press, Oxford)』이 두 가지이다.

International Dictionary of the English Language)』 1961년 판에서 볼 수 있다. 기록자로서의 기능에 진실하게, 이 사전은 등재 목록 중 많은 경우에 지금까지는 무지하거나 혹은 옳지 않다고 분류되었던 철자의 변형들을 '정체성'의 일부로 포함하고 있다. 그 방식은 쉽게 정당화될 수 있다. caligraphy(달필), ecstacy(황홀경), idiosyncracy(특징), supercede(대신하다), surprize(놀라게하다)처럼 전통적인 철자(역주: 이들의 전통적 철자는 calligraphy, ecstasy, idiosyncrasy, supersede, surprise임)에서 벗어나 있는 철자들은 오늘날 문어체와 인쇄물 안에서 의심할 바 없이 만날 수 있는 형태들에 대한 목록에서 제대로 된 자리를 차지하고 있기 때문이다. 정당화하기 쉽지 않은 것은 각각의 이러한 철자들이 사전의 도입 부분에서 표현된 것처럼 '표준 용법에 속하는 2차적 변형으로 … 개인적이거나 혹은 지역적인 이유로 인해 … 몇몇 사람에게 선호되는 형태'(16a, §1.7.2)라고 기록하는 일이다. 분명히 이 형태들은 최근까지도 '표준 용법'에 속하지 않았지만 이 형태들을 포함시켜 기록하는 것은 참고자료들이 궁극적으로는 용인된 표준용법에서의 현재 상황을 정립하는 효과를 가지고 있기 때문이다.

6장 음성 철자

Sound spelling

이번 장은 수 세기에 걸쳐 철자에 대해 가졌던 두 가지 기본적인 접근 방식에 대해 다룬다. 글을 충분히 읽고 쓸 수 있는 능력의 표지로서 이에 엄격하게 연결되어있었던 사람들이 관습적인 철자체계로부터 이탈하는 것에 대한 비난, 그리고 영어에서의 최적의 철자체계를 찾고자 하는 노력과 연결되어있는 전통적인 철자체계에 대한 불만족 두 가지이다. 이 두 가지는 서로 연결되어있지 않은 것은 아니다. 왜냐하면 철자를 바꾸고 싶어 하는 사람은 글을 읽고 쓰는 능력을 보다 쉽게 배우고 유지할 수 있도록 하기 위한 것이었기 때문이다. 그러나 극단적인 면에서는 이 두 가지 견해는 서로 반대되는데 이들을 연대기 순으로 따로따로 살펴보는 것이 좋겠다.

철자를 제대로 쓰지 못하는 사람에 대한 대중의 검열은 오랜 역사를 가지고 있다. 1596년 쿠테의 『영어교사』의 서문에도 암시되어있다.

내 학생들을 가르치는 데 있어서 다음의 임무를 맡는다. 학생들이 초등학교 교육을 받도록 하며 발음이 제대로 되는 어떤 단어여도 제대로 철자를 써서 실수를 하지 않도록 하며 … 같은 이점을 다른 남성과 여성들에게도 제공한다. 왜냐하면 철자를 배우고 싶어 하는 사람들이 친한 친구들에게 편지를 쓰는 것을 부끄러워하고 있으며 많은 숙녀도 마찬가지라는 것을 들었기 때문이다.

이 분야의 역사를 통해 보면 철자책 저자들은 17세기에는 자신들의 책을 이와 비슷한 방식으로 성인들에게 추천했다. 토마스 라이(Thomas Lye)는 1677년의 『신 철자책(A New Spelling Book)』에서 어린이들뿐만 아니라 '좀 더 성숙한 나이의 사람들'에게 이렇게 말하고 있다. '읽으시오. 읽을 수 있기를 원한다면. 그러나 철자를 쓸 수 없다면 어린이에게, 친구에게, 하인에게, 편지를 쓰는 것을 창피해하게 될 것이오.' 여기서 암시하는 사회계급은 명확하다. 하인들에게 쓰는 것을 창피해할 사람들은 의심할 바 없이 하인들을 고용하는 사람들이다. 따라서 철자를 잘 쓰지 못하는 사람들은 교육을 잘 받지 못했을 것으로 마땅히 예견되는 사회의 빈곤층에 제한되지 않았음을 보여준다.

잘못 쓴 철자에 대한 보편적인 반응은 비웃음이었고 철자책 저자들이 성인 독자들을 위해 책을 쓰게 만든 것은 바로 이 조롱에 대한 두려움이었다. 철자를 잘 쓰지 못하는 사람들의 교육 결핍과 그들의 실수가 불러오는 즐거움이 윌리엄 홀던(William Holdern)의 『화술의 요소(Elements of Speech)』(1669)에 이렇게 표현되어있다. '우리는 교육받지 못한 사람들이 쓴 글에서 발견되는 잘못된 철자를 비웃기 쉽다 … 그들은 문자를 사용해서 말의 힘이나 말소리를 정당하게 표현하여 즐겁게 쓰는 사람들이다. 그러나 확실하게도 우리는 진실한 영어(true English)가 아닌 것을 쓴다고 말한다'(107쪽). 홀던은 이런 일반적인 반응에 대해 만족하지 않았다. 왜냐하면 결점은 (발음을 표기하지 못하는) 영어 철자체계에 있는 것이지 그것을 잘못 표기한 사람들에게 있는 것이 아니라고 주장하고 있기 때문이다. 그러나 그는 사회의 태도를 바꿀 수는 없었고 철자를 정확하게 쓰지 못하는 사람들을 희생해서 즐거움을 얻는 태도는 손도 쓰지 못한 채 계속되었다.

쿠테는 자신의 서문에서 말하기를 '남자들과 여자들'이라고 했지만 그의 책이 특히 가치가 있다고 느낀 대상은 여자들이었다. 철자를 제대로 쓰지 못하는 여성에 대한 농담들은 17세기와 18세기의 문학작품에서 쉽게 발견된다. 이 시기의 전형적인 것은 리차드 스틸 경(Sir Richard Steele)이 잠시 발간했었던 간행지『가디언 (1913년 3월28일자)』의 초창기 호에 나온 빈정거리는 논평이다. 시가 적힌 종이를 우연히 발견한 것을 언급하면서 저자는 말하고 있다.

> 첫 눈에 보기에 손으로 쓴 것이긴 하지만 남자가 쓴 것인지 여자가 쓴 것인지 추측하지 못했다. 그러나 안경을 쓰고 다시 자세히 정독을 해보니 철자에서 특이한 점들, 문법에서 부주의한 면들을 발견했다. 이는 여성이 쓴 소네트였다.

홀던의 인용문이 보여주는 것처럼 질이 좋지 않은 교육을 철자를 잘 쓰지 못하는 이유로 간주하고 여성은 남성에 비해 사회에서 교육을 잘 받지 못했으므로 철자 기술을 습득하기가 어려운 것으로 보는 것도 놀랄 일은 아니다. 조나단 스위프트(Jonathan Swift)는 자신의 책『결혼을 앞둔 젊은 숙녀에게 보내는 편지(A Letter to a Young Lady on Marriage)』(1727년 출간됨)에서 드러내고 이렇게 말한다.

> 천 명 중 한 명인 신사의 딸이 자신의 모국어를 읽거나 이해하도록 양육되어야만 한다거나 혹은 모국어로 가장 쉽게 쓴 책을 판단할 수 있다거나하는

> 것은 좀 어려운 일이다 … 어린 시절에 철자하는 것을 제대로 배우지 못하면 어른이 돼서도 일생 동안 그 능력은 배우지 못하게 되는 것도 놀랄 일이 아니다.

여기서 '철자를 한다(spell)'는 단어는 현재처럼 한 단어에서 각각의 문자들을 안다는 것을 뜻한다기보다는 '읽는다(read, 지금은 사용되지 않는 의미)'는 의미라는 것을 지적할 필요가 있다. 스위프트는 승인된 철자의 규범을 올바르게 쓰지 못한 단순한 실수보다는 여성들 사이에서 볼 수 있는 일반적인 문맹을 시사하고 있다. 그러나 풍자가의 과장을 참작한다면, 중요한 요점은 모든 계급에서의 여성교육이 다 불충분하게 이루어지고 있다는 것이다.

익살꾼들은 자신을 희생시켜 즐거워하면서도 철자에 대한 수많은 진지한 평은 여성을 대상으로 하고 있다. 하지만 철자를 맞게 써야한다는 중요성에 대한 완전한 그림은 종종 남자들이 만들어내는 실수에 대한 공격으로부터 그려질 수 있다. 체스터필드 경(Lord Chesterfield)은 아들에게 보내는 일련의 편지에서 신사의 행동규범에 대해 쓴 것으로 잘 알려져 있는데 1750년 11월19일에 쓴 편지에서 가끔씩 하는 철자 실수에 대해 일반적으로 비난하는 모습을 명백하게 보여주고 있다.

> 자 이제 너의 편지의 다른 부분, 즉 철자법, 잘못된 철자를 철자법이라 부른다면 그렇게 말할 수 있겠는데, 그 점에 대해 말하겠다. 너는 induce(유도하다)를 enduce로 철자를 쓰고 grandeur(장엄함)는 grandure로 철자를 하더구나. 이 두 가지 실수는 아마도 우리 집 하인 중에서도 이런 잘못을 저지를 사람은 거의 없을 거야. 너에게 말해주건대 단어에 대한 진실한 의미에서 볼 때 철자법은 글을 아는 남자라면 절대적으로 필요한 것이다. 그리고 하나의 잘못된 철자는 일생 동안 조롱을 받게 만들 수도 있단다. 격조 있는 한 남자를 아는데 그는 wholesome의 철자를 <w>없이 철자를 한 것으로 인해 받게된 조롱에서 결코 벗어나지 못했단다.

체스터필드가 하인들의 글을 쓰고 읽는 능력을 과장하고 있는 것은 분명하다. 당시의 개인적인 문서들이 보여주고 있는 바에 의하면 인쇄공들의 철자 규범을 고수하는 것은 그의 당대에 달성되었다기보다는 목표하는 바였다.[1] 그러나 그는 단순한 검열에 만족하지 않고 더 나아가 아들에게 어떻게 하면 정확한 철자를 습득할 수 있는지에 대한 몇 가지 실질적인 조언을 해주고 있다.

> 누구라도 신중하게 읽으면 잘못된 철자로부터 안전하게 빠져나올 수 있을 것이다. 왜냐하면 책은 당대의 철자법에 따라서 언제나 철자를 잘 쓰고 있기 때문이다. 물론 어떤 단어들은 의심스럽기도 하다. 동등한 권위를 갖는 서로 다른 작가들이 서로 다른 철자법을 쓰는 경우엔 말이다. 그러나 이 경우는 많지 않다. 그리고 이 경우에도 각각의 저자들이 자신의 선택권을 가지고 있고 그 사람들은 어느 쪽이든 자신의 권위에 걸맞게 잘 호소할 것이다. 그러나 앞에서 언급했던 두 가지 철자가 있지만 그 중 하나만 옳은 철자인 경우에는 그것을 놓친 신사는 용서할 수 없고 조롱거리가 될 수 있다. 상당한 교육을 받은 여성조차도 그를 경멸하거나 그녀에게 철자가 틀리게 쓰인 연애편지를 보낸 연인을 비웃을 것이다.

철자법을 참고할 만한 책은 언급되지 않고 다만 일반적으로 인쇄된 책이라고 언급한 것은 흥미롭다. 물론 이 당시 몇 권의 사전이 나와 있긴 했었지만 개인적인 철자에 대한 그들의 권위는 1755년 존슨의 사전이 나오기 전까지는 확립되어있지 않았다. 18세기 말이 되면서 잘못 쓰는

---

1) 다른 편지에서 체스터필드는 자신이 철자오류라고 부르는 것은 남성과 여성 모두의 글에 나오는 일반적인 특징이라는 사실을 인식하고 있음을 보여주고 있다. 『세계(The World)』(1754년 12월5일)에 나와 있는 존슨이 계획하고 있는 사전에 대한 그의 언급을 비교해보자. '나는 … 나의 충실한 고향 여인들에게, 그리고 그들의 충실하거나 충실하지 않은 하인들에게 충심으로 추천하건대, 이 지역의 훌륭한 신사들이 그렇게 오랫동안 즐겨오고 그렇게 활발하게 누려왔던 철자 오류에 대한 그들의 타고난 권한과 특권을 공적인 효율성뿐만 아니라 그들 자신의 사적인 효율성을 위해서라도 포기할 것을 진심으로 권한다.'

철자에 대한 치료법이 사전에 굳건하게 자리 잡았다. 정확하게 글자를 쓰기 위한 지침서는 철자 기술에서 가장 높은 수준의 중요성을 가지고 있었다고 주장하면서 다음과 같이 언급하고 있다.

> 이 특별한 경우(역주: 철자의 경우)에 있어서 무지는 항상 좋지 않은 태생, 교육의 결핍, 또는 천성적인 어리석음의 표지로 간주된다. 올바른 철자[correct spelling]를 습득하기 위해서는 현재의 가장 우수한 작가들이 따르는 방법을 지키고 좋은 현대 사전을 참조하는 것이 필요하다.2)

문어체 언어의 고정된 형태와 구어체 언어의 상대적인 느슨함을 토마스 셰리던(Thomas Sheridan)은 『웅변술에 대한 강의록(A Course of Lectures on Elocution)』(1763)에서 비교하였다.

> 관습에 맞지 않게 글자를 빠뜨리거나 바꾸거나 혹은 첨가함으로써 철자를 잘못 쓴다면 그 신사는 불명예스럽다. 그러나 글자를 혹은 심지어 음절을 누락하여 단어를 한꺼번에 우물거려 말함으로써 말 그대로 듣기 어렵게 만들어 버리는 것은 불명예스럽지 않을 것이다.3)

셰리던은 이 차이에 대한 이유를 '문어체 영어는 규칙에 의해 가르치고 있으므로 자신이 배우고 있는 기술 분야에서 알려진 규칙을 위반한다는 것은 누구에게나 불명예로 생각'되기 때문이라고 추론하고 있다. 그러나 그는 이러한 구분에 대해서 의심을 했는데 왜냐하면 글은 한가하게 검토할 수 있으며 독자는 '철자에서의 어떤 결점'도 찾아낼 수 있지만 말에서는 그렇지 못하기 때문이다. 웅변술이 셰리던의 주요 관심사였기 때문에 철자에 대한 그의 관찰은 스쳐 지나가는 수준이다. 그럼에도 불구하고

---

2) 『런던의 보편적인 편지 작가(The London Universal Letter-Writer)』, 1800년 경, 1쪽.

3) 『강의록 II』, 40쪽.

그것은 18세기의 중심적인 태도를 분명하게 보여준다. 즉, 철자는 규칙을 통해 배우므로 규칙을 벗어난다는 것은 무지의 표시라는 태도이다. 같은 견해가 오늘날까지도 끈질기게 계속되고 있다.

그러나 18세기에는 무식의 표지가 다만 조롱을 야기했지만, 19세기에는 자격에 대한 현대적 강조가 시험을 통해 이루어지면서 철자를 잘못하는 사람은 그 무능력으로 인해 생계를 위협받을 정도에 이르렀다. 19세기말이 되면서 대서양 양쪽의 철자개혁론자들은 영국의 유명한 학교 조사관인 모렐박사(Dr. Morell)의 표현을 인용하기를 좋아했다. '공무원 시험에 응시한 1,972명의 탈락자 중에서 1,866명은 *철자 때문에 탈락했다 (plucked for spelling)*. 즉 탈락한 19명 중 18명은 철자시험에서 탈락했다.'[4] 19세기의 교육제도는 철자를 기준으로 해서 만들어졌는데 다음에 나오는 미국의 한 교사의[5] 글을 보면 전체 수업계획서는 모든 지식에 대한 단 하나의 열쇠, 철자를 가르치기 위해 계획된 것처럼 보인다.

> 우리 아이들은 열심히, 신중하게, 눈물이 아리도록, 여러 번 철자를 씁니다. 초등학교와 공립중학교 8년을 통해 이런저런 것을 배우지만 결코 철자는 배우지 못했습니다. 고등학교에 들어갈 때가 되면 매년 같은 과정에서—12년 동안 철자를 배우는 과정—철자를 어느 곳에서나 언제나 배우게 됩니다. 구어체 언어와 문어체 언어를 철자로 쓰고, 개별적으로 반 전체로 철자를 쓰고, 단독으로 혹은 합주로 철자를 쓰고, 카드에서 철자책에 이르기까지 철자를 쓰고, 1학년, 2학년, 3학년 4학년, 그리고 5학년 독본 시간에 철자를 쓰고, 산수와 문법, 지리, 그리고 역사 과목 교재에서도 철자를 쓰고, 이 모든 것에 덧붙여 선별된 단어의 긴 목록이 칠판에 적혀있는데 이는 단어의 철자를 외

4) 이 문장은 '읽기, 쓰기, 그리고 철자 개혁'이라는 소책자 330호에 처음으로 인용되었다(1877, 16쪽). 이탤릭체는 아마도 편집자인 이삭 피트만이 표기한 것으로 보인다.

5) 조지 브루멜(George D. Broomell) 학교장협회에서의 특강(시카고 1877). '읽기, 쓰기, 그리고 철자개혁' 소책자 333호에 기록됨.

우기 위해서입니다. 그런 다음 학교를 떠난 후에 언젠가는 구식의 철자학교에 다시 복귀할 필요가 있을 수도 있는데 그곳에서는 참가자들이 철자 기술을 더 공부하기 위한 자극을 받을 수 있도록 점수나 혹은 상을 받기 위해 철자를 쓰게 됩니다.

여기서 철자개혁 토론 논쟁을 감안해야 할 필요가 있다. 한편에서는 읽기를 가르치다보면 전통적인 철자의 변칙적인 요소에 의해 불필요하게 방해를 받게 되며, 그래서 그러한 가르침은 교과과정에서 너무 많은 부분을 차지하게 된다고 오랫동안 주장해 왔다. 그럼에도 불구하고 다채로운 과장 뒤에 근본적으로 진짜의 그림이 놓여있다는 점을 인정해야만 한다. 우리의 교육제도는 정확한 철자를 가르치는데 상당한 강조점을 두고 있다. 또한 철자법 대회(spelling bee)와 일반상식 시험(가령 BBC 프로그램인 '영국의 수재들(Brains of Britain)' 시리즈물)에서의 철자에 대한 지속적인 인기 때문에 인쇄된 책에 나온 전통적인 철자를 암기하는 능력은 교육을 완벽하게 받은 표지로 널리 믿어지고 있다. 인쇄공들의 철자를 재생산할 능력이 없다는 것은 불완전하거나 혹은 실패한 교육의 상징이라는 필연적인 결과는 여전히 일반적으로 받아들여지고 있다.

오늘날에도 철자에서의 실수는 교육전쟁에서 탄약으로 사용되어왔다. 그 유명한 '교육에 대한 흑서(Black Paper on Education)'[6] 첫 부분에서 '현대적인' 교육 방법의 효능은 정확한 철자에 대한 불완전한 불안으로 이끌고 간다는 이유로 의문시 되고 있다. 편집자들은 이렇게 말하고 있다.

우리는 현대교육에서 끔찍한 실수를 저지르고 있다고 믿고 있다. 그리고 현재 상승 중인 소위 '진보적인' 개념들이 기초를 두고 있는 가정을 신속하게 재평가할 필요가 있다고 믿고 있다. 가장 명백한 단계에서조차 학생들은 알

---

6) 『교육을 위한 투쟁(Fight for Education)』(ed. C.B. Cox and A.E. Dyson, 1969).

아야하는 만큼을 알지 못하고 있다. 이는 보급된 많은 시험 도구에도 불구하고 그렇다. 열 네 살에 학교를 그만두었던 한 성공적인 사업가는 최근에 영어에서 우등으로 학위를 받은 졸업생을 고용했는데 문장을 어떻게 쓰고 어떻게 철자를 해야 하는지 가르쳐야할 때가 있다면서 놀라워했다. 교육대학의 외부 시험관은 이렇게 쓰고 있다. 많은 학생이 'is' 대신 'his'라고 쓰고 있으며 'there'와 'their'의 차이 혹은 'where'와 'were'의 차이를 알지 못하며, 문장부호를 제대로 사용 못하거나 철자를 잘 쓰지 못하는 학생도 쉽게 발견할 수 있다고 한다.

여기서의 논쟁은 앞에서 인용한 철자개혁론자의 글에서만큼 강하게 드러나 있다. 그리고 감정을 자극하는 문구로 '나쁜 철자(bad spelling)'에 의존하고 있다. 결론은 1596년의 상황이 전혀 변하지 않았다는 것이다. 사회는 '올바른 철자를 쓰는 데 있어서 실수를 하는' 사람들을 비난한다.

문자 체계를 학습할 때 생기는 문제점이 너무나 많이 계속되자 이를 개선하려는 시도는 많았고 다양하게 이루어졌다. 영어 철자체계 개혁에 대한 관심은 기이하게도 고대그리스어의 정확한 발음에 대해 인본주의 학자 에라스무스가 처음 개시한 16세기의 논쟁에서부터 시작되었다. 두 사람의 캠브리지대학교 교수 존 치크 경(John Cheke, 1514-57)과 토마스 스미스 경(Sir Thomas Smith, 1513-77)은 에라스무스가 옹호한 그리스어의 개편된 발음을 채택했다. 이는 고전그리스어의 철자가 음소적인 반면에 16세기 초에 보편적으로 사용되던 발음은 당시 그리스어의 발음으로, 고대그리스어의 철자와 발음사이에 유지되었던 일대일 대응관계는 멀리 떨어져 있다라는 가정에 바탕을 두고 있었다.

캠브리지대학교에서 있었던 논쟁의 발전이 우리에게 중요한 이유는 단 한 가지, 치크와 스미스로 하여금 영어 철자의 효율성에 대해 의문을 가지게 만들었기 때문이다. 결과적으로 치크는 부분적으로 규범화된 철자를 채택하여 자신의 미출간 기록물에 사용했다.[7] 그리고 스미스는 영어 철자개혁에 대한 첫 번째 인쇄된 제안서『대화를 필기하는 영어의 옳은 수정에 대해』(1568년)를 썼다.

스미스의 책은 개혁에 찬성하는 논리적인 근거에서부터 시작하고 있다. 간략하게 요약하면 다음과 같은 두 주장을 하였다. 첫째, 쓰기는 말을 모방하는 것이며 문자들은 소리를 반영하는 것이다. 둘째, 서로 다른 언어들은 서로 다른 음 체계를 가지고 있으므로 서로 다른 알파벳이 필요하다. 영어는 음 체계와 잘 협조하려면 확장된 라틴 알파벳 체계가 필요하다. 그래서 스미스는 그리스어와 초기 영어에서 그리고 자신만의 상상력으로 만든 새로운 기호들을 가져와 일련의 구별 부호들과 함께 쓸 것을 제안했다. 특히 그는 모음을 정확하게 기록하려고 애를 썼다. 그리고 <h>를 포함하는 <ch>, <gh>, <sh>, <th>, <wh> 등의 전통적인 문자소들에 대해 하나의 단일 부호를 제공하려고 했다. 음성학자로서 그는 뛰어났고 개혁에 대한 그의 논지와 개혁 체계 자체는 이후에 아주 많이 개선되었으나, 그의 책은 끊임없이 읽혀졌고 2백년 넘게 언어학자들에 의해 인용되어왔다.

자신을 '체스터 전령관(Chester Herald)'이라고 묘사했던 것을 제외하고는 거의 알려진 바 없는 존 하트는 1569년『철자』를 출판하였다. 이 책

---

7) 치크의 규범화 중 몇 가지는 16세기 인쇄된 책들에서 볼 수 있다. 예를 들어 토마스 호비 경(Sir Thomas Hoby)에게 보낸 치크의 편지는 캐스티글리오네(Castiglione)의『중개인(Il Cortegiano, The Courtier)』1561년 번역판 뒷부분에 실려 있었다. 따라서 치크의 철자법에 대한 지식은 후기의 개혁론자에 근접해있다. 가령 토마스 휘쏜(Thomas Whythorne)은 자신이 고안한 철자개혁에 대한 소개를 1576년에 나온 문헌에 기록하고 있다(『토마스 휘쏜의 연설(Thomas Whythorne's Speech)』(Rupert Palmer Jr. Anglistica vol. xvi, Copenhagen, 1969), 19-20쪽 비교하기). 휘쏜에 대한 언급은 철자개혁이라는 주제에 대해 쓴 사람들 모두가 철자개혁의 움직임과 관련하여 조사할 수 없다는 것과, 다만 좀 더 뛰어나거나 혹은 영향력이 있는 학자들이 포함되었다는 것을 관찰할 기회를 준다. 휘쏜 자신은 존 하트의 철자법에 대부분 의존하고 있다.

은 영어로 인쇄된 최초의 철자개혁에 대한 제안서이다. 그와 스미스는 각각 서문에서 오랜 시간 동안 철자의 상황에 대해서 숙고를 해왔다고 밝히고 있다. 하트의 책 중 현존하는 문헌 초고 중에는 1551년(대영박물관 MS Royal 17 C vii)의 문헌이 이를 뒷받침할 뿐만 아니라 영어 철자에 대한 가장 초기의 논문들을 제공해주고 있다. 스미스는 그리스어에 대한 논쟁에 영향을 받았고, 하트는 음소적인 바탕을 두고 프랑스어 철자를 개혁하는 시도에 자극을 받았다. 로이 메이그레(Loys Meigret)의 『철자의 공통적 사용에 영향을 미치는 조약(Traité touchant le commun usage de l'escriture)』(1545)은 『철자』 53쪽에 언급되어 있다.

하트의 알파벳은 스미스의 알파벳보다 좀 더 실용적이었다. 하트는 부호를 많이 사용한 스미스의 방법을 지양했으며 음가 또한 더 좋았는데 왜냐하면 하트는 더 뛰어난 음성학자였기 때문이었다. 스미스와 마찬가지로, 하트는 새로운 문자들을 만들어냈고 기존의 문자 중 몇 개는 없앴다(두 사람 다 <c>를 없앴고, 스미스는 <q>를 하트는 <w>와 <y>를 없앴다). 어원을 보여주고 동음이의어 사이에 구분을 해주는 기능을 하는 전통적인 철자의 가치를 인식했음에도 불구하고 하트는 철자에서 비롯된 혼란과 무질서가 '암호를 해독하거나 혹은 쓰기의 이면으로 설명되어야만 하는 것들이다(2쪽)'며 모든 면에서 문자와 발음 사이에는 일대일 대응관계가 선호된다고 주장했다. 하트는 사실상 국제 음성 알파벳이라고 부를만한 것을 만들어내려고 시도했다. 이 문자는 첫째, 읽기를 가르치는 것을 단순하게 만들며, 둘째, 소위 무례한 지방의 영국인들뿐만 아니라 외국인도 모두 이제는 RP로 알려진 영어를 할 수 있도록 하고, 셋째, 외국어 학습을 쉽게 해준다.

하트는 필자 미상으로 책을 출간했기 때문에 그 후 2백 년 동안 그의 이름이 작가들에게 알려지지 않았다. 그리고 그의 책은 영어 발음에 대한 통찰력 있는 분석으로 이득을 많이 얻은 사람들이 당연히 보여야 할 존경심도 받지 못했다. 오히려 관심을 받을 필요가 없는 사람의 글들이 17세기와 18세기에는 더 많이 언급되기도 했다. 윌리엄 불로카(William Bullokar)는 학교 교사였는데 개혁을 더 진척시키기 위해 많은 시간을 바쳤을 뿐만 아니라 얼마 되지 않는 수입 중 상당한 금액을 소책자를 만들어내고 자신이 고친 철자를 기록하는 일련의 번역물을 출판하는 비용으로 댔다. 그의 개혁은 『영어 구어를 위한 대략적인 철자 수정책(The Booke at Large for the Amendment for Orthographie for English Speech)』(1581)에서 가장 자세히 이루어 졌다. 그 책의 첫 장에서 불로카는 개혁 제안에 대한 반응이 좋아봐야 무관심이고 가끔은 이미 글을 읽고 쓸 수 있는 사람들의 몹시 힘든 반대에 부딪친다는 것을 인정했다. 그럼에도 불구하고 그는 교사로서의 경험에서 볼 때 전통적인 알파벳은 불만족스럽다는 것을 알기 때문에 계속하고 있었다. '여기서 교사에게는 논쟁이 일어나고 학자들에게는 혐오가 일어난다.' 그러나 그의 철자체계와 이론은 스미스와 하트에서 이루어진 작업 이상의 것을 보여주지 못하며 그는 다만 고집과 다산력으로만 뛰어났던 많은 개혁자 첫 번째 사람으로 기억에 남아있다.

불로카와 동시대 사람은 리처드 멀캐스터인데 그의 철자에 대한 책은 앞 장에서 이미 많이 언급했다. 『초급문법 첫 권』에서 특히 중요한 것은 전통적인 철자가 영어에 만족할만한 문자 체계를 제공해주고 있으며 개혁을 할 필요가 없다는 견해를 피력하고 있음이다.[8] 멀캐스터는 논리적

8) 멀캐스터는 개혁에 반대하는 글을 쓴 첫 번째 사람은 아니라, 개혁에 반대해서 길게 반박을 한 첫 번째 사람이다. 초기에 이루어진 개혁의 불가능성에 대한 간략한 언급 중 전형적인 평은 존 바렛(John Baret)의 『둥근 모양 또는 4겹의 사전

인 논쟁보다는 멀캐스터는 교리적인 보수주의에 부분적으로 의존했다.[9)]

잠깐의 휴지기간 후 개혁에 대한 관심은 영어 문법을 기술하려던 처음 두 시도에서 다시 나타났다. 즉 17세기 초 출판된 알렉산더 길의 『영어의 논리』(1619)와 찰스 버틀러(Charles Butler)의 『영어 문법(The English Grammar)』(1633)이 그것이다. 길은 정음학자들에 대해 가장 많은 연구를 한 현대의 돕슨(E.J. Dobson)교수에 의해 아주 좋은 평을 받았다. 돕슨의 평은 여기서 기록할 만한 가치가 있는데 오늘날 역사학자들의 생각을 대표하고 있으며 17세기에 있었던 철자에 대한 당시의 태도를 잘 보여주고 있기 때문이다.

> 그의 체계는 … 영어를 완벽하게 음성적으로 표기한 것은 아니지만 우리가 지금까지 논의해온 그 어떤 개혁철자보다 더 실용적인 근거에 기반을 두고 사용될 수 있었을지도 모른다. 전면적이며 단순하면서도 옛날 철자에서 너무 동떨어지지도 않았다. 이 체계가 채택되지 않은 것은 너무나 아쉬운 일로 여겨진다. 왜냐하면 개혁이 당시에 여전히 실행가능 했었고, 그리고 체계에서의 변화가 필요하다고 나중에 알게 된다하더라도 그 변화를 만드는 일은 그리 어려운 일이 아니었을 것이었기 때문이다. 길의 실패는 당시에 철자를 개혁하고자 하는 모든 움직임의 실패를 말한다.[10)]

(Alvearie or Quadruple Dictionarie)』(1581)에서 볼 수 있다. '분명히 우리는 우리의 철자(또는 실제로는 철자가 아닌 오자체계(Cacographie))에 놀라기도 하고 잘못을 찾아내기도 한다. 그러나 내 생각에는 어떤 개인이 그것을 수정하기는 불가능하다. 학식 높은 대학교들이 이에 대한 진실을 규정하거나 혹은 왕이 귀족 자문단과 함께 진실을 비준하고 확인한 후 왕국 내에서 대중적으로 가르치고 사용하기 전까지는 말이다('E'에 대한 서문).

9) 알파벳에 글자가 부족하다고 주장하는 사람들에게 한 그의 답을 살펴보자. '문자의 결핍과 부족은 현재도 그렇고 과거부터 쭉 그래왔으며 앞으로도 그럴 것이고 그럴 수 있는 최고의 훌륭한 언어들에 만족하여 그것들을 방출해 왔으며, 말이나 펜 두 가지 모두로 전달되어 가능한 한 많은 이형과 모든 논쟁에서 가능한 한 아주 많은 어려움을 전달해 왔으며, 이 방법을 통해 후대의 자손들에 의해 가능한 한 잘 인식되어 왔다. 영어에 의해 전달되거나 이해되어 혹은 영어의 이해력에 의해 만들어져서 말이다'(89쪽).

길은 영어에서의 철자적 혼란을 만들어 낸 초기의 인쇄공들에게 주어지는 비난에 관해서도 흥미로운 얘기를 한다. 인쇄공들은 <ð>과 <ʒ>처럼 유용한 문자소들을 버림으로써 소리와 부호의 일대일 대응관계를 혼란스럽게 했다는 것이다. 음소적인 체계는 그의 목표였지만 여기서 어느 정도 멀어지는 것도 기꺼이 허용했는데 가령 단어의 어원을 보여주거나 혹은 동음이의어들을 구분하는 경우에 그랬다. 자신의 책(1621년 출간됨) 2판에서 길은 (발음 /ð/와 /ʤ/을 나타내는) <ð>과 <ʒ>를 다시 부활시킬 것을 추천하고 있다. 이와는 별도로 /x/ 발음을 위해서 <h>에 올라가는 빗금을 그어 사용하거나(역주: ħ), 모음 길이를 나타내기 위해 문자위에 붙이는 분음부호를 사용하는 등 그의 체계에서는 새로운 부호를 사용하고 있지 않다.11) 이는 단연코 좋은 타협이다.

버틀러의 철자체계에 대한 일반적인 개혁을 위한 마지막 청원은 철자에 대한 가장 초기 단계의 관심에서부터 비롯되었다. 길과 마찬가지로 버틀러의 계획도 타협안이었는데 동음이의어를 구분하고 어원을 보여주며 <ch>, <th>, <sh>의 문자소(스미스와 비교할 것)에 대해 새로운 글자를 제공하여 전통적인 철자로부터 주된 결별을 보여주고 있다. 버틀러와 길 두 사람 모두 말년에 철자에 대한 생각을 발표했다(버틀러는 1633년경에 칠십 살이 넘었을 것이다). 이때는 대다수 사람의 관심이 상당히 안정된 철자체계에서의 문제점에 대해 이미 많은 얘기가 진행되었고 철자체계를 부분적으로 개선하는 문제나 혹은 철자를 배우는데 어려움을 겪는 사람들에게 도움을 어떻게 줄 것인가 하는 문제로 향해 있었다.

---

10) 『영어 발음 1500-1700(English Pronunciation 1500-1700)』(Oxford, 1968), 131쪽.
11) <h>를 관통하는 빗금은 당시 손으로 직접 쓰는 육필에서는 일반적인 특징으로 단순히 인쇄체로 옮긴 것뿐이었다.

The Engliſh Primroſe.

bëa-con bec-ken ſic-ken rec-kon quic-ken dar-ken hear-ken. tä-ken lî-ken tô-ken ſpô-ken. Har-den war-den par-don.Hear-ten ſhor-ten Nor-ton Môr-ton Bur-ton but-ton mut-ton môl-ten Bôl-ton Cä-pon wëa-pon chëa-pen ſhä-pen ſhar-pen Âu-gre mâu-gre. Tî-gre. Ä-cre añ-cre (añ-chor añ ker) ſe-pul-chre. Cen-tre mî-tre Thë-a-tre. ox-en flax-en.

Our Fäther which art in hëaven. 1. Hallôwed bee thŷ Näme: 2 Thŷ kingdom come: 3 Thŷ wil bee done in earth, as it is in hëaven: 4 Give us this day our daily bread: 5 And forgive us our treſpaſſes as wee forgive them that treſpaſ againſt us: 6 And lëad us not intô temptätion, but dëliver us from evil: For thine is the kingdom; the power, and the glory, for ever. Ämen.

The Belief.

Î bëlieve in God the Fäther Almîghty, mäker of hëaven and earth; And in Jeſus Chriſt his onely Son our Lord, Which was concëived by the hôly Ghôſt, born of the virgin Märie, ſuffered under Pontius Pilate,

H was

[그림 4] 리처드 호지(Richard Hodge)의 중간 단계적 체계, 1644.

읽기를 배우는 과정에서 가장 초기 단계를 단순화하기 위한 영어에서의 첫 시도는 존 하트의 또 다른 책 『배우지 못한 모든 사람들을 편안하게 시작할 수 있도록 하는 방법(A Methode or Comfortable Beginning for all Vnlearned)』(1570)이었다. 그러나 이 책은 전통적인 철자보다는 하트 자신이 수정한 철자를 가르쳤다. 전통적인 철자와 음소적인 철자 사이의 타협을 가르침으로써 입문자들이 전통적인 철자를 쉽게 배울 수 있게 만드는 진정한 학습 보조 도구가 16세기 말 철자책의 내용이 확대되면서 비로소 나오기 시작했다. 에드먼드 쿠테는 『영어교사』에서 일반적 목적으로서의 철자개혁은 피하면서도 독자들에게 이렇게 묻는다.

> 왜 내가 철자를 쓰는 데 있어서 [이 책의 첫 부분에서] 일반적인 방법과 다른 방법으로, 그리고 이 책의 후반에 나오는 철자와도 다른 방법으로 많은 음절을 표기하고 있는지에 대해 궁금해 하지 마시오. templ은 <e>가 없이, tun은 하나의 <n>으로, plumms가 아닌 plums 등으로 쓰고 있다. 절대적으로 필요한 철자 외에는 넣지 않았고 나머지는 관습을 따라 쓰고 있다(서문).

입문자는 대략 일대일 대응관계를 가지고 있는 철자에서 시작해서 일단 읽기의 원칙을 배우게 되면 전통적인 철자로 안내된다. 많은 17세기 작가는 같은 방법을 따랐는데 몇몇의 사람은 이런 방법으로 단순화된 철자가 일반적인 용법으로 확대 사용될 수 있을 것으로 제안하기도 했다. 결단코 이 시기의 가장 뛰어난 중간 단계적 필기본은 역시 학교 교사인 리처드 호지(Richard Hodages)가 1644년 『영국 앵초꽃(English Primrose)』에서 한 제안이다. 호지는 모음에 음가와 길이를 나타내기 위해 구별부호를 첨가하고, 구어체 언어에서 대응관계를 갖지 못하는 문자소에는 밑줄을 긋는 등의 타협안을 제안했다(155쪽의 [그림 4]를 볼 것).

17세기 후반이 되면서 국제적인 알파벳 규정에 대한 관심이 커졌다. 이 생각은 새로운 것이 아니었다. 한 세기 전에 하트의 책에서 이미 암시되어있었다. 그러나 이때가 되어서야 충분한 설명이 주어졌다. 가령 윌리엄 홀더의 『말의 요소(Elements of Speech)』(1669)를 보자. '문자들을 자연적으로 생산하는 … 단 한 가지 방법이 있는 것처럼 … 전 세계를 통틀어서 각각의 '문자'[12]에 대해 한 가지 모양의 글자가 있었기를 많이 원했다' (13쪽).

당시의 영향력 있는 두 권의 책은 존 월리스(John Wallis)의 『영어 문법(Grammatica Linguæ Anglicanæ)』(1653)과 존 윌킨스(John Wilkins)의 『실제 글자와 철학적 언어에 대한 논고(Essay towards a Real Character and a Philosophical Language)』(1653)이다. 두 사람은 모두 왕립학회의 창립 회원이었고, 그들의 업적은 당시의 과학적인 접근 방식의 전형적인 모습을 보여준다. 월리스는 유명한 수학자로 다른 많은 분야에서도 잘 알려졌는데 영어를 이해하고자 하는 외국인들을 위해 『영어 문법』을 출판했다. 그의 책은 라틴어의 문법적 분석방법에 의존하는 것을 피하려고 노력한 첫 번째 영어 문법책이다. 이 책의 상당 부분을 차지하고 있는 영어 소리에 대한 기술은 보편성을 겨냥하고 있는데, 이는 다른 언어에서는 사용되지만 영어에서는 들을 수 없는 소리들을 자신의 체계에 끌어들이려고 했다는 점에서 그러하다.

윌킨스는 얼마동안 캠브리지대학교의 트리니티대학 학장을 지냈고 나중에 체스터의 주교가 되어 월리스의 '보편적인' 소리 체계를 받아들여 이 체계를 표기할 수 있는 국제적인 알파벳을 제공하려는 노력에 한발 더 나아갔다.[13] 그는 영어 철자는 개혁이 필요하다는 의견을 굳게 갖고 있었고 그의 음성적 알파벳과 함께 영어에 대해서도 수정철자([그림 5])를 제안했다. 여기서는 그리스어 문자들이 모음에 대한 로만 알파벳을

12) 여기서의 '문자(letters)'는 소리를 의미한다. 17세기에는 소리들은 모든 언어에서 모두 동일하다고 일반적으로 생각했다.

13) 윌킨스는 또한 프란시스 로드윅(Francis Lodwick)의 『보편적인 알파벳에 대한 논고(An Essay towards an Universal Alphabet)』에 영향을 받았음을 기록하고 있다. 이 책은 1680년대에 가서야 출판되었다.

보조하고 있으며 자음 부호들은 이중철자(역주: 두 개의 글자를 사용해서 하나의 발음을 표기하는 철자)를 자유스럽게 쓰는 것으로 확대하고 있다. 이는 전통적인 철자와 음소적인 철자의 타협안이다. 예를 들어 전통적인 이중자음은 유지되었다. 그러나 개혁의 움직임에 대한 열정이 식어버리면서 윌킨스의 수정철자는 다만 학문적인 관심만 받게 되었다. 존슨박사는 거의 한 세기가 지난 후에 '윌킨스 주교는 … 다른 사람이 따라올 것이라는 기대 없이 규칙적인 철자법을 제안했다'고 말했다.14)

The Lords Prayer.

Yur fadher huitsh art in héven, halloëd bi dhyi nàm, dhyi cíngdym cym, dhyi uill bi dyn, in erth az it iz in héven, giv ys dhis dai yur daili bred, and fargív ys yur treſpaſſez az ui fargív dhem dhat treſpaſ againſt ys, and lèd ys nat intu temptaſiun, byt deliver ys fram ivil, far dhyn iz dhe cingdim, dhe pyuër and dhe glari, far ever and ever, Amen.

The Creed.

Yi biliv in Gad dhe fàdher almyiti màker af héven and erth, and in Dzheſys Cryiſt hiz onli ſyn yur Lard, huu uaz cansèved byi dhe holi Goſt, barn af dhe Virgin Màri, ſyffered ynder Panſiys Pyilat, uaz cruſifiëd ded and byriëd. Hi deſſended intu hel, dhe thyrd dai hi ròſ again fram dhe ded. Hi aſſended intu héven, huèr hi ſitteth at dhe ryit hand af Gad dhe fàdher, fram huènſ hi ſhal cym tu dzhydzh dhe cuic and dhe ded. Yi biliv in dhe holi Goſt, dhe holi catholic tshyrtſh, dhe camminiuniar af Saints, dhe fargivnes af ſinz, de reſyrrecſion af dhe bady, and lyif everlaſting. Amen.

[그림 5] 존 윌킨스의 『실제 글자와 철학적인 언어에 대한 논고』(1653)로 현재 맨체스터 대학교 도서관에 소장된 인쇄본의 373쪽 아래 반절부분이다. 주기도문과 사도신경은 윌킨스의 영어를 위한 수정 철자로 인쇄되어있다. 주기도문에 대한 다른 필기방법은 18세기 책의 주인에 의해 첨가되었다.

18세기에 들어서자 철자개혁은 아주 나쁜 인쇄기를 만났다. 윌킨스의 제안에 대한 존슨의 묵살은 당시 이전 시대에 나왔던 개혁자들에 대한

14) 『영어사전』의 서두에 첨부된 '영어 문법(A grammar of the English language)' 1755년.

당대 사람들 대부분의 태도를 보여주고 있다. 결과적으로 토마스 디치(Thomas Dyche)가 1723년 출판한 자신의 철자책에 포함하고 싶어 했었을지도 모를 아주 (새로운 것이 전혀 없는) 온건한 수정(가령 doctrine(교리)에서는 <e>를 없애고, humour(유머)에서는 두 번째 <u>를 없애는 등)은 버려져야만 했다. 왜냐하면 디치가 서문에서 말한대로 '대중의 유행에 반해서 나만의 의견을 제안한다는 것은 위험한 일이라고 나는 고백해야 한다. 자신을 지지할 아주 솔직한 친구들을 상당수 가지고 있지 않는 한 관습은 사람을 패배시키기 때문이다'.15)

같은 시기에 약간은 더 무모한 다른 사람들도 있었다. 존슨은 그들을 '기발한 사람들'이라고 불렀다. 'honour(영광)나 labour(노동) 대신에 honor와 labor를 쓰고 read(읽다)의 과거형을 read 대신 red을 쓰며 says(말한다의 3인칭 단수현재형) 대신 sais, repeat(반복하다) 대신 repete, explain(설명하다) 대신 explane, declaim(변론하다) 대신 declame을 사용함으로써 자신의 고국이 잘 대접받을 가치가 있도록 노력한 사람들이다. 이들은 어떤 선한 일도 한 적이 없지만 해로운 일도 거의 하지 않았다. 그들은 혁신을 거의하지 않았기 때문이며, 또한 그들을 따라가는 사람들도 거의 없었기 때문이다.'16) 관습은 실제로 사람을 패배시켰다. 결과적으로 개혁 문제에 대한 덜 진지한 논의는 16세기부터 20세기 중 특히 18세기 영국의 문학작품들에 기록되어있다.17)

15) 『영어에서 일반적으로 사용되는 모든 단어에 대한 사전(A Dictionary of the all the Words Commonly Us'd in the English Tongue)』.

16) 인용문 중에서 나옴.

17) 18세기에는 모든 사람이 개혁에 반대한 것은 아니다. 그러나 개혁에 찬성하거나 혹은 새로운 수정에 대한 논쟁은 거의 출간되지 않았다. 개인적으로 고안된 계획들은 [그림 5]에서 보는 것처럼 18세기 윌킨스의 『논고』에 달린 주석에서 볼 수 있다. 윌킨스의 수정철자로 된 주기도문과 신경의 인쇄본 사이에는 다른 대체방법으로 표기한 주기도문이 잉크로 첨가되어 쓰였는데 이는 이 책의 18세기 주인

그러나 앞선 세기들의 토론은 문예전성기에도 잊혀지지 않았지만, 대부분의 사람은 개혁이 전체적이든 부분적이든 간에 어떤 이점도 발견할 수 없었다. 존슨의 말을 다시 인용하면 다음과 같다.

> 일반적이고 오래 지속되는 이점은 일관성과 안정성에 있다. 그러나 점진적인 교정이 느리게 개선되다보면 균형을 잃고 쓰러지기도 한다. 구어체에서의 부패, 즉 잘못된 변화를 준수하기 위해 문어체 언어를 바꾸거나 혹은 시간과 장소마다 존재하는 모든 이형이 다르게 만들어 낸 것을 복사하거나, 또 다시 바뀔 변화를 모방하거나 해서는 안 된다. 모방은 다만 관찰하는 것에만 사용된다.[18]

윌리스의 연구와 같은 통시적 언어학 연구로 얻어진 음운론적인 변화에 대한 의식이 증가하면서 언어 교육기관에 의한 언어의 '고정화'를 끈질기게 요구하게 되었다(130쪽 참조할 것). 그러면 작가들은 모래 위에 글을 쓰고 있다는 두려움을 느낄 필요가 없게 된다.[19] '고정화'가 가장

이 쓴 것으로 책갈피에 자신의 이름을 'S.S'라고 표기하고 1749년 11월 4일이라고 썼다. 여기에 기록된 대체 철자(which, heaven, 등)는 개혁철자를 만들기 위한 계획이 끝났음을 시사한다. 윌킨스처럼 대체 철자 또한 전통적인 철자와 타협하고 있다(중복자음 hallðed, trépassez를 참조할 것). 이 책의 다른 주석에서 S.S. 자신은 초기의 정음학자들의 견해에 상당히 익숙한 모습을 보여주고 있다.

18) 사전 서문. 문법에 대한 존슨의 좀 더 간결하고 감동적인 언급은 더 잘 알려져 있다. '발음에 좀 더 잘 맞는 철자를 수용하는 것은 … 그림자로 측정을 하거나, 혹은 그것을 철자를 적용하는 동안에도 변화하고 있을지도 모르는 모델이나 혹은 기준으로 삼는 것이다.'

19) 에드먼드 월러(Edmund Waller)의 '영어의 운문에 대하여(Of English Verse)' (『시(Poems)』, 1668) 참조.

Poets that lasting Marble seek (오래가는 대리석을 구하고자 하는 시인들은)
Must carve in *Latine* or in *Greek*, (라틴어나 그리스어로 조각을 해야 한다.)
We write in Sand, our Language grows, (우리는 모래 위에 글을 쓰고, 우리의 언어는 성장 한다.)
And like the Tide our work o'erflows. (마치 조류처럼 우리의 작품은 넘쳐흐른다.)

쉬운 언어학적 분야는 철자였다(프랑스 한림원 회원들이 알아냈던 것처럼). 18세기의 영국 사람들은 그들 언어의 안정된 특징을 평가 절하하는 어떤 시도도 강하게 거부했다.

철자가 완벽해서가 아니라 제임스 비티(James Beattie)가 표현한 것처럼 '언어로 하여금 … 가능한 많이, 구문론에서도 철자에서도 그리고 알파벳에서도 고정이 되게 만들자'는 것이었다.[20] 존슨이 말한 '장소의 다양성'이 보여주는 것처럼 지역적이며 사회적인 방언의 차이는 개혁에 대한 장애물로 자리잡고 있었다.

조나단 스위프트는 특정 부류 화자들, 특히 유행을 따라가는 사람들의 가식적인 모습을 한 번 이상 공격했다. 그는 『영어를 교정하고, 개선하고, 확인하기 위한 제안(A Proposal for Correcting, Improving, and Ascertaining the English Tongue)』(1712)에서 이런 음운론적인 다양성을 음성적인 철자에 반영하고자 하는 어리석은 시도에 대해 이렇게 말한다.

> 영국의 몇 군데 마을이나 카운티만이 발음을 다르게 하는 것이 아니다. 이곳 런던에서도 단어들을 잘라 내어 발음을 하지 않는데 발음하는 방법이 왕궁에서 다르고, 시내에서 다르고 그리고 시 외곽지역에서 다른 세 가지로 나타난다. 몇 년 이내에 아마도 그들 사이에서도 달라져서 상상이나 혹은 유행이 이끌어가게 될 것이다. 이 모든 차이가 쓰기에 들어오게 되면 철자를 완전히 당혹스럽게 만들 것이다.

초기의 개혁자들이 철자개혁을 옹호한 이유가 모든 사람들이 RP를 말할 수 있도록 가르치기 위한 이유라고 했던 반면(하트 94쪽 비교), 사실은

시인들은 자신들의 작품이 후대에 가면 이해받지 못할 거라고 두려워했을 뿐만 아니라 17세기에는 학문의 언어로 영어가 라틴어의 위치를 대체하는 것은 반드시 언어학적인 안정성이 확립되어야만 한다고 생각했다. 따라서 왕립학회의 관심은 언어 교육기관의 문제에 있었다.

20) 『언어의 이론(The Theory of Language)』, 1788, 44쪽.

그렇지 않다는 것이 바로 여기서 개혁에 반대하는 논쟁으로 사용되고 있다는 것이다.

철자를 음운적으로 측정하는 것을 일반적으로 원하지 않는 것과는 별도로 이 시기의 작가들은 수정된 철자에서 어원에 관련된 정보들이 상실되는 것에 대해 경고를 울렸다. 스위프트는 '우리의 어원을 완전히 파괴하는 명백한 불편함'에 대해 언급했고 비티는 개혁이 '어원을 없애버릴 것'이라고 두려워했다. 더군다나 특히 동음이의어(역주: 발음은 같지만 철자는 다르고 의미가 다른 단어)를 동철이의어(역주: 철자가 같으나 의미는 다른 단어)로 만들어버림으로써 모호함이 더 증가될 것임이 예상되었다.

18세기에 개혁을 주장하는 가장 뛰어난 옹호자도 바로 이 전통적인 철자를 지지하는 논쟁에 답을 해야만 했다. 그 옹호자는 철학가이고 과학자이며 미국의 정치가인 벤저민 프랭클린(Benjamin Franklin)이었다. 그는 말하기를 어원은 이를 추구하는 사람들의 초기 문학작품에 잘 보존되어있다. 그리고 어떤 경우에도 한 단어의 어원은 현재의 의미에 대한 확실한 안내자가 되지는 못하고 있다. 동철이의어 충돌에 대해서 주장하기를 말에서는 문맥이 안내자이며 또한 요약하기가 쉬운 쓰기에서는 문맥은 더더욱 안전한 안내자라고 말한다.

개혁에 대한 프랭클린의 관심은 그의 분주하고 다양한 인생에서 상당히 늦은 시기에 나타났다. 1768년 7월20일 그는 런던에 있는 젊은 친구인 메리 스티븐슨(Mary Stevenson)에게 편지를 보냈는데 편지에는 새로운 알파벳에 대한 계획과 함께 그 알파벳으로 표기한 내용이 들어있었다. 편지의 표지에는 짤막하게 개혁의 필요성을 언급했는데('지금까지 해온 것처럼 앞으로도 몇 세기 동안 계속한다면, 우리가 쓰는 단어는 점진적으로 발음을 표현하지 못하게 되고 단지 사물을 의미하게 될 것이다. 마치 중국어에서 단어를 사용하는 방법처럼 말이야.') 이 또한 새 철자로 쓰여 있었다. 스티븐슨 양은 마찬가지 방법으로 개혁에 반대한다는 그녀의 의견을 써서 답장했다. 그러자 프랭클린은 새로운 개혁 체계의 지속적인 이점을 설파하는 그 유명한 변호 서한을 썼다.21) 이 서한이 가장 중요하게 보여주는 것은 정확하게 철자를 하는 사람들의 비율이 증가하고 있다는 것이다.

> 현재의 상태에서 철자를 잘 쓰는 당신이나 혹은 나에게는 새로운 방법으로 바꾸는 문제는 별로 어렵지 않겠지요. 아마도 한 주만 쓰다보면 완벽하게 어려움을 극복할 수 있을 겁니다. 그러나 철자를 잘 쓰지 못하는 사람들에게는 두 가지 어려움이 비교될 수 있는데 (즉) 현재의 방법대로 맞는 철자를 가르치는 것이고, 또 하나는 새로운 알파벳을 사용해서 새로운 철자법을 가르치는 것입니다. 나는 확신하건대 후자의 방법이 훨씬 어려움이 적을 것이라고 생각해요. 그들은 현재의 알파벳이 갖고 있는 불완전성을 인정하면서 자연적으로 새로운 방법을 알게 될 것입니다. 그 사람들이 지금 철자를 잘 쓰지 못하는 것은 현재의 규칙이 나쁘기 때문이지요. 새로운 규칙을 가지게 되면 잘 하게 될 것입니다. 옛날 방식대로 철자를 잘 쓸 수 있게 배우는 것은 너무 어려워 습득하는 사람이 거의 없습니다. 수 천 명이 과거 방식으로 쓰고 있지만 그 방법을 제대로 배우지도 못한 채 말입니다.

모든 사람이 최소한의 노력으로 철자를 손쉽게 쓰는 것에 대한 프랭클린의 관심은 그로 하여금 시대의 선두에 서게 만들었다. 이러한 태도는 19세기 후반의 개혁자들의 분위기와 목표에 아주 잘 일치했고 이 편지

21) 두 번째 편지는 1768년 9월28일에 쓰였다. 이 편지와 이 편지를 쓰게 만든 스티븐슨의 편지는 벤저민 보간(Benjamin Baughan)의 『벤저민 프랭클린의 정치적이며 잡다한 주제와 철학적인 단편들(Political, Miscellaneous, and Philosophical Pieces....by Benjamin Franklin)』(1779, 런던, 472쪽)에 의해 출간되면서 이 제안이 대중에게 알려지게 되었다. 편지의 출판본은 형식적인 면에서 사소한 수정을 담고 있다. 가령 Dear Polly(폴리에게)는 Dear Madam(부인에게)이 되었다.

전체가 1870년대 후반에 이삭 피트만(Issac Pitman)의 철자개혁 책자 311번에 다시 실린 것도 놀랄 일은 아니다.

프랭클린의 제안은 전통적인 로만 알파벳 중 <c, j, q, w, x, y>를 제외하고 전통적인 철자에서는 불완전하게 표기되던 발음들을 위해 기존의 문자를 수정한 형태의 6개 글자를 합하여 26개의 부호로 구성된 음소적인 철자였다. 그의 실험은 윌킨스에게[22] 영향을 받았을 지도 모르지만 프랭클린의 알파벳은 상당히 다르다. 윌킨스의 자음에서 이중철자를 사용하기 보다는 프랭클린은 각각의 발음을 표기하기 위해 하나의 부호를 사용할 것을 제안했다. 가령 /ɵ/ 발음은 <t>와 <h>를 붙여서 하나로 만들었으며, /ð/는 <d>와 <h>를 붙인 글자, 그리고 /ŋ/은 <g>에 있는 꼬리를 <n>에 붙여서, /ʃ/는 <s>의 아래 부분에 수직선을 긋는 등이다. 모든 모음 문자소를 두 번씩 사용함으로써 알파벳의 수를 26개로 제한할 수 있었다.

모음은 하나가 쓰이면 단음으로 두 번 중복하면 장음으로 쓰였는데 사실은 음성학적으로는 바람직하지 못한 짝짓기를 하게 만들었다. 가령 뒤집어진 <h>는 /ə/ 발음을 표기하는데 중복해서 쓰면 /ʌ/를 나타냈다. 그의 귀가 완벽한 청력을 가지지 않았다는 것은 자음의 표기에 있어서도 나타난다. 가령 /ʧ/는 /t+ʃ/로 /ʤ/는 /d+ʃ/로 들었다는 증거에서 그러하다. 그럼에도 불구하고 프랭클린은 모든 사람이 18세기에 존슨을 따라가지는 않았다는 것을 보여줄 뿐만 아니라 수많은 제안과 논쟁이 다음 세기에 계속되리라는 것을 실제로 예견했다.

프랭클린은 개혁 알파벳을 고안했고 이를 변호하는 서신이 출판까지

---

22) 이 내용은 윌리엄 윌콕스(William B. Wilcox)의 『벤저민 프랭클린의 논문들(Papers of Benjamin Franklin)』 15권 (New Haven & London, 1972)에 나와 있다. 이 책에는 관련된 서신들(173-8, 215-20쪽)과 편지 원본의 팩시밀리 복사본도 함께 들어있다.

되었다는 사실에도 불구하고 본질적으로는 개인적인 계획이었다. 저자 자신을 만족하기 위해 실행된 것일 뿐 성공적인 개혁을 추진하기 위해서 필요한 강박관념을 가지고 널리 알리고자 했던 것은 아니었다. 18세기 말이 되면서 새로운 일련의 개혁 제안이 출판되었지만 그 중 어떤 것도 대중의 관심이나 박수를 많이 받지는 못했다. 그러나 이들의 출현은 개혁자들의 공적인 행동에 있어서 휴식은 끝났다는 것을 표시한다.

새로운 물결의 첫 번째 주자는 런던에 살고 있던 학교 교사 제임스 엘핀스턴(James Elphinston)이었다. 그는 프랭클린과는 상당히 다른 방법으로 그러나 자신의 철자체계를 출판하기 위해 쏟은 열정에 있어서는 불로카를 연상시키는 방법으로 개혁을 위해 일했다. 1787년과 1795년 사이 그는 구어체 언어를 정확하게 표기하는 것을 목표로 하는 개혁된 철자로 (왜냐하면 '철자는 단지 말의 그림이기' 때문이다) 문법과 철자에 관한 연속 출판물을 이 세상에 내놓았다. 그러나 그의 철자체계는 로만 알파벳 문자만을 사용하도록 제한되었다. 이 체계는 『완벽하게 요약된 영어 철자(Inglish Orthography Epittomized)』(1790)에 설명되어있는데 이 책의 첫 페이지에서 앞에서 인용한 문장이 나왔다.

다른 작가들은 이보다는 덜 전념했는데 가령 미국에서는 윌리엄 쏜턴(William Thornton)이 음소적 철자를 옹호하면서 전통적인 철자에서 부적절하게 표기되어있는 음소들을 나타내기 위한 새로운 문자들을 제공했다. 이는 청각장애인들을 가르치는 책을 만들기 위한 부산물이었다.[23] 보스톤(매사추세츠 주)의 서점주인 윌리엄 펠햄(William Pelham)은 『표기체계(A System of Notation)』(1806)에서 발음을 표기하기 위해 복잡한

23) 카드무스(Cadmus)의 『문어체 언어의 요소에 대한 논고(A Treatise on the Elements of Written Language)』(필라델피아, 1793).

구별부호가 있는 체계를 글쓰기에 사용할 것을 제안했다.[24)]

이들의 계획 중 어떤 것도 내면적으로 흥미롭지는 못했지만, 이들의 출판은 19세기에 있었던 기본적인 전제들이 의문시 되고 있다는 것을 시사한다. 점차 시계추가 다른 쪽으로 움직이게 되었다. 철자라는 주제에 대해 대부분의 작가들은 존슨이나 그의 동시대인들이 선호했던 안정성보다는 체계의 수정을 선호하게 되었다. 노아 웹스터의 초기 기록들을 보면 앞에서 자세히 언급된 것처럼 언어학자들과 교육학자들의 태도에 일어났던 변화가 그 징후를 보이고 있었다는 것을 알 수 있다. 1783년 웹스터는 확실한 개혁반대주의자였지만[25)] 1789년이 되면서 개혁론자로서의 오랜 경력을 시작했다. 이 경력은 그의 이름을 철자의 역사상 관련된 인물들 중에서 가장 잘 기억되는 이름으로 만들었다.

18세기 말 개혁을 선호하는 입장으로 분위기가 바뀐 것은 장 자끄 루소(Jean-Jacques Rousseau)가 쓴 글에 기반을 둔 교육 철학 혁명의 결과였다. 18세기 문법학자들의 엄격한 주입식 교육적 접근 방식은 어린이들의 자연적인 흥미와 지성에 호소하는 방식으로 완전히 바뀌었다. 모든 교육 중에서도 가장 중심이 되는 읽기 능력은 음소 표기에 부적절한 전통적인 철자체계로는 상식을 적용하여 습득할 수가 없고 오히려 방해를 받을 뿐

24) 에노스 위드(Enos Weed)는『미국식 철자, 세 권의 책에 담다(The American Orthography, in three books)』(1797-98) 를 출판했다. 세 번째 책은 개혁된 철자로 구성하고 있지만 어떤 인쇄본도 남아있지 않다. 알스턴(R.C. Alston)의『영어의 일대기(A Biography of the English Language)』4권 철자책들 (브래드포드, 1967) 941번을 참조할 것.

25) 비교하기: '우리의 언어는 확실히 철자와는 아주 다르게 발음이 된다. 우리가 후회하는 불편함이지만 고칠 수는 없다. 진보적인 변화를 시도한다는 것은 나태하다. 그것은 효과적인 수정이 이루어지지 못하면 언어로 하여금 영원히 요동치게 만들 것이다. 한꺼번에 모든 것을 변화시키려는 시도는 똑같이 나태하며 낭비하는 것인데 왜냐하면 언어를 이해하지 못하게 만들기 때문이다'(『문법적 기관(Grammatical Institute)』11쪽 주석).

이므로 결과적으로 표기법을 좀 더 체계적으로 만들고 더 나아가 좀 더 논리적으로 만들기 위해 철자를 수정하려는 생각은 점차 지지를 받게 되었다.

19세기 초 철자개혁에 대한 관심을 증가시킨 다른 요인들도 있었다. 가령 문맹사회와 접촉을 하게 된 선교사들은 불가피하게 음소적인 알파벳의 진화로 인도되었다. 그들을 개종시키기 위해 성경을 읽게 하려면 영어에 사용된 로만 알파벳은 영어의 발음 체계와 혼란스러운 대응관계를 갖고 있다는 사실이 강조되었고 기존의 철자를 수정하여 새로운 철자를 유형화하려는 시도들이 이루어졌다. 비슷하게 음성적인 기반을 둔 속기술의 인기도 높아지면서 전통적인 철자의 변칙성은 더 강조되었다. 그러나 19세기와 20세기를 통틀어 개혁에 대한 주된 추진력은 교육자들이 읽기를 가르치는 과정에서 관찰된 어려움을 단순화하기 위한 필요성에 있었다.

19세기 동안 영국에서 개혁을 주창한 사람들 중 최고의 자리는 이삭 피트만에게 돌아가는데 그는 1837년 24세의 나이에 자신의 이름을 딴 속기체계를 만들었다. 속기체계는 이전 두 세기 동안에도 충분히 보편적이었지만 그러나 피트만의 체계의 새로운 요소는 음성학적인 원칙에 기반을 두고 있다는 것이다.[26] 바로 이러한 관심, 즉 발음의 표기를 종이 위에 한다는 것이 피트만으로 하여금 전통적인 철자에 대한 개혁으로 옮겨가게 만들었다.

1842년 『속기문자 저널(Phonographic Journal)』(왕성한 작가 경력동안 피트만이 발행한 여러 정기간행물들 중 하나)[27]의 첫 권에서 피트만은

---

26) 음성적인 속기는 윌킨스에 의해서도 1668년 만들어졌지만 그가 만든 다른 알파벳처럼 윌킨스의 속기는 대중들에게 사용되지 못했다.

27) 『속기문자 저널』은 삼년 동안 발간되다가 나중에 『속기문자 통신(Phonographic

새로운 글자인 음소적인 알파벳을 제안했다. 그것은 너무나 극단적이었기 때문에 다음 두 해 동안에는 『표음문자 저널(Phonotypic Journal)』을 통해 로만 알파벳을 확대하여 만든 표음문자(Phonotype)이라고 부르는 철자체계를 제안했다. 이 체계는 피트만과 당시에 함께 일했던 그의 주된 공동연구자인 엘리스(A. J. Ellis)에 의해 계속 수정되었다. 1870년까지 발전된 것은 [그림 5]에 있는 36개의 문자로 구성된 알파벳이었다.[28)]

19세기의 상당 부분 동안 알파벳을 중심으로 형성된 출판 기관인 '읽기, 쓰기, 그리고 철자개혁'은 바스(Bath) 시에 있는 아주 멋진 건물에서 새로운 철자체계를 적용한 책들(성경을 포함해서)과 이를 옹호하는 소책자들을 계속 출간했다. 재정지원은 상업적으로 성공한 속기 출판업자들(부수적으로 개혁이 홍보를 도와주었다)로부터 제공되었고, 또한 개인의 후한 기부로부터 많은 수의 일반 대중이 내는 소박한 기부에 이르기까지 책의 구독자들로부터 제공되었다. 이 계획에 수많은 일반인들이 관여한 것은 피트만이 철자개혁이라는 문제를 대중적인 이슈로 만드는 데 성공했다는 것을 보여준다.

그러나 막스 뮐러(Max Müller)와 같은 어원학자들을 포함하는 진지한 학문적인 프로젝트도 있었다. 뮐러는 『2주 논평(Fortnightly Review)』 1876년 4월호에서 피트만의 계획을 지지했다. 피트만은 자신의 관심사는 읽기를 단순화하기 위한 것이며 철자를 음소적으로 만들어 읽기를 효율

Correspondent)』에 합병되어 1858년까지 발간되었다. 그러고 나서 『속기문자 잡지(Phonographic Magazine)』는 5년 동안 발행되었다. 그러는 동안 『표음문자 잡지(Phonotypic Journal)』는 1843년 『속기문자 저널』과 같은 제목으로 처음 발간되었고 나중에는 여러 가지 다양한 이름(예를 들어 『음성 저널(Phonetic Journal)』과 『피트만의 저널(Pitman's Journal)』)으로 20세기까지도 계속 발간되었다.

28) 표음문자는 1847년에 확립되었다(피트만-엘리스 협력체계에 대한 초기 역사에 대해서는 『음성 저널(Phonetic Journal)』 1848년 1월호를 볼 것). 1847년과 1870년 사이에는 88개나 되는 새로운 글자들이 실험되었다.

적으로 할 수 있도록 함으로써 가난한 사람들의 교육도 가능하게 만들뿐만 아니라 쉽게 만들려고 한다는 것에 있음을 반복적으로 언급했다(개혁을 위한 홍보에서). 그는 교사직을 후원함으로써 보상을 받았다. 1876년 전국 초등교사 연맹(the National Union of Elementary Teachers)은 왕립 위원회로 하여금 철자개혁 문제를 숙고해달라고 탄원하는 결의서를 승인했다.

그동안 비슷한 압박들이 미국에서도 이루어지고 있었다. 미국에서의 주된 관심은 철자를 가르치는 데 드는 에너지와 경비의 낭비였다. 빈곤층의 교육에 관한 피트만의 언급은 영국이 1870년이 제정한 교육법, 모든 사람들에게 교육을 제공한다는 교육 법령과 관련이 있다. 미국에서는 공공기관들이 이질적인 인구들에게 교육을 제공하는 데 관심이 있었다. 인구 6명 중 한 명은 제1세대 혹은 제2세대 이민자들이었고 대부분 영어를 사용하지 않는 사람들이었으며 구어체와 문어체 영어를 가르치는 것은 하나의 국가로 용접하는 것과 관련되었다. 개혁의 문제는 교육부 담당자들로부터 이를 실현하는 학교 교사들에게 이르기까지 모두가 다 관심을 가지고 있었다.

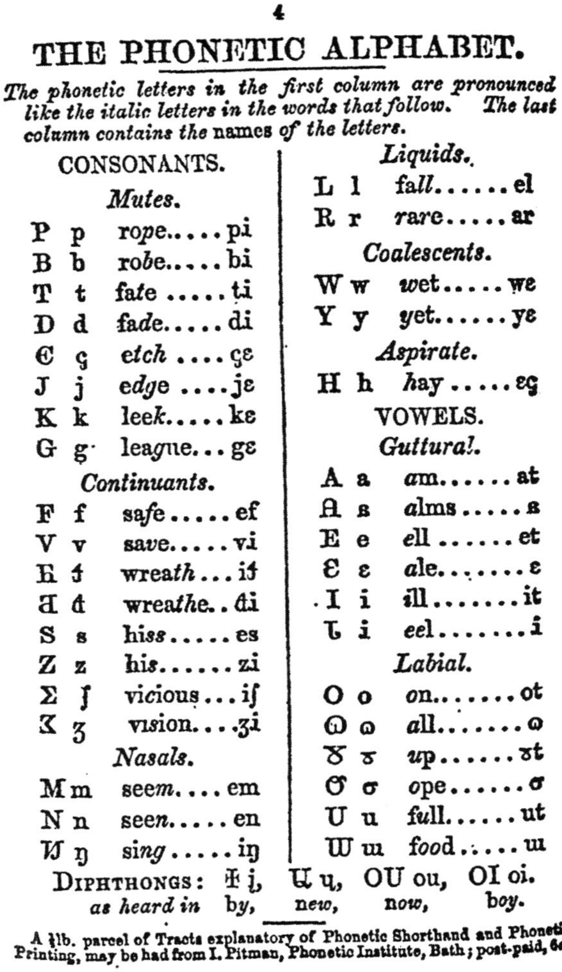

4

THE PHONETIC ALPHABET.

The phonetic letters in the first column are pronounced like the italic letters in the words that follow. The last column contains the names *of the letters.*

CONSONANTS.

Mutes.

P	p	ro*p*e	pi
B	b	ro*b*e	bi
T	t	fa*t*e	ti
D	d	fa*d*e	di
Ꞓ	ç	et*ch*	çɛ
J	j	e*dg*e	jɛ
K	k	lee*k*	kɛ
G	g	lea*gu*e	gɛ

Continuants.

F	f	sa*f*e	ef
V	v	sa*v*e	vi
Ŧ	ŧ	wrea*th*	iŧ
Đ	đ	wrea*the*	đi
S	s	hi*ss*	es
Z	z	hi*s*	zi
Σ	ʃ	vi*c*ious	iʃ
Ʒ	ʒ	vi*s*ion	ʒi

Nasals.

M	m	see*m*	em
N	n	see*n*	en
Ŋ	ŋ	si*ng*	iŋ

Liquids.

L	l	fa*ll*	el
R	r	*r*a*r*e	ar

Coalescents.

W	w	*w*et	we
Y	y	*y*et	yɛ

Aspirate.

H	h	*h*ay	ɛç

VOWELS.

Guttural.

A	a	*a*m	at
Ɑ	ɑ	*a*lms	ɑ
E	e	*e*ll	et
Ɛ	ɛ	*a*le	ɛ
I	i	*i*ll	it
Ɩ	ɩ	*ee*l	ɩ

Labial.

O	o	*o*n	ot
Ω	ω	*a*ll	ω
Ʊ	ʊ	*u*p	ʊt
Ơ	ơ	*o*pe	ơ
U	u	f*u*ll	ut
Ɯ	ɯ	f*oo*d	ɯ

DIPHTHONGS: Ɉ ɉ, Ɥ ɥ, OU ou, OI oi.
as heard in by, *new*, *now*, *boy*.

A ¼lb. parcel of Tracts explanatory of Phonetic Shorthand and Phonetic Printing, may be had from I. Pitman, Phonetic Institute, Bath; post-paid, 6d.

[그림 6] 이삭 피트만이 1870년 개발한 속기문자(Phonotype)

알파벳을 가르치는 실험 중 가장 성공적인 실험은 1866년 세인트루이스의 에드윈 리(Edwin Leigh)에 의해 시작되었다. 이 실험에서는 묵음에 가느다란 선을 긋고 다른 음들을 위해서는 형태를 수정하여 사용함으로

써 읽기를 배우는 초기 단계가 지난 후에 전통적인 철자로 이동하는 방식이었다. 세인트루이스 지역에서는 20년도 넘게 이 방법이 사용되었다.29) [그림 7]에서는 이 방법이 비슷한 종류의 다른 실험에서도 유추하여 사용할 수 있음을 보여주고 있다.30)

100 Eclectic Primary Reader.

and jump and frisk about′ as though he were very happy, as no doubt he is.

6. One day Dash came trotting up stairs with a fine large pear in his mouth.

7. He held it by the stem, and looked up at James, as much as to say, "Dear master, I have got something very nice for you."

8. James rose up in the bed, and reached out his hand for the pear. Dash gave it to him, and as James said, "Thank you, Dash," the dog barked, as much as to say, "You are very welcome," and bounded out of the room.

9. Is not Dash a fine dog? I am sure James will be kinder to him than ever when he gets well.

[그림 7] 에드윈 리의 전환문자, 1866년· <s>가 /s/와 /z/ 두 가지 소리를 표기하고 있고, <e>는 /e/와 /i:/ 두 가지 소리를 표기하고 있는 등의 세밀한 내용을 확인할 것.

29) 『철자개혁(The Spelling Reform)』, 교육부 소식지, 1893년 8호 7쪽 이후.

30) 이러한 계획은 영국에서도 진지하게 고려되었다. 이는 대영제국의 학교 감사관이었던 라이스 번 목사(Rev. J. Rice Byrne)가 1868년 교육위원회에 알파벳을 가르치는 것은 모든 공립 초등학교에 의무적으로 도입해야 한다고 제안했다는 사실에서 알 수 있다.

긴 기간을 두고 보면 더 중요한 것은 대학과 연관된 개혁 움직임이다. 훌륭한 어원학자인 프란시스 마치(Francis March)는 동료 할데만(S.S. Haldeman)과 위트니(W.D. Whitney)와 함께 1876년에 미국문헌학협회(American Philological Association)의 분회로 미국철자개혁협회(American Spelling Reform Association)를 창설했다. 이들의 목표는 어떠한 철자개혁 계획도 일반적으로 채택되지 못하게 만든 편견의 장벽을 무너뜨리고, 영어를 음소적으로 표기할 수 있는 수정된 로만 알파벳을 만들어내는 것이었다. 알파벳(32개의 문자를 가진)은 실제로 만들어졌고 전통적인 철자에서 새로운 철자로 넘어가는 전환기 프로그램도 함께 제안되었으나 보급되는 데는 별 진전이 없었다.

영국에서도 비슷한 속도로 일이 진행되고 있었다. 세이스(A. H. Sayce)와 헨리 스위트(Henry Sweet), 그리고 제임스 머레이(James Murray)가 이끄는 영국문헌학학회(British Philological Society)가 이 문제에 이미 관심을 보이고 있었다. 이미 1869년 학회 자문단은 개혁이 바람직하다고 결정했고 '그 방향과 수준과 성격을 고려할' 위원회를 임명했다. 위원들은 동의에 이르지 못했다. 그들 중 한 사람인 피트만의 공동연구자인 엘리스는 글로식(Glossic)이라고 부르는 자신만의 수정 철자를 만들었는데 최소한의 수정을 한 것이라고 설명했다. '새로운 철자체계는 기존의 영어 철자체계와 같이 사용하도록 했는데 그 결점을 보완하고 형태를 바꾸지 않으며 그 가치 또한 손상시키지 않도록 하기 위함이다.'[31] 이 체계는

31) 이 인용문과 글로식에 대한 자세한 내용은 1871년 초기영어교재학회(Early English Text Society)가 출간한 『초기 영어 발음(Early English Pronunciation)』 제3권(추가 연재 14)에서 찾을 수 있다. 『초기 영어 발음』 다섯 권을 위해 엘리스는 또 다른 알파벳인 '고문서문자(Palaeotype)'를 만들었다. 이 문자는 로만 알파벳 문자를 사용하고 있지만 서로 다른 발음을 나타내기 위해 다양한 글자 종류를 가지고 있다.

엘리스의 발음 역사에 관한 업적으로부터 나왔다. 그리고 이 발음표기가 어린이들에게 읽기를 가르치는 데 도움이 되기를 희망했다.

반대 또한 거세어 결국 1880년에는 전통적인 철자체계와 발음표기 사이의 전환기 단계로 디미디운(Dimidiun)이 만들어졌다. 그러나 이는 글로식보다 훨씬 덜 환영을 받았다. 그러나 글로식의 중요성은 철자개혁 움직임의 방향에 변화가 생겼음을 알려준다는 데 있다. 처음 소개되었을 때부터(1871) 대부분의 개혁론자들은 로만 알파벳 글자에 국한된 최소한의 수정을 하는 것에 집중해왔다. 영국철자개혁협회(British Spelling Reform Association)가 1879년에 창설되었고 여기에는 출중한 언어학자들 뿐 만아니라 테니슨(Tennysen)이나 다윈(Darwin)과 같은 유명인사들이 참여했다. 영국협회는 기존에 나온 수많은 철자체계(자신들과 같은 협회 회원인 스위트와 엘리스, 그리고 프라이(D.P. Fry)가 만든 철자체계를 포함해서)에 만족하지 않았고 새로운 계획안을 제안했다(6년 동안 3개의 계획안이 제안되었다).

스위트와 미국인들이 공동연구를 통해 전통적인 철자체계에서 가장 최악의 변칙만을 수정하는 계획안을 만들었을 때 응집 요소가 달성되지 않았더라면 아마도 개혁 움직임 전체가 조각났을지도 모른다. 이 공동연구는 24개의 일련의 규칙들에서 '불필요한' 철자들 (liv, fether, gees, activ, tripl)(역주: live(살다), feather(깃털), geese(오리들), active(능동적인), triple(3부로 된))은 빼고, 전통적인 철자에 익숙한 독자들에게도 혼란스럽지 않을 정도의 사소한 변경(abuv, fonetic, flasht)(역주: above(위에), phonetic(음성적인), flashed(번쩍이는))을 하는 등의 변화를 추천했다. 이 계획안은 대서양 양편에 있는 학자들에게 환영을 받았고 20년이 넘는 시간 동안 이 형태들은 인쇄된 자료들에서 가끔 사용되었다(특히 이 형태들은 문헌학자들을 대상으로 글을 쓰는 문헌학자들의 책에서 흔했다). 그러나 미국 연방정부의 공식적인 지지에도 불구하고 일반 대중은 그 가치를 받아들이지 않았다.

20세기가 되면서 자선가 앤드류 카네기(Andrew Carnegie)가 기부한 이십오만 달러의 재정적 후원을 받아 1906년 미국에서 설립된 단순화철자이사회(Simplified Spelling Board)는 개혁운동에 새로운 촉진제가 되었다. 이사회의 목표는 기본적으로 개혁협회가 하던 작업을 계속하고, 마치와 스위트에 의해 제안되었던 비교적 흔한 단어들에서 단순화된 철자 사용을 활성화하는 것이었다. 자매기관인 단순화철자연맹(Simplified Spelling League)과 보다단순화된철자협회(Simpler Spelling Association)가 이사회와 함께 있었음에도 불구하고 미국에서의 개혁운동은 그 후 수동적이었다.

이사회의 설립과 함께 거의 비슷한 시기에 구성된 것은 영국단순화철자학회(British Simplified Spelling Society)였다. 이 기구는 좀 더 능동적인 움직임을 보였고 20년대와 40년대에 중요한 회복시기를 맞기도 했다. 그러나 오랜 시간에 걸쳐 살아남았음에도 불구하고 가지각색의 접근방법은 항상 개혁론자들의 주된 골칫거리여서 하나의 통일된 제안이 오래 지속되지는 못했고 특히 미국인들과의 일치는 가끔 목표되었지만 완전하게 실현된 적은 없었다. 창립부터 학회는 학계로부터 지지를 받았다. 예를 들어 초기에는 월터 스키트(Walter Skeat), 퍼니발(F.J. Furnivall), 그리고 제임스 머레이로부터, 후기에는 길버트 머레이(Gilbert Murray)와 월터 리프만(Walter Ripman) 등의 학자들로부터 지지를 받았다. 또한 학회는 베이든파월(Baden-Powell)과 같은 대중적인 인물과 스완 헌터사의 조지 헌터 경(Sir George Hunter)과 같은 산업계 인물들을 참여시켰다는 점에서 성공적이었다.

초기의 개혁협회와 당시 미국의 개혁운동과 더불어 목표는 기존의 알파벳에 기반한 수정안을 널리 알리는 것이었다. 맨 처음 채택한 계획안은 단순화된 철자(Simplified Spelling)이었고 이는 예를 들어 학회의 발행물인 『단순화된 철자의 선구자(Pioneer on Simplified Spelling)』(1912-18)에서 많이 사용되었다. 1926년경이 되자 『선구자』가 2년에 걸쳐 다시 살아났고 (『개혁 철자의 선구자(The Pioneer of Reformed Spelling)』로 이는 주로 전통적인 철자로 인쇄되었다). 단순화된 철자를 엄격하게 고수하는 모습은 사라지고 대신 기존의 알파벳에서 멀어지지 않은 상태에서 영어의 소리-부호 관계를 개선할 수 있는 개혁을 선호하게 되었다.

결과적으로 학회와 미국 이사회의 상당한 지지는 자크리슨(R. E. Zachrisson)의 앵글릭(Anglic)이 받게 되었다. 앵글릭은 최소한의 수정을 한 개혁으로 각 음소에 대해 기존의 문자소 중 가장 보편적인 것을 일반화하는 것을 목표로 하고 있다. 또한 저자의 말에 의하면 '하나의 인쇄된 페이지에 나오는 단어들 중 반보다 더 많은 숫자의 단어들이 현재의 철자와 실질적으로 일치한다(practicaly agrees with the prezent orthografy in mor than haaf the numbr ov the words ocurring on wun printid padge)(역주: practically agrees with the present orthography in more than half the number of the words occurring on one printed page. 각 단어를 전통적인 철자와 비교하면 흥미로울 것이다).[32)]

앵글릭과 그 수정으로부터 1941년 단순화철자학회의 새로운 계획안이 만들어졌다. 신철자(Nue Speling)(역주: New Spelling)가 바로 그것이다.

---

32) '앵글릭과 앵글릭 운동(Anglic and the Anglic Muuvment)' 『단순화된 영어 철자(Simplified English Spelling)』 단순화철자학회 출간, 1930년, 11쪽.

신철자와 함께 역시 최소한의 수정에 관련된 체계이며 전통적인 철자에 대한 통계학적인 조사에 기초를 두고 있는 액셀 위크박사(Axel Wijk)의 규범화된 영어(Regularized Inglish 1959)는 몽 폴릭(Mont Follick) 연재물인 『영어를 위한 알파벳(Alphabets for English)』에 자세히 설명되어있다.[33] 이 두 가지 계획안의 주된 차이는 위크에 의해 간결하게 표현되고 있다. '규범화된 영어의 원칙[34]은 현재 어휘의 90퍼센트 이상에서 현재의 철자를 계속 유지할 수 있게 만든다. 반면에 단순화철자학회의 신철자는 10퍼센트 혹은 그 이하의 단어에서만 현재의 철자를 유지하고 있다.' 이 주장의 진실은 각각의 체계로 표기를 한 몇 개 문장의 비교를 통해서 시험해볼 수 있다.

신철자(Nue Speling)
At dhe furst glaans a pasej in eny reformd speling looks 'kweer' or 'ugly'. Dhis objekshon iz aulwaez dhe furst to be maed; it iz purfektly natueral; it iz dhe hardest to remuuv. Indeed, its efekt iz not weekend until dhe nue speling iz noe longger nue, until it haz been seen enuf to be familyar.

규범화된 영어(Regularized Inglish)
At the first glaance a passage in eny reformed spelling looks 'queer' and 'ugly'. This objection is aulwayz the first to be made; it iz perfectly natural; it iz the hardest to remoove. Indeed, its effect iz not weakend until the new spelling iz no longer new, until it haz been seen offen enuff to be familiar.

(역주: 전통적인 철자
At the first glance a passage in any reformed spelling looks 'queer' or 'ugly'. This objection is always the first to be made; it is perfectly natural; it is the hardest to remove. Indeed, its effect is not weakened until the new

33) 하스(W. Hass) 편찬, 맨체스터, 1969.
34) 같은 책에서 인용, 61쪽.

spelling is no longer new, until it has been seen enough to be familiar.)

일견하면 이 문단에 있는 개혁철자는 ‘기이하거나’ 혹은 ‘추하게’ 보인다. 이 반대는 늘 처음 할 수 있는 것인데 아주 자연스러운 것이다. 제거하기 가장 힘든 부분이다. 실제로 신철자가 더 이상 새롭게 보이지 않거나 혹은 충분히 익숙하게 보여야 비로소 그 효과가 약화되지 않을 것이다.

어린이들이 읽기를 배울 때 처음 접하는 어려움을 극복할 수 있도록 도와주기 위해 만들어진 전환기 표기법의 오랜 역사 가운데 가장 최근의 체계가 신철자의 개정에 기초를 두고 있다. 제임스 피트만 경(Sir James Pitman)의 초기 학습용 알파벳이 바로 그것이다(i.t.a. 역주: i.t.a.는 initial teaching alphabet 초기 학습용 알파벳의 첫 글자 모음이다). 그러나 신철자와는 달리 i.t.a.는 원래의 이름인 확장된 로만 알파벳(Augmented Roman Alphabet)이 시사해주고 있듯이 로만 알파벳에 국한되지 않았다. 거기에는 두 개의 문자를 사용하는 이중철자(ligature)와 로만 문자의 형태를 바꾼 문자가 상당수 전통적인 철자에서 쉽게 전환할 수 있는 잠재력을 가진 음소적 알파벳을 제공하기 위해 도입되었다. 1960년 광범위한 대중에게 알려진 첫 번째 시도인 다음 문장에서 그 예를 볼 수 있다.35)

this iz printed in an augmented rœman alfabet, the purpos ov which iz not, az miet bɛɛ suppœzd, tω reform ωr spelliŋ, but tω imprωv the lerniŋ ov rɛɛdiŋ. it iz intended that when the beginner haz acheevd the iniʃhial sucsess ov flωensy in this speʃhially ɛɛzy form, hiz fuetuer progress ʃhωd bɛɛ confiend tω rɛɛdiŋ in the prezent alfabets and spelliŋz ov them œnly.

(역주: 현대영어 철자는 역자에 의한 것임.)
This is printed in an augmented roman alphabet, the purpose of which is not, as might be supposed, to inform our spelling, but to improve the

35) 피트만(I.J. Pitman)의 ‘읽기 학습: 실험(Learning to Read; an Experiment)’(『왕립예술학회 저널(Journal of the Royal Society of Arts)』, 1961년 2월호와 이후 별쇄본).

learning of reading. It is intended that when the beginner has achieved the initial success of fluency in this specially easy form, his future progress should be confined to reading in the present alphabet and spellings of them only.

이 문단은 확장된 로만 알파벳으로 써 있다. 그 목적은 철자를 알리기 위한 것이라 생각할지 모르지만 그것이 아니라 읽기를 가르치는 법을 개선하기 위한 것이다. 입문자가 이 특별히 쉬운 형태로 유창성을 초기에 성공적으로 달성했을 때, 향후 진도는 현재 알파벳과 철자만을 사용해 읽는 것으로 제한할 의도이다.

이전의 비슷한 실험들처럼 i.t.a.도 처음에는 굉장히 인기가 있었고 성공적이었다. 특히 교육부의 지지를 받은 후에는 잘 되었다. 그러나 불가피하다고 여겨지는 대중의 '기이하고 못 생긴' 알파벳에 대한 거부는 점차 학계의 반대로 이끌어졌고[36] 결국은 선조들의 길로 보내질 것처럼 보였다.

20세기 개혁에 대한 이야기를 마무리하려면 개혁의 대의명분을 계속 진척시키고자 했던 두 사람이 만들어 낸 유산에 대한 이야기를 해야 한다. 버나드 쇼(Bernard Shaw)는 전적으로 새로운 알파벳을 만들기 위해 오랜 시간 그리고 열심히 개혁운동을 했다. 그는 로만 알파벳을 축출하는 것이 아니라 전문 작가들로 하여금 쓰게 만들기 위함이었다. 전문 작가들은 전통적인 철자로 의사전달을 하기 위해 필요한 노력을 하느라 그의 표현에 의하면 '육체노동자(manual labourers)'들이었다. 그의 유서는 엄격한 일대일 소리와의 대응관계를 갖도록 새롭게 고안된 40개의 문자들을 만들어서 사용할 것을 촉진하도록 했다. 1962년 펭귄 출판사는 『안드

36) 하스(W. Haas)의 『속기문자의 번역(Phono-graphic Translation)』(맨체스터, 1970), 특히 53-6쪽과 참고문헌 참고하기.

로크레스와 사자(Androcles and the Lion)』의 인쇄본을 한 면에는 쇼의 알파벳으로 다른 한 면에는 로만 알파벳으로 인쇄하여 출간했다. 일 년에 4번 발행되는 소식지 『쇼 문자(Shaw-Script)』는 이 문자를 디자인한 킹슬리 리드(Kingsley Read)에 의해 발간되기 시작했다.[37]

우리 시대의 철자 후원자 중 다른 한 사람은 몽 폴릭(Mont Follick)이다. 그는 자신의 공적인 인생의 대부분을 개혁을 주장하는 데 보냈는데 여기서는 로만 알파벳으로 제한하여 언급하겠다. 그의 독창적인 수정은 앵글릭을 만든 자크리슨처럼 일차적으로 글을 읽을 줄 아는 외국인들이 영어 배우는 것을 돕기 위해 만들어진 것이다. 그는 세계어로서의 영어의 역할에 관심이 있었다.[38] 그러나 그의 철자체계는 1914년에 만들어졌지만 20년이 지나서야 출간되었다는 사실 때문에 상처를 받았다. 이는 당시 더 괜찮은 수정안들(예를 들어 앵글릭)이 비슷한 배경에서 나오고 있었기 때문이다.[39] 말년에 가서 폴릭은 대학의 학과를 만들어 철자에 대한 자신의 연구를 계속 해나가려는 생각을 하기 시작했다. 이러한 유산의 결과의 일부로, 1958년 그의 죽음 이후 맨체스터 대학에서는 일련의 연구들에 그의 이름을 붙이기도 했다.

19세기 말과 20세기 초의 가장 유명한 언어학자들 중 많은 사람들의

---

37) 쇼 알파벳과 제작과정에 대해서는 맥카시(P.A.D. MacCarthy)의 '버나드 쇼의 알파벳(The Bernard Shaw Alphabet)'(『영어를 위한 알파벳들(Alphabets for English)』, 105-17쪽)에 기술되어있다.

38) 이는 20세기, 심지어는 오늘날의 개혁 작가들이 언급하는 주제이다. 위크는 '규범화된 영어같은 철자체계를 채택하는 것은 영어가 진실로 국제적인 언어가 되기 위해서 넘어야할 장애물을 제거하게 될 것이다.'라고 말했다(『영어를 위한 알파벳들』, 61쪽).

39) 폴릭의 업적과 계획안에 대한 요약 설명은 제임스 피트만 경의 '고(故) 몽 폴릭 박사-평가보고서(The late Dr. Mont Follick-an appraisal)'(『영어를 위한 알파벳들』 14-15쪽)를 볼 것.

이름이 개혁협회와 단순화된 철자 운동의 회원명부에서 발견된다고 해서 모든 학계 사람들이 철자를 광범위하게 개혁할 필요성을 인식했다거나 혹은 어떤 방법으로든 최소한의 철자 개선만이라도 성취하는 데 동의했다는 것은 아니다. 개혁을 위한 부름에 대중이나 혹은 공공기관이 반응을 하지 않았던 것에 대한 책임은 제안된 계획안들이 너무 다양했다는 것에 있을 지도 모른다. 그러나 다양성이 의심할 바 없이 불리한 점을 만들었을지라도 그 다양성은 개혁이 기반하여야 할 원칙이 무엇인지에 대한 더 많은 관심을 이끌어냈고, 그리하여 말과 문자 사이의 관계에 관심을 갖게 했다.

20세기에는 19세기 사람들의 쓰기는 말을 반영해야만 한다는 안이한 전제에 방해를 받아 너무 급진적이거나 혹은 급한 속도를 두려워하면서도 심하게 개혁에 반대하지는 않는 사람들이 모인 학파의 흔적을 찾아볼 수 있다. 이 학파의 창립은 헨리 브래들리(Henry Bradley)가 1913년 4월 국제역사학회에서 발표한 논문, '구어체와 문어체 언어의 관계에 대하여: 영어를 중심으로(On the Relations between Spoken and Written Language, with special reference to English)'에 의해 마련되었다.[40] 논문의 서두는 이 문제의 핵심에 접근하고 있다.

> 많은 철자개혁 옹호자들이 마치 논쟁의 여지가 전혀 없는 자명한 이치인 것처럼 습관적으로 확신하는 것이 있는데, 그것은 쓰기의 유일한 기능은 발음을 표기하는 것이라는 것이다. 내가 보기에는 이는 거짓된 진부한 문구 중 하나인데 이는 어느 누구에게도 지성적으로 신뢰받지 못하고 있지만 계속해서 반복되고 있다. 왜냐하면 아무도 그것이 실제로 무엇을 의미하는지 생각해 볼 수고를 하지 않고 있기 때문이다.

40) 이 논문은 『영국학술원 프로시딩즈(Proceedings of the British Academy)』 6권에 나왔다가, 1919년 클라렌던(Clarendon) 출판사에 의해 따로 재인쇄되었다.

브래들리의 논제는 의미의 전달을 위한 쓰기의 수용력은 말을 반영하는 정확성에 의존하는 것이 아니며, 그 정확성은 동음이의어들이 충돌할 경우에는 오히려 불리할 수도 있다는 것이다. 문어체 영어는 음성학적으로는 필요 없는 특성들(가령 대문자쓰기, 문장부호 등)을 포함하고 있으며, 많은 기술 용어들과 과학 용어들은 구어체 언어의 일부분이 아닌 '일차적으로 도식적'인 것이다. 무엇보다도 가장 중요한 점은 문어체 언어는 부분적으로는 표의문자라는 것이다. 즉, '일련의 문자들은 하나의 전체로 보여짐으로써 우리들에게 단어가 의도하는 바를 알아낼 수 있게 만들어 주고 일단 단어의 의미를 알아내면 습관적으로 그 단어를 발음한다. 단어가 꽤 낯선 것이라 해도—예를 들어 고유명사처럼—문자가 아니라 음절이 우리들의 의식에 존재하는 단위이다.'

그러나 그는 부분적으로는 표의문자적인 철자가 '교육받은 성인들'에게는 이점이 있지만 비음성적인 특성들은 읽고 쓰기를 학습하는 데는 막대한 어려움을 증가시킨다는 것을 알고 있었다. 그는 철자체계의 부분적인 개혁은 필요하다는 것을 인정했으며 이러한 생각의 흐름을 나중에 부록으로 확대시켰다. 거기서 개혁의 주된 목표는 read, bow, lead와 같은 동철이의어들이다. 그는 언어에서 동음이의어들을 버리고(동철이의어가 될 때도 마찬가지지만) 어휘 증가를 위한 영어의 고전어 차용에 대한 의존도를 감소시키는데 있어서 음성적 철자로의 움직임이 개혁론자들이 알고 있던 것보다 더 확장된 언어 변화를 이끌어 낼 것으로 보았다.

브래들리의 논쟁은 에딘버러대학교의 수사술 및 영문학 교수 조지 세인트버리(George Saintsbury)와 같은 사나운 반대자들에 의해 선별적으로 이용되었다. 그러나 보수적인 견해에 대한 그들의 영향보다 더 중요한 것은 후대 언어학자들이 그 논쟁을 이용했다는 것이다. 윌리엄 크래기

경(Sir William Craigie)은 브래들리처럼 옥스퍼드 영어사전의 편집자였는데 철자를 주제로 두 편의 '순수영어학회' 논문을 썼다.

첫 번째 논문인『철자의 몇 가지 변칙들(Some Anomalies of Spelling)』(59번, 1942년에 출간)에서 철자의 주된 유형들의 일관되지 못한 점들을 설명하고 있다. 그의 분류에 따르면 고유 어휘, 고전 또는 프랑스어 어휘, 외래어 유형으로 나누고 있는데 철자체계 전체에는 어떤 방해도 하지 않고 이들 변칙들을 바로 잡을 사소한 변화들을 제안하고 있다. 브래들리의 견해에 대해 알고 있었던 그는 이 논문 마지막에 다음과 같은 의문점을 던지고 있다. '일반적으로 알고 있는… 자명한 이치라면 음성적인 철자, 혹은 비슷한 접근방식이 언어가 가지고 있는 특성이나 혹은 역사에는 상관없이 어떤 언어에나 가장 잘 맞는다고 생각하는 것인가'(332쪽).

두 번째 논문인『철자개혁의 문제들(Problems of Spelling Reform)』(63번, 1944)에서 이 의문이 확대되고 있다. 여기서 그가 나열한 문제들 중에는 4세기에 걸쳐 있었던 계획안에 대한 학회의 반대 혹은 무관심, 그리고 출판물 생산에 종사하는 사람들의 상업적인 생각 등이 있었다. 그러나 가장 현실적인 급소는 '어떤 언어도 그것의 역사로부터 자유로울 수 없다'는 것이다(50쪽). 철자개혁은 글을 읽을 수 있는 독자들에게 문어체 영어의 표의적인 본성을 설명해야한다. 그리고 개혁론자들은 문어체 형태론과 구어체 형태론(가령 <s>라는 단일한 복수형 어미의 철자 표기는 /s, z, ɪz/와 같은 문맥에 따라 달라지는 발음의 음성적 표기에 비해 이점이 있다)의 차이를 구분해야만 한다. 성공적인 개혁은 수많은 단어들, 특히 로만스어의 동족어들이 갖고 있는 국제적인 특성들도 제거할 것이며 동음이의어를 동철이의어로 만들어 기존의 사전들은 철자 관점이나 혹은 소속기관의 유형(중요한 상업적인 고려)에 따라 필수적으로 수정을 하게 할 것이다.

이 시대의 다른 사람들은 본질적으로 브래들리의 접근 방식을 따라 왔다. 바첵교수(J. Vacheck)는 몇 년 동안 음운론적인 체계에서의 관계보다는 보다 넓은 언어학적인 문맥에서 전통적인 철자가 갖는 가치를 옹호해 왔다.[41] 최근에는 하스교수가 '다양한 비음운론적인 요인들이 고려되어야할 필요가 있다… 우리는 철자가 음성학적으로 말을 충실하게 표기하지않는 것이 오히려 이로울 때가 있음을 발견한다'고 강조했다.[42]

따라서 1868년 문헌학학회가 만장일치로 철자개혁에 대해 결의한 것과는 대조적으로 백년이 지난 오늘날 많은 언어학자들은 이와는 정반대의 결론, 즉 전통적인 철자가 영어를 위해서는 가장 최적의 문자 체계라는 결론을 향해 연구를 진행하고 있음을 볼 수 있다. 이런 주장에 대해 가장 근접한 접근은 생성/변형문법학파에 뛰어난 멤버들에 의해 이루어졌다.

노암 촘스키(Noam Chomsky)와 모리스 할레(Morris Halle)는 『영어의 음성체계(The Sound Pattern of English)』[43]에서 말을 표기하는 것이 쓰기의 기능은 아니라고 주장한다. 이 분야에 대한 초기 노력에 대해서는 언급하지 않은 채 그들은 브래들리의 제안을 다시 한 번 반복하고 있다. '최적의 철자체계는 각각의 어휘 항목에 대해 하나의 표기방법을 갖는 것이다' (그들은 말하기를 man-men나 buy-bought처럼 '예측할 수 없는 변형들'의 경우를 제외한다). 그리고 그들은 크래기의 주장을 거의 똑같

41) '쓰기와 음성적 표기에 대한 몇 가지 언급(Some Remarks on Writing and Phonetic Transcription)' (1949), 『언어학 독본(Readings in Linguistics)』(E.P. Hamp ed., Chicago, 1966)에 재판됨.

42) 『속기문자의 번역(Phono-graphic Translation)』 3-4쪽.

43) New York, Evanston, & London. 1968. 가장 중요한 단락은 49쪽과 다음 쪽, 184쪽과 다음 쪽에 있음.

이 반복하고 있다. '철자는 언어를 알고 있는 독자들을 위해 고안된 체계이므로 … 가령 음성적으로 서로 다른 복수형 어미라든가 하는 것과 같은 예측할만한 변형들을 보여주는 것은 …' '주목할 만한' 그러나 '너무 놀랍지는 않은' 그들의 결론은 '영어의 철자는 자주 인용되는 비일관성에도 불구하고 영어를 위해서는 최적인 철자체계에 놀라울 정도로 근접해있다'는 것이다. 말을 반영하는 것이 요구된다 해도 '영어의 철자는 … 진실된 음운론적 표기방법에 오히려 가까운 것으로 판명되며 비언어학적인 제약을 고려할 때 하나의 철자체계는 반드시 표면적이고 단선적인 표기방법을 사용해야만 하고 또한 본질적으로 라틴 알파벳의 글자들로 국한되어야 한다.' 단순한 예를 들어 이 의견을 설명하면 다음과 같다. divine(신성한), serene(고요한), profane(신성모독의)(divinity(신성), serenity(고요함), profanity(신성모독)과 어긋나는 것처럼 보이는) 단어들의 이중모음과 장모음들 /ɑɪ/, /i:/, /eɪ/는 철자상 단일 자음 뒤에 나온 어말의 <e>로 표시된다. 이러한 장치는 발음 /e/는 '음성학적으로 어말의 위치에는 나타나지 않는 유일한 모음'이기 때문에 가능하다.

그리고 논쟁은 계속되고 있다. 최근의 『타임즈 문예부록(Times Literary Supplement)』에 실린 쇼의 개혁의지에 대한 논평을 보면 이 견해는 '[철자에 있어서] 변화는 규칙적으로, 강력하게, 그리고 잘 들리게' 이루어져야만 한다(1972년 6월2일, 633쪽). 지난 4세기까지는 아니더라도 아마도 틀림없이 지난 두 세기 동안엔 그래왔다. 그러나 현재 가장 필요한 것은 초기 개혁론자 세대에서 나온 논쟁들의 단순한 반복이 아니라 기존의 철자체계가 갖고 있는 상대적 가치에 대한 보다 많은 정보이다. 기존의 철자체계가 전통적이든, 음성적이든, 혹은 이 둘을 타협한 것이든 말이다.

앞에서 언급한 글을 쓴 타임즈 작가는 또한 정부가 철자개혁을 강제적으로 집행할 수도 있다고 언급했다. '우리는 더 이상 급진적인 변화를 만들지 못하는 것이 아니다. 유통되는 화폐를 바꾸기도 했다. 그리고 개혁철자로부터 얻을 수 있는 이점은 아주 많다.' 이 제안을 진지하게 받아들인다면, 이 주제에 대한 정보가 많이 주어질수록 사회는 이 문제에 대한 옳은 결정을 더 많이 확실하게 내릴 수 있을 것이다. 20세기 영어 철자를 검토하기 위해 수많은 시간과 돈이 투자되었음에도 불구하고 지금까지 연구되어온 것은 작가들이 알든 모르든 이미 이전에 말해진 것이며 따라서 새로운 것이 아니라 반복에 불과하다는 것은 놀랄만한 일이다. 1568년 이래 영어를 위한 서로 다른 많은 철자체계들이 실험되어왔다. 그리고 중세시대 이후 전통적인 철자 자체는 아마도 생각보다는 덜 무작위적으로, 유기적으로 변화해왔다. 영어 철자의 역사와 철자개혁을 위한 시도의 역사를 좀 더 인식한다면 우리의 철자체계의 상태에 대한 현재의 논의는 잘못되지 않을 것이다.

■ 참고 문헌

영어 철자 역사에 관한 포괄적인 연구가 없다. 개별단어의 철자에 대한 자세한 설명은 다음에 주어져 있다.

The Oxford English Dictionary, ed. James A. Murray, *et al.*, 12vols plus Supplement, Oxford 1933 (Second Supplement, ed. R. W. Burchfield, Oxford 1972-).

영어 철자 역사의 간단한 개요는 다음에서 발견된다.

G. H. Vallins, *Spelling*, second ed. revised by D. G. Scragg, London 1965.

다음은 영어의 역사를 살펴볼 수 있는 대표적인 책들이다.

A. C. Baugh, *A History of the English Language*, second ed., London 1959.
G. L. Brook, *A History of the English Language*, London 1958.
Sinmeon Potter, *Our Language*, Penguin Books 1950.
Thomas Pyles, *The Origins and Development of the English Language*, New York 1964.
Barbara M. H. Strang, *A History of English*, London 1970.
C. L. Wrenn, *The English Language*, London 1949.

음운론 역사 연구는 부수적으로 철자의 역사를 제시한다. 특히 다음의 책이 그러하다.

Karl Luick, *Historische Grammatik der englischen Sprache*, Leipzig 1914-40.

다음의 책들은 이 책에서 언급된 내용에 대한 자세한 설명이나 어떤 경우에는 입증을 위해 참고할 수 있는 책들이다. 참고 문헌은 편의를 위해 장 별로 구분되어 있다. 한 장 이상에 포함된 자료들과 관련된 책들은 가장 앞부분의 적절한 위치에 있다. 설명된 주제가 참고 문헌 제목만 보았을 때 명확하지 않는 경우에는 꺽쇠괄호 속에 그 주제를 넣었다. 이 목록에서는 사소한 내용을 자세하게 다루고 있는 일차적인 자료나 책과 논문은 제외되었는데 왜냐하면 이들에 대한 출처는 이미 본문의 주석에 들어가 있기 때문이다.

1장

A. Campbell, *Old English Grammar*, Oxford 1959.

Margaret Deansley, *The Pre-Conquest Church in England*, second ed., London 1963.

Ralph W. V. Elliott, *Runes*, Manchester 1959.

W. Keller, *Angelsächsische Palaeographie*, Berlin 1906.

N. R. ker, *Catalogue of Manuscripts containing Anglo-Saxon*, Oxford 1957.

Randolph Quirk and C. L. Wrenn, *An Old Englich Grammar*, London 1955.

Karl Brunner, *Altenglische Grammatik nach der angelsächsischen Grammtik von Eduard Sievers*, third ed., Tubingen 1965.

F. M. Stenton, *Anglo-Saxon England*, Oxford 1943.

2장

S. T. R. O. d'Ardenne, *Pe Liflade ant te Passiun of Seinte Iuliene*, Liege 1936[A B Language].

Karl Brunner, *An Outline of middle English Grammar*, translated by G. K. W. Johnson, Oxford 1963.

R. W. Burchfield, 'The language and orthography of the Ormulum MS', *Transactions of the Philological Society* 1956, pp. 56-87.

Cecily Clark, *The Peterborough Chronicle 1070-1154*, second ed., Oxford 1970.

E. Ekwall, *Studies on the Population of Medieval London*, Lund 1956.

Jacek Fisiak, *A Short Grammar of Middle English*, London 1968.

F. E. Harmer, *Anglo-Saxon Writs*, Manchester 1952 [Old English chancery spelling].
Charles Jones, *An Introduction to Middle English*, New York 1972.
Richard Jordan, *Handbuch der mittelenglischen Grammatik*, Heidelberg 1925.
H. R. Loyn, *The Norman Conquest*, London 1965.
Angus McIntosh, 'The analysis of written Middle English', *Transactions of the Philological Society* 1956, pp. 26-55.
Angus McIntosh, 'A new approach to Middle English dialectology', *English Studies* 44 (1963), pp. 1-11.
Fernand Mossé, *A Handbook of Middle English*, translated by James A. Walker, Baltimore 1952.
M. L. Samuels, 'Some applications of Middle English dialectology', *English Studies* 44 (1963), pp. 81-94.

3장

Norman Davis, 'Scribal variation in late fifteenth-century English', *Mélanges de Linguistique et de Philologie* : Fernand Mossé in Memoriam, Paris 1959, pp. 95-103.
Otto Jespersen, *A Modern English Grammar on Historical Principles*, part Ⅰ Sounds and Spellings, third ed., Heidelberg 1922.
John M. Manly and Edith Rickert, *The Text of the Canterbury Tales*, vol. Ⅰ Description s of the Manuscripts, Chicago 1940[fifteenth-century spelling].
M. K. Pope, *From Latin to modern French with especial consideration of Anglo-Norman*, Manchester 1934.
W. Rothewell, 'The teaching of French in medieval England', *The Modern Language Review* 63 (1968), pp. 37-46.
J. Vising, *Anglo-Norman Language and literature*, London and Oxford 1923.

4장

E. J. Dobson, *English Pronunciation 1500-1700*, second ed., Oxford 1968.
A. J. Ellis, *Early English Pronunciation*, vol. Ⅲ, Early English Text Society Extra Series 14, London 1871.
Richard Foster Jones, *The Triumph of the English Language*, Stanford 1953.

5장

H. S. Bennett, *English Books and Readers 1475 to 1557*, Cambridge 1952.

H. S. Bennett, *English Books and Readers 1558 to 1603*, Cambridge 1965.

H. S. Bennett, *English Books and Readers 1603 to 1640*, Cambridge 1970.

N. F. Blake, *Caxton and his World*, London 1969.

Giles E. Dawson and Laetitia Kennedy-Skipton, *Elizabethan Handwriting 1500-1650*, London 1968.

W. W. Greg, 'An Elizabethan printer and his copy', *The Library* fourth series 4 (1923-4), pp. 102-118.

Charlton Hinman, *The Printing and Proof-reading of the first Folio of Shakespeare*, Oxford 1963.

N. E. Osselton, 'Formal and informal spelling in the eighteenth century', *English Studies* 44 (1963), pp.267-75.

A. C. Partridge, 'Shakespeare's orthography in *Venus and Adonis* and some early quartos', *Shakespeare Survey* 7 (1957), pp.35-47.

Alfred W. Pollard, 'Elizabethand spelling as a literrary and bibiliographical clue', *The library* fourth series 4 (1923-4), pp. 1-8.

E. Rudolf, *Die englische Orthographie von Caxton bis Shakespeare*, Marburg 1904.

Percy Simpson, *Proof-reading in the Sixteenth, Seventeenth and Eighteenth Centuries*, London 1935.

6장

R. C. Alston, *A bibliography of the English Language from the invention of Printing to the year 1800*, especially vol. 4 spelling Books, Bradford 1967.

T. R. Lounsbury, *English Spelling and Spelling Reform*, New York 1909.

Susie I. Tucker, *English Examined: Two Centuries of Comment on the Mother-tongue*, Cambridge 1961 [seventeenth-and eighteenth-century attitudes].

R. E. Zachrisson, 'Four hundred years of English spelling reform', *Studia Neophilologica* 4 (1931-2), pp. 1-69.

■ 찾아보기

ㅇ

영어 철자의 역사
A history of English spelling

1판 1쇄 발행 2014년 1월 30일
1판 2쇄 발행 2021년 10월 20일

지 은 이 | D. G. Scragg
옮 긴 이 | 김명숙 · 문안나
펴 낸 이 | 김진수
펴 낸 곳 | 한국문화사
등 록 | 제1994-9호
주 소 | 서울시 성동구 아차산로49, 404호(성수동1가, 서울숲코오롱디지털타워3차)
전 화 | 02-464-7708
팩 스 | 02-499-0846
이 메 일 | hkm7708@hanmail.net
홈페이지 | http://hph.co.kr

ISBN 978-89-6817-108-6 93740